Petra Koch • Menschenwege – Politisch inhaftiert auf Burg Hoheneck

Petra Koch

Menschenwege

Politisch inhaftiert auf Burg Hoheneck

Eine wahre Geschichte

FRIELING

Die Schreibweise in diesem Buch entspricht den Regeln der alten Rechtschreibung.

Bibliographische Information der Deutschen Nationalbibliothek
Die Deutsche Nationalbibliothek verzeichnet diese Publikation in der Deutschen Nationalbibliographie; detaillierte bibliographische Daten sind im Internet über http://dnb.d-nb.de abrufbar

Eine Marke der Frieling & Huffmann GmbH
Rheinstraße 46 • D 12161 Berlin
Telefon: (0 30) 766 99 90
www.frieling.de

ISBN 10: 3-8280-1683-9
ISBN 13: 978-3-8280-1683-5
1. Auflage 2002
Umschlaggestaltung: Michael Beautemps, Berlin
Bildnachweis: Archiv der Autorin

Printed in Germany

Der Weg zum Ziel
verläuft selten gerade.
Verliere dein Ziel nicht aus den Augen.
Bewahre deine Träume im Herzen.
Und du wirst ankommen.

1

Wer kann schon so genau sagen, wo eine Geschichte ihren Anfang nimmt und wo sie endet? Ist doch alles auf seine Weise ständig im Fluß, in einem fortwährenden Ineinanderfließen. Lassen wir also diese Geschichte in jener lauen Sommernacht beginnen. Die Mondsichel spendet nur spärlich Licht, immer wieder wird sie von vorbeiziehenden Wolkenfeldern verhüllt. Dennoch ist die Nacht mild, der Wind streichelt sanft meine Haut. Die Fichte, zu deren Füßen wir liegen, dient uns als Schlafplatz. Ihre Wurzelausläufe sind bedeckt von weichem, feuchtem Moos. Ihr Stamm ist mächtig, ihre Krone dicht, so wie die ihrer Gefährten. Eine schmale asphaltierte Straße trennt den Waldrand vom benachbarten Sumpfgebiet. Neben mir liegt Helmut. Er versucht Schlaf zu finden nach den Strapazen des vergangenen Tages. Doch ich mache kein Auge zu. Angst quält mich. Die Angst vor der Nacht in dieser fremden Gegend, vor allem aber die Angst, entdeckt zu werden. Jeder einzelne Nerv ist aufs äußerste angespannt. Plötzlich raschelt es unmittelbar hinter mir. Was war das? Ein Tier? Ein Mensch? Ich traue mich kaum noch zu atmen. Es ist weit nach Mitternacht, und ich kann kaum die Hand vor Augen sehen. Da ist es wieder, dieses unheimliche Rascheln. Im selben Augenblick huscht ein gespenstischer Schatten durch die Nacht. Ich rüttele zaghaft Helmut. Er ist sofort hellwach, denn auch in seinem Kopf hämmert ständig der Gedanke: Wir dürfen nicht entdeckt werden, *die* dürfen uns nicht schnappen! Der unbekannte Gast ist auf Nimmerwiedersehen verschwunden. Mir steckt der Schrecken noch in allen Gliedern, dachte ich doch, es könnte ein Grenzer gewesen sein. Helmut beruhigt mich: „Versuch ein bißchen zu schlafen, Petra." Sanft streicht er über mein kurzes hellblondes Haar.

Unaufhörlich quaken die Frösche. Diese grünen Nervensägen scheinen sich rund um die Uhr chorweise abzuwechseln.

In Erwartung des grauenden Morgens dämmere ich gedankenversunken vor mich hin …

Voller Elan und Optimismus sind wir vor Tagen in den tschechischen Ort Třeboň gefahren. Und wenn wir auf dem Balkon unseres Hotelzimmers standen, schweiften unsere Blicke sehnsüchtig in die Ferne, und wir wußten: Dort ist Österreich – das eigentliche Ziel unserer Reise.

Der Tag, der unser Leben grundlegend verändern sollte, der 19. Juni 1982, ist ein herrlicher Sommertag. Am späten Vormittag ziehen wir zu Fuß vom Hotel aus los, um bei Einbruch der Dunkelheit das unmittelbare Grenzgebiet erreicht zu haben. Unendlich scheint uns der Weg. Es ist bereits kurz nach 19 Uhr, als wir die kleine Ortschaft Stráž n. Než erreichen. Uns drängt sich der Verdacht auf, daß die Entfernungsangaben auf der Karte gefälscht sind. So dürften wir die von uns angepeilte Anhöhe erst gegen Mitternacht erreichen.

Da wir uns mittlerweile im grenznahen Raum befinden, vermeiden wir es, weiter direkt durch die Dörfer zu marschieren. Im Wald allerdings können wir uns kaum einen Augenblick verschnaufen, denn sofort fallen die Mücken wie eine blutgierige Meute über uns her. Das Gebiet wird immer unwegsamer. Dichter Wald, Windbruch über Windbruch, Seen, Tümpel, Morast, Gestrüpp – alles, was wir nun wirklich gar nicht gebrauchen können, schneidet unsere Marschroute. Wir durchqueren ein Gebiet, das unbewohnt scheint, vorbei an Sümpfen, brachliegenden Feldern, einem verlassenen, halb verfallenen Bauernhof. Es ist bereits dunkel geworden. Wir haben an die 30 Kilometer Fußmarsch hinter uns, und mit Entsetzen müssen wir uns eingestehen, daß wir in der Dunkelheit vollkommen die Orientierung verloren haben. Wir gehen über schlüpfrige Wege. Plötzlich sehen wir in der Ferne zwei sich fortbewegende Lichtpunkte. Ein Auto. Dort muß also eine Straße sein.

Als ich den asphaltierten Boden der Straße unter meinen Fußen spüre, ergreift mich für den Augenblick ein Gefühl der Erleichterung.

Wir sind uns einig: In der finsteren Nacht weiter herumzuirren, ist sinnlos. Also schlagen wir uns seitlich von der Straße „in die Büsche", um den Morgen abzuwarten.

Und da liegen wir nun – ausgepumpt, hundemüde und noch immer voller Hoffnung, daß uns am nächsten Tag mehr Erfolg beschieden sein möge.

Gerade mal 20 Kilometer trennten die Thüringer Kleinstadt, in der ich aufwuchs und in der mir auch Helmut begegnete, von der innerdeutschen Grenze.

Und dennoch fahren wir in die benachbarte ČSSR, um einen Fluchtversuch zu wagen, einfach weil wir vermuten, daß hier die Grenzsicherungsanlagen nicht derart ausgeklügelt sind. Keine Menschenseele weiß von unserem Vorhaben, niemand ist eingeweiht; nicht einmal unsere Familien – zu deren Selbstschutz. Für alle sind wir ein paar Tage im Urlaub. Ein „Urlaub", von dem wir nicht mehr zurückkehren wollen …

Die Vögel beginnen wie aus Goldkehlen ihr Morgenkonzert. Der neue Tag bricht an. Es ist gegen vier Uhr. Ich fühle mich wie zerschlagen. Meine Glieder schmerzen und sind stocksteif vor Kälte. Mich fröstelt. Dicke Nebelschwaden steigen über den Tümpeln empor. Wir laufen immer die Straße entlang. Kein Mensch ist weit und breit zu sehen. Nach gut einer Stunde erreichen wir endlich eine Ortschaft. Die Orientierung haben wir somit wieder, aber die damit verbundene Erkenntnis, nämlich daß wir so gut wie im Kreis gelaufen sind, ist niederschmetternd.

Ganz gegen unseren Vorsatz gehen wir mitten durch das Dorf. Wir laufen weiter die Landstraße entlang – immer Richtung Österreich. Und dann sehen wir sie – die Anhöhe!

Wir müßten nur noch durch eine etwa zwei Kilometer entfernte Waldschneise marschieren und hätten die Anhöhe erreicht. Wie ein dunkles Loch gähnt uns das Ende der Schneise aus der Ferne entgegen. Von der Anhöhe aus mögen es noch fünf Kilometer bis zur Grenzlinie sein. Ich fühle mich so ziemlich am Ende meiner Kräfte, und der Gedanke, daß noch mehrere Kilometer vor uns liegen, läßt mich plötzlich resignieren. Es ist nicht die eigentliche Anzahl der Kilometer, die mich so entmutigt, obwohl ich am liebsten auf der Stelle umfallen würde, sondern es ist vielmehr das Wissen, daß ich in meinem Zustand nicht mehr in der Lage bin zu rennen, geschweige denn einen 3-Meter-Zaun zu übersteigen oder unvorhersehbare Hindernisse zu überwinden. Ich komme mir schrecklich erbärmlich vor. Niemals hätte ich das für möglich gehalten. Auf dem Zahnfleisch würde ich bis zur Grenze kriechen, hätte ich wohl zu Hause gesagt. Doch ich war nicht daheim, sondern am Ende meiner körperlichen Kräfte. Wenn wir am hellichten Tag durch die Schneise laufen, können wir auch gleich zur nächsten Wachstation gehen und uns stellen. Dies war auch Helmut klar. Denn der Weg bietet keinerlei Deckungsmöglichkeit wie Baumgruppen oder irgendwelches Strauchwerk. Sollten wir uns den Tag über verbergen und in der Nacht den zweiten Anlauf wagen? In meinem mehr als ausgelaugten Zustand wenig erfolgversprechend. Da helfen auch einige wenige Stunden Ruhe nicht, neue Kräfte zu sammeln. Proviant haben wir auch keinen mehr. Helmut ist zwar auch erschöpft, würde sich jedoch den Grenzdurchbruch noch zutrauen.

Nachdem wir alles Für und Wider erwogen haben, geben wir unser Vorhaben schweren Herzens vorerst auf.

Wir gehen zum nächsten Ort in entgegengesetzter Richtung, die Grenze im Rükken. Das heißt, ich schleiche wie ein altes Mütterchen. Als wir eine Bushaltestelle erreichen, studieren wir den Fahrplan. Doch heute ist Sonntag und in Richtung Třeboň fährt nicht ein einziger Bus! O Gott, womit haben wir das verdient. Das Hotel dürfte von hier aus etwa 25 Kilometer entfernt sein … Jeder Schritt ist eine einzige Qual. Völlig phlegmatisch setze ich einen Fuß vor den anderen, tapp, tapp, tapp. Ich beginne mir Ziele zu setzen: bis zu diesem Baumstumpf, bis zur Brücke, bis …

Eigentlich müßte ich maßlos enttäuscht sein, aber ich fühle nur noch Schmerzen und den innigen Wunsch anzukommen, egal wo. Für meine Umgebung habe ich kaum noch einen Blick übrig. Ich sehe nur noch Asphalt, Straße, eine nie enden wollende Straße.

Endlich – unser Hotel! Die Angestellte an der Rezeption wirft uns merkwürdige Blicke zu, als wir den Zimmerschlüssel verlangen. Aber das ist mir im Moment vollkommen gleichgültig; nur noch die Treppen rauf, den Flur entlang, Tür auf, krach – da liegen wir auch schon auf den Betten. Jeder einzelne Nerv pulsiert. Ich habe nie zuvor eine solche körperliche Erschöpfung empfunden. Meine Füße sind nur noch zwei verschwollene Etwas, blutig und übersät mit Insektenstichen, selbst Humpeln fällt mir schwer.

Am Abend stehen wir Arm in Arm auf dem Balkon und denken verbittert: Dort ist Österreich …

Ein zweiter Versuch erscheint uns hier und jetzt sinnlos. Mehrere Umstände sprechen dagegen. Derweil hat maßlose Enttäuschung Besitz von uns ergriffen. Doch nur der Blick nach vorn hilft uns weiter. Ja, wir sind jämmerlich gescheitert. Aber unser Vorhaben als solches aufgeben? Dazu ist unser Freiheitsdrang zu groß. Betrachten wir es als einen ersten Versuch.

Da wir im Prinzip innerlich mit allem abgeschlossen haben und unser ganzes Sinnen und Trachten auf die Zukunft im anderen Teil Deutschlands gerichtet ist, planen wir einen zweiten Versuch fast zwangsläufig in nicht allzu weiter Ferne.

Dieses Mal sind wir risikobereiter. Als Ausgangspunkt dient wieder die ČSSR, allerdings ohne als Alibifunktion dienende vorgebuchte Übernachtung – im Grunde aufs Geratewohl mit Ziel Bäderdreieck.

Am 31. Juli 1982 schließen wir unsere Wohnungstür und schwören uns: Diese Tür wird keiner von uns beiden mehr öffnen – so oder so. Ein zweites Třeboň wird es nicht geben. Wir sind gewillt, alles auf eine Karte zu setzen.

Mit dem 5-Uhr-Zug verlassen wir unseren Heimatbahnhof und sind gegen 14 Uhr am Grenzübergang Bad Brambach angelangt – Zollkontrolle …

Wie geplant steigen wir in Franzensbad aus; ebenso die Zöllner, welche uns unglaublich akribisch kontrolliert und befragt hatten – in ähnlichem Stil, wie es uns bereits bei Třeboň erging, was uns letztendlich übervorsichtig werden ließ. Uns ist nicht ganz wohl in unserer Haut. Um sicherzugehen, daß wir nicht beobachtet werden, drehen wir erst einmal eine Runde um die großzügig angelegten Parkanlagen in der Nähe des Bahnhofs. Mit dem Ergebnis sind wir zufrieden. Wir geben Helmuts kleinen roten Koffer in der Gepäckaufbewahrung ab, der uns lediglich als Reisetarnung dienen sollte. Mit dem Linienbus fahren wir nach Eger, wo wir gegen 17 Uhr ankommen. Zum Losmarschieren erscheint es uns noch zu früh, deshalb gehen wir zunächst noch etwas essen. Wir sind in bester Stimmung und voller Optimismus. Ich habe keine Angst, bin keine Spur aufgeregt und davon überzeugt, daß es diesmal klappen wird. Warum sollten ausgerechnet wir „geschnappt“ werden, wo es doch schon so viele vor uns geschafft haben? Eine glatte Fehleinschätzung, wie ich später feststellen mußte. Und mit dieser Erkenntnis hätte ich damals furchtbar nervös sein müssen. Denn warum sollte es ausgerechnet uns gelingen, wo es doch schon so vielen vor uns mißlungen war?

Wir ahnen nicht, daß wir für lange Zeit unser letztes Schnitzel essen und unser letztes Glas Bier trinken, daß wir quasi in bester Stimmung eine Art Henkersmahlzeit einnehmen.

Es ist 19 Uhr, als wir unserem erklärten Ziel Richtung Westen entgegengehen.

Ein angenehm warmer Sommertag beginnt sich zu verabschieden. Alles scheint so harmonisch und friedlich. Parkanlagen, Kurpromenaden und ein Neubaugebiet lassen wir hinter uns. Ein langer Stausee begleitet uns zur Rechten. Da endet abrupt die Stadt. Sie wird von einem Eisenbahnstrang regelrecht von den angrenzenden Wiesen und Waldflächen abgeschnitten. Eine gute Stunde laufen wir auf einem ausgefahrenen Karrenweg der glutroten Abendsonne entgegen. Da stehen wir vor dem ersten Verbotsschild. Oh, welch ein Hohn! Man möchte sich weigern, das zu glauben. Auf dem Schild steht in großen *deutschen* Lettern geschrieben:

Achtung!
Grenzgebiet
Betreten Verboten

Wir gehen einen Waldpfad entlang. Allem Anschein nach befinden wir uns unmittelbar auf einem Patrouillepfad der tschechischen Grenzer. An den Seiten liegen zerknüllte Zigarettenschachteln. Die längsten Grashalme zu beiden Seiten des Pfades mußten ihre Vorwitzigkeit mit abgezupften Köpfen bezahlen. Auf dem weichen, etwas feuchten Waldboden sind Abdrücke von Stiefeln und Hundepfoten zu erkennen. Frechheit siegt, sagt man gelegentlich, jenen dreisten Gedanken haben wir im Moment auch, so daß wir auf dem Pfad weiterlaufen. Die Sonne rutscht allmählich den Kamm des Waldrandes hinab, während sich der Horizont in einem atemberaubenden Farbenspiel präsentiert.

Plötzlich hören wir ein entferntes Rascheln im Gehölz, Schritte. Wir ducken uns auf den bemoosten Waldboden. Da sehen wir in einiger Entfernung zwei Grenzer den Wald durchstreifen. Für einen Augenblick glaube ich auch einen Hund erkannt zu haben. Doch da sind die beiden Gestalten auch schon wieder unseren Blicken entschwunden. Unbeeindruckt setzen wir unseren Marsch fort, erreichen eine Lichtung, bewegen uns am Rande eines Ackers weiter und stoßen auf ein Sumpfgebiet, das wir umgehen. Es ist inzwischen etwa 21 Uhr, als wir vor einem riesigen Getreidefeld stehen. Die Halme wiegen sich raschelnd in der sommerlichen Abendluft. Am Ende des hintersten Winkels des Feldes sehen wir einen massiv gebauten Wachturm. Nachdem wir geraume Zeit auf Horchposten gelegen haben, um sicher zu sein, daß sich keine Grenzer in dem unübersichtlichen Ährenfeld versteckt halten, schleichen wir am Feldrand entlang und stoßen wieder auf unsere Orientierungspunkte: die Straße, zu der parallel die Eisenbahnlinie und der

Stausee verlaufen. Diese führen direkt zum Grenzübergang Pomezi/Schirnding, den wir im Halbrund umgehen wollen, um dann die Grenze zu überwinden.

Wir sind wieder ein gutes Stück vorangekommen, als sich Helmut urplötzlich in voller Körperlänge hinter einen gefällten Baumstamm knallt. Es bleibt keine Zeit, Fragen zu stellen. Nur ein Gedanke blitzt mir durchs Hirn: Gefahr! Und ich werfe mich instinktiv neben ihn, presse mein Gesicht auf den vom Tage noch warmen Waldboden und wage kaum zu atmen. Da läuft unmittelbar neben dem Baumstamm ein Grenzer vorbei, das Maschinengewehr geschultert. Mein Herz schlägt so laut, daß ich befürchte, er müsse es hören. Doch er entdeckt uns nicht. Als er außer Sichtweite ist, atmen wir erst einmal tief durch.

Wir müßten uns jetzt fast auf Grenzhöhe befinden. Deshalb beschließen wir, bis zur nächsten Weggabelung zu gehen und uns dann seitlich in die Büsche zu schlagen. Die Weggabelung ist ungefähr noch 600 Meter entfernt, parallel zu ihr verläuft rechter Hand die Straße. Da höre ich das Knacken eines dürren Astes. Ich rufe Helmut, der fünf, sechs Schritte vor mir läuft, mit unterdrückter Stimme raunend beim Namen. Aber er hört mich nicht. Schon erkenne ich die Umrisse eines Grenzers. Und er sieht uns auch!

Für Bruchteile von Sekunden bleiben wir wie angewurzelt stehen. Fliehen? Doch wir sind unfähig, auch nur ein Glied zu rühren. Der Grenzer stolpert die steile Böschung hinunter. Unvermittelt macht Helmut eine Kehrtwendung, legt seinen Arm um meine Schulter, gibt mir einen Kuß und zieht mich sanft in jene Richtung, aus der wir gekommen sind. Er flüstert mir zu: „Wir sind ein Pärchen, das die Nacht im Wald verbringen wollte, und haben uns verlaufen."

Da ruft der Grenzer auch schon: „Stůj!" (Halt!)

Als hätten wir nichts gehört, laufen wir weiter.

Noch einmal, energischer: „Stůj!!"

Das gleichzeitige unverkennbare Klacken beim Entsichern der MPi veranlaßt uns nun doch stehenzubleiben. Er kommt auf uns zu, die schußbereite MPi im Anschlag. Es ist ein großer, schlanker, blutjunger Bursche.

„Passport!" fordert er uns herrisch auf.

Wir geben ihm unsere Ausweise. Er streicht die Ausweishüllen glatt, leuchtet sie mit einer Stabtaschenlampe an und erkennt Hammer und Sichel.

„Ah, německý." Seine Stimme hat einen solch triumphalen Klang, daß es mir eiskalt den Rücken hinunterläuft. In seinen Augen flackert ein merkwürdiges Licht.

Ist es die Gewißheit, daß er für seinen Fang ein paar Tage Sonderurlaub bekommt? Oder glaubt er womöglich, dem Klassenfeind ein Schnippchen geschlagen zu haben?

Die Verständigung ist äußerst schwierig. Ich versuche ihm plausibel zu machen, was wir hier im Wald angeblich gewollt hätten, schlafen andeute und betone „romantika".

„Nix, nix romantika!", und er klopft auf sein Maschinengewehr.

Er gibt uns durch eine unmißverständliche Bewegung mit seiner MPi zu verstehen, daß wir vor ihm herlaufen sollen.

An der besagten Weggabelung bleiben wir stehen. Wir müssen uns auf sein Geheiß setzen. In nicht allzu weiter Ferne funkeln Lichtpunkte – der Grenzübergang.

Der Grenzer verschwindet hinter einem Baum und meldet per Feldtelefon seinen Fang.

„Was meinst du", sage ich leise zu Helmut, „wenn wir uns jetzt aus dem Staub machen? Es ist doch gar nicht mehr weit, vielleicht schaffen wir es doch noch …"

„Das hat keinen Zweck mehr, jetzt wo alles alarmiert ist, da kommen wir nicht weit. Aber wir geben nicht zu, daß wir über die Grenze wollten."

Nach einer Viertelstunde kommen zwei Jeeps angedonnert. Wir werden von sechs Grenzern umringt. Die zwei mitgebrachten Schäferhunde bellen in heller Aufregung. Helmut wird zur Seite gedrängt und von zwei Posten bewacht. Ich muß mich vor einen der Jeeps stellen, wobei die Scheinwerfer des anderen mir voll ins Gesicht strahlen, so daß ich um mich herum kaum noch etwas erkennen kann. Ein Offizier, ein bulliger, massiger Kerl, schüttet den Inhalt meiner Tasche auf die Kühlerhaube, begutachtet ihn und wirft alles zurück in die Tasche. Mir wird eine schwarze Augenbinde umgebunden. Nach einer geraumen Weile werde ich einige Schritte geführt und stolpere in einen der Jeeps. Es riecht nach Schweiß, Muff und Metall. Der Jeep fährt los. Im Moment des Anfahrens prallt ein weicher Körper gegen meine Beine, einer der Hunde. Er hechelt und knurrt bedrohlich. Immer wieder stoße ich mit dem Körper des Tieres zusammen, bis er sich vollends bei mir anlehnt. Scheint ein ganz schöner Brocken zu sein, denn meine Beine schlafen unter seinem Gewicht langsam, aber sicher ein. Sobald sich auch nur eine Faser in mir rührt, beginnt er sofort gefährlich zu knurren. Der Jeep schaukelt nicht schlecht. Demnach fahren wir auf keiner befestigten Straße. Irgendwie kann ich die Situation in ihrer Tragweite noch gar nicht richtig erfassen. Alles plätschert an mir vorbei, als ginge mich das Ganze nichts an. Mir ist, als schaue ich einem interessanten Film zu. Mich durchblitzt sogar der Gedanke: Eigentlich richtig abenteuerlich. Doch augenblicklich meldet sich mein zweites ICH zu Wort: Dir wird das Abenteuer schon noch vergehen …

Nach einer halben Stunde Fahrt hält der Jeep. Ich stolpere wieder heraus und versuche, unter der Augenbinde hervorzulunzen, kann aber beim besten Willen nichts erkennen. Man führt mich eine eiserne Wendeltreppe hinauf, was mich vermuten läßt, daß ich in jenem Wachturm bin, den wir vom Getreidefeld aus gesehen haben. Es geht einen langen Flur entlang, dessen Boden mit großen Papierbögen ausgelegt sein muß.

Mir wird die Augenbinde abgenommen. Ich stehe in einem kleinen Zimmer und werde angewiesen, mich auf einen hölzernen Stuhl zu setzen. Man läßt mich allein, das heißt nicht ganz allein, denn vor meinen Füßen liegt ein kräftiger Schäferhund zu meiner Bewachung.

Der Raum wirkt trotz eines schönen Fischaquariums und der hellgelb gestrichenen Wände unfreundlich.

Nach einer Weile des Wartens erscheint jener Offizier, der während der Festnahme meine Tasche ausgeschüttet hat, sowie ein junger blonder Grenzer, der ein wenig Deutsch spricht. Es ist eine halbe Stunde vor Mitternacht, als das Verhör beginnt.

Wie mit Helmut abgesprochen, leugne ich unseren Fluchtversuch und tische das Märchen von dem Pärchen auf, das im Wald eine Nacht verbringen wollte. Man glaubt mir nicht. Fragen und Antworten pendeln hin und her. Ich leugne. Man brüllt mich an. Ich leugne. Man droht mir. Der Offizier zieht seine Uniformjacke aus und krempelt die Ärmel seines safarigrünen Hemdes nach oben. Dabei fixiert er mich mit verkniffenen Augen. Sein Bauch wölbt sich kugelförmig unter seinem Hemd. Breitbeinig baut er sich vor mich auf und beginnt spielerisch, ein Paar Handschellen in der Luft kreisen zu lassen. Urplötzlich brüllt er mich an: „Aufstehen!“ Im Stehen legt er mir die Handschellen an und läßt ihre verstellbaren Rädchen auf den niedrigsten Anschlag rasten. Sie schneiden tief ins Fleisch ein.

„Setzen!“ brüllt er wie ein Stier. Doch dazu komme ich nicht, denn er zieht mir kurz zuvor den Stuhl fort, so daß ich auf den Boden stürze. Er zerrt mich an den Handschellen hoch, und als ich wieder auf meinen Füßen stehe, schlägt er mir mehrfach ins Gesicht, mal mit der flachen Hand, mal mit dem Handrücken, links, rechts, links, rechts, und brüllt: „Warum wolltet ihr über Grenze?! Warum?!“

Ich strecke ihm die mir angelegten Handschellen vors Gesicht, und mit tränenerstickter Stimme schreie ich aus mir heraus: „Deshalb! Das ist DDR!“

Triumphierend und mit sich selbst zufrieden grient er: „Warum nicht gleich so?“ Ich sinke in mich zusammen wie ein Häufchen Unglück. Ein Weinkrampf schüttelt mich.

Ich kann keinen klaren Gedanken mehr fassen. Der blonde Grenzer nimmt mir die Handschellen ab. Meine Gelenke sind dick geschwollen. Nun schmerzt es noch mehr, denn in die tauben Gelenke kehrt Leben zurück.

Ich komme mir so furchtbar jämmerlich vor. Ich möchte aufhören zu weinen, doch ich kann einfach nicht. Immer wieder bricht es wie ein Schwall aus mir heraus.

Da glaube ich einen unterdrückten Schrei zu hören. War das nicht Helmuts Stimme?

Sämtliche persönlichen Sachen werden mir abgenommen. Als ich die Uhr von meinem Handgelenk streife, sehe ich, daß sie um 1.15 Uhr stehengeblieben ist.

Eine von Statur kräftige Frau in Uniform betritt das Zimmer. Sie schickt alle Vertreter des männlichen Geschlechts aus dem Raum. Mit mir allein fordert sie mich auf, mich zu entkleiden. Splitternackt muß ich mehrere Kniebeugen vollführen. Mit ihren Fingern fährt sie mir fachmännisch durchs Haar, um meine Kopfhaut zu untersuchen, heißt mich den Mund öffnen, um mein Gebiß eingehend unter die Lupe zu nehmen. Meine erste Leibesvisitation. Ich empfinde es nicht nur als entwürdigend, beschämend und schlichtweg abscheulich, vor allem komme ich mir so grenzenlos ausgeliefert und wertlos vor – wie ein Pferd, das zur Schlachtbank geführt wird. Nach überstandener Prozedur darf ich mich wieder anziehen. Ein junger Bursche, bekleidet mit einem roten Pulli, kommt hereingeschlendert, unterm Arm trägt er eine kleine Schreibmaschine, ein altes klappriges Ding, auf dem er in tschechisch ein Protokoll tippt. Hin und wieder fragt er mich etwas.

Als ich unter das Protokoll meinen Namenszug setzen muß, denke ich erschrokken meine Schrift betrachtend: In der zweiten Klasse hast du auch nicht anders unterschrieben. Doch ich bekomme partout meine flatternden Hände nicht in den Griff.

Mir wird wieder eine Augenbinde umgelegt, und man verfrachtet mich in einen Jeep.

Am Ende der halbstündigen Fahrt führt man mich in ein muffiges altes Gebäude. Ich stolpere einige Steinstufen mal hoch, mal runter. Unsanft werde ich herumgeschoben.

Die Augenbinde wird mir abgenommen. Eine Tür kracht hinter mir zu. Ich bin allein.

Meine Augen nehmen die wenigen Gegenstände des Raumes wahr: eine mit dunklem Leder überzogene Holzpritsche, auf der eine graue, kratzige Filzdecke liegt, ein Tisch, ein Stuhl. Ich knalle mich auf die Pritsche und heule mich erst einmal richtig aus. Endlich weinen können, ohne schadenfroh belächelt zu werden.

Ab und zu geht das Licht, eine vergitterte Glühbirne in der Mitte der Zimmerdecke, an. Ich bin erschöpft und kann doch keinen Schlaf finden.

Es beginnt zu dämmern. Es ist Sonntag, der 1. August – heute wollten wir im Westen sein …

Mit der wohl ältesten Beschäftigung, seit es Gefängnisse gibt, beginne ich den neuen Tag und messe in Tip-Top-Manier die Zelle aus. 17 Fuß lang, neun breit. Ein Blick durch das mit Maschendraht gesicherte Fenster läßt erkennen, daß ich mich in einer Kaserne befinde. Das Frühstück wird „serviert" – zwei plunderähnliche Gebäckstücke sowie ein Plastebecher, gefüllt mit Milch. Der „Kellner" lächelt sogar und verschwindet wieder. Obwohl mein Magen knurrt, habe ich absolut keinen Appetit. Also nippe ich nur an dem Becher, doch die Milch ist zuckersüß, einfach widerwärtig.

Durchfall plagt mich. Zum Glück gehört zum räumlichen Inventar ein Toilettenbecken. In dem dazugehörenden Wasserkasten allerdings befindet sich nicht ein Tropfen Wasser, und Toilettenpapier suche ich auch vergeblich …

Ich lege mich wieder auf die Pritsche und weiß nicht, ob ich die Filzdecke als Kopfkissen oder als Zudecke benutzen soll. Trotz des warmen Sommerwetters ist es hier unten empfindlich kalt. Ein wenig sinke ich in eine Art Halbschlaf, doch lange währt der nicht. Apathisch starre ich auf den Fetzen blauen Himmels. Immer die gleichen Gedanken zermartern meinen Schädel. Wenn ich wenigstens was zum Rauchen hätte. Ich wummere einige Male kräftig gegen die Tür, in deren Mitte in Augenhöhe ein kleines Guckloch gebohrt ist – kein Spion, einfach nur ein Loch. Schritte nähern sich.

„Zigarette?“ frage ich bittend.

Zu meiner Überraschung wird die Tür geöffnet, und der lächelnde „Kellner“ winkt mich heraus. Er deutet mir an, in den schräg gegenüberliegenden Raum zu gehen. Dort sitzen einige Soldaten und zeigen auf einen Stuhl in ihrer Runde. Ich setze mich, weiß aber nicht so recht, was ich hier soll. Sie bieten mir filterlose Zigaretten an, meine Güte, das ist vielleicht ein Kraut. Die Verständigung ist mehr als schwierig. Plötzlich stürzt einer los und kommt strahlend mit einem tschechisch-deutschen Wörterbuch zurück. So unterhalten wir uns über unseren Fluchtversuch, über alltägliche Dinge unserer Länder wie Ausbildungschancen, Reisemöglichkeiten, die Höhe der Mieten und dergleichen mehr. Auch erfahre ich von ihnen, daß ich mich in Cheb (Eger) befinde, vor allem aber, daß auch Helmut in diese Kaserne gebracht wurde! Sehen darf ich ihn jedoch nicht. Sie scheinen ohnehin ihre Kompetenzen bei weitem zu überschreiten, denn vor der Tür steht abwechselnd einer von ihnen auf Horchposten.

Immer wieder rollen mir ungewollt Tränen über die Wangen. Ist es die unverhoffte Freundlichkeit, die mir diese Menschen entgegenbringen, oder die nervliche Anspannung? Wohl beides. Kumpelhaft klopfen sie mir auf die Schulter: „Nu, nu, nicht weinen.“ Auf meine Frage, ob ich mir wenigstens Gesicht und Hände waschen kann, führt mich der „Kellner“ in einen Raum, der sich noch im Rohbau befindet. Drei Duschen sind dort eingebaut. Das lauwarme Wasser tut unendlich gut. Am liebsten würde ich mich so, wie ich bin, darunter stellen, die Augen schließen, und das angenehme Naß müßte nicht nur den Dreck von meinem Körper, sondern auch all die Geschehnisse der vergangenen Nacht einfach hinwegspülen. Und wenn ich die Augen wieder öffne, war alles nur ein böser Traum, und ich liege in Helmuts Armen. Doch ich träume nicht, sondern werde von dem „Kellner“ zurück in den Kreis der anderen Soldaten gebracht.

Der Sonntag vormittag vergeht in dieser Runde. Bevor sie mich wieder einschließen, geben sie mir mit auf den Mund gelegtem Zeigefinger zu verstehen, daß diese Zusammenkunft unser Geheimnis bleibt …

Das Mittagessen steht auf dem Tisch, bestehend aus Kartoffelsalat und Würstchen. Doch ich bekomme noch immer keinen Bissen hinunter. Daneben steht wieder ein Becher, diesmal mit Tee. Igittigitt, wieder so klebsüß.

Ich sitze auf der Pritsche und lasse mit Tränen in den Augen die Beine hin und her baumeln. Wie kann man nur soviel weinen? Irgendwann muß doch der Tränenvorrat erschöpft sein? Aber es kullert und kullert. Meine Gesichtshaut spannt. Ich fühle mich am ganzen Körper so unendlich dreckig, selbst innerlich beschmutzt.

Ab und zu läuft am Fenster ein Stiefelpaar vorbei. Indes verlangt meine Lunge wieder nach Nikotin. Warum habe ich mir bloß das Rauchen angewöhnt?

Kräftig schlage ich zwei-, dreimal gegen die Tür.

„Nix Zigarette!" höre ich eine Männerstimme zur Antwort brüllen, unterstrichen von einem kräftigen Fußtritt gegen die Tür. Aha, sie haben die Schicht gewechselt.

Ich frage mich gerade zum abermalsten Male, wie lange wir wohl hier festgehalten werden, als plötzlich ein deutscher Gefangener aus Leibeskräften brüllt: „Ich will hier raus! Laßt mich raus, ihr Schweine!" Die diensthabende Truppe läßt nicht lange auf sich warten. Die bewußte Zelle wird geöffnet, und augenblicklich dringen Kampfgeräusche an mein Ohr, Brüllen, Schreie und immer wieder dieses gellende, mich bis ins Mark treffende „Nĕmetzký Bagage!". Ich zittere vor Angst und Wut gleichzeitig. Von einem zum anderen Augenblick kehrt Stille ein, eine unheimliche Stille …

Nicht nur den Rest des Tages, auch einen Großteil der darauffolgenden Nacht verbringe ich mit unfreiwilligem Grübeln. Wehe mir, wenn sich erst einmal die Gedanken über die große Ungewißheit des Kommenden in meinem Hirn eingewetzt haben, wie in Stein gehauene Lettern, dann ist mir, als schwebe das Damoklesschwert über mir.

Der Vormittag des nächsten Tages ist schon ein gutes Stück vorangeschritten, als die Tür aufgerissen und ich herauszitiert werde. Ich versuche, möglichst gelassen zu wirken, doch meine zitternden Hände sprechen eine andere Sprache.

Da steht wie aus dem Boden gestampft, nur wenige Schritte von mir entfernt, Helmut!

Spontan falle ich ihm um den Hals, doch ein Mann in Zivil zerrt mich sofort grob zurück. Sie führen Helmut ab, und für mich stürzt abermals die Welt ein.

Warum bloß scheint die Sonne so herrlich? Tausend Wolkenbrüche müßten herabstürzen, so todunglücklich bin ich!

Ich muß noch ein Weilchen auf dem Gang warten, bevor man mich zu einem blauen Pkw Marke „Wartburg“ führt. Als ich einsteige, glaube ich meinen Augen nicht zu trauen. Auf der Rückbank sitzt bereits Helmut. Damit habe ich nun überhaupt nicht gerechnet. Wir werden mit einem Handschellenpaar aneinandergefesselt. Der Fahrer wie auch der Beifahrer sind in Zivil, tschechische Sicherheitsbeamte, nehme ich an. Helmut und ich sitzen wohlgemerkt allein auf dem Rücksitz. Der Pkw nimmt seine rasante Fahrt auf: bei Rot über die Kreuzung, riskante Überholmanöver und fortwährend mit viel zu hoher Geschwindigkeit. Helmut und ich schauen uns tief in die beiderseits tränenerfüllten Augen.

„Haben sie dich auch geschlagen?“

Ich nicke bloß, denn dieses *auch* gibt mir die schmerzliche Gewißheit, daß der unterdrückte Schrei, den ich im Wachturm gehört habe, tatsächlich von Helmut stammte.

„Diesen Gorilla werde ich mein Lebtag nicht vergessen“, flüstert er mit belegter Stimme. „Ich mußte mich nackt ausziehen, die Hände haben sie mir mit Handschellen auf den Rücken gefesselt. Meine Gelenke sind jetzt noch taub davon. Und dann hat mich dieser Mistkerl immerzu mit der Faust in die Magengrube geschlagen, bis ich unsere Flucht zugegeben habe.“ Es handelt sich ohne jeden Zweifel um denselben Offizier, der auch mir gezeigt hat, welch harte Handschrift er schreibt.

Ich lehne meinen Kopf an Helmuts Schulter und nehme mir vor, keine Träne mehr zu vergießen. Doch sobald sich unsere Blicke treffen, verschwimmen mir die Augen. Die Frage, wann und wo wir wieder vereint sein werden, steht gnadenlos unbeantwortet im Raum. Als wir auf die Straßenschilder achten, bemerken wir, daß wir gar nicht in Richtung DDR-Grenze fahren, wie wir es angenommen haben. Statt dessen halten wir vor einem Gefängnis in Pilsen, das mitten in der Stadt liegt.

Über zwei hohe eiserne Tore, die sich jeweils öffnen und schließen, werden wir in den Gefängniskomplex geführt. Nach endlos langen Fluren bleiben wir vor einer Zellentür stehen. Mir steht die enorme Anspannung im Gesicht geschrieben. Da ergreift Helmut ganz unvermittelt und heimlich meine Hand, drückt sie ermutigend und raunt mir leise zu: „Hab keine Angst, Petra. Das stehen wir durch.“

Die Wärterin heißt mich in die inzwischen offene Zelle gehen. Der erste Blick läßt mich jedoch sogleich erkennen, daß ich hier nicht bleiben werde. Die in diesem Raum bis unter die Decke reichenden Regale sind vollgepackt mit Anstaltswäsche.

In gebrochenem Deutsch werde ich von der Wärterin aufgefordert, mich auszuziehen.

Was? Schon wieder? denke ich.

Mit einem Bündel Knastwäsche unterm Arm schiebt sie mich nach überstandener Leibesvisitation wieder auf den Flur hinaus.

Helmut ist fort! Wo hat man ihn hingebracht?

Die Wärterin bringt mich in das oberste Stockwerk des Gebäudes. Auf dem Weg dorthin kann ich erst annähernd ermessen, wie groß das Gefängnis ist. Es umfaßt in etwa sechs, sieben Stockwerke, diese endlos langen Flure, die irgendwann in verwinkelte Gänge münden, Gitter über Gitter, Zellen über Zellen. Und fast alles in einem unnatürlich giftigen grünen Farbton gehalten. Ich komme mir vor wie eine Ameise, die sich verlaufen hat. Zwischen den einzelnen Stockwerken sind jeweils Maschendrahtbarrieren angebracht, um ein Springen in die Tiefe von Verzweifelten zu verhindern.

Vor der Zelle mit der Nummer 1 ist für mich zunächst Endstation. Krachend fällt die Tür hinter mir ins Schloß. Und da stehe ich armseliges Würstchen nun mit meinem Bündel. Mein Blick schweift kurz und phlegmatisch ins Rund meiner neuen Bleibe, die bestückt ist mit einem eisernen Doppelstockbett, einem kleinen Holztisch plus Schemel, einem Waschbecken in Miniaturausführung, einer Toilette. Und alles in einem mehr als unhygienischen Zustand.

Ich werfe das Bündel auf das obere Bett, mich auf das untere und lasse den unterdrückten Tränen freien Lauf.

Ich weiß nicht, wie lange ich so gelegen habe. Plötzlich wummert es lautstark gegen die Tür. Ein Auge blitzt durch den Spion. Ich reagiere nicht. Wozu auch? Nochmals erfolgen heftige Schläge gegen die Zellentür, die nun durch Brüllen bekräftigt werden. Die Tür wird aufgerissen – ich schrecke hoch, und zwei Wärter geben mir wortgewaltig mit drohendem Gummiknüppel zu verstehen, daß ich auf dem Schemel zu sitzen habe. Ich nicke brav, und sie sind's zufrieden.

Nun gehe ich erst einmal daran, das Bündel zu inspizieren: zwei Laken, eine graue Filzdecke, ein zerlöcherter gelblicher Schlafanzug, ein nicht besser beschaffenes Handtuch und – welch Luxus (!) – Toilettenpapier, ein Stück Kernseife, Zahnputzzeug.

Beim Anblick der Kernseife ziehe ich mich sofort aus und wasche mich, was sich als gar nicht so einfach herausstellt. Der Fußboden besteht aus rotbraun gebohnerten Holzdielen. Habe ich in dem Becken einen Fuß gewaschen und stelle ihn auf den Boden, ist er augenblicklich mit Bohnerwachs beschmiert. Doch Not macht ja bekanntlich erfinderisch ... Gerade bin ich wieder in meine Sachen geschlüpft, als ich aufgefordert werde herauszukommen.

Der Weg durchs Gefängnis führt an den offenen Stationen vorbei. Beide Seiten des Flurs sind in etwa mit je 30 Häftlingen gesäumt. Sie putzen klobige Schuhe, löffeln Suppe aus verbeulten Blechnäpfen oder gehen einer sonstigen Beschäftigung nach. Als ich an ihnen vorbeilaufe, schauen sie jeweils auf, und ihre Blicke kleben regelrecht an meinem Körper. Mir wird immer unwohler in meiner Haut, das reinste Spießrutenlaufen. Ihre offenkundig anzüglichen Bemerkungen quittiert der mich begleitende Wärter mit Drohgebärden.

Endlich in einem Büroraum angelangt, muß ich zwei Formulare jeweils in deutscher als auch tschechischer Sprache gegenzeichnen, eine Art Bestätigung meiner Verhaftung mit dem für mich wichtigen Hinweis, daß ich in die DDR überführt werde – allerdings ohne konkrete Datumsangabe. Nur nicht hierbleiben müssen, wie ich schon befürchtet hatte.

Kurz bevor ich wieder eingeschlossen werde, frage ich den Wärter eindringlich: „Wann DDR? Wann?"

Nach anfänglichem Schulterzucken erhalte ich zur Antwort: „Donnerstag."

Um 6 Uhr in der Früh ertönt eine greuliche Sirene, begleitet vom Gebrüll und Getöse des Wachpersonals – das allmorgendliche Wecken. Als ich die Augen öffne, erscheint es mir, als durchlebte ich einen Alptraum, der nicht enden will.

Die in die Tür eingelassene Luke wird aufgerissen.

„Voda, Voda!" (Wasser!) ruft ein Wärter, einen verbeulten Blechnapf mit undefinierbarer Brühe und einen Kanten trockenes Brot hereinreichend.

Die Mahlzeiten sind allesamt ungenießbar. Von daher profitiere ich von meinem immer noch wie zugeschnürten Magen.

Den ganzen Tag über jault ein außen neben meinem Zellenfenster angebrachter Ventilator, eine Art Abzug. Gegenüber liegt ein weiteres kolossales Zellenhaus.

Und dort glaube ich eines Tages an einem der unzähligen Fenster Helmut in seinem weißen Polohemd zu sehen …

Neben dem Komplex befindet sich ein riesengroßer Schrotthaufen, der nicht kleiner werden will, obwohl täglich Häftlinge einen Lkw nach dem anderen mit dem Gerümpel beladen. In der Ferne ist ein grüner Hügel zu erkennen, auf dessen Wölbung ein einsamer Baum steht. Dieses Bild weckt beim Betrachten immer wieder Melancholie und Wehmut in mir.

In jenen Tagen in Pilsen grub sich ein unermeßlicher Schmerz tief in mein Herz. Eine kaum zu beschreibende Verzweiflung und Aussichtslosigkeit hatte von mir Besitz ergriffen. Seelischer Schmerz kann so furchtbar weh tun, so unendlich grausam sein. Und in jenen Momenten, in denen ich glaubte, diesen Schmerz nicht mehr ertragen zu können, verspürte ich nur noch einen inbrünstigen Wunsch – mir ein Schwert in die Brust zu stoßen, damit alles nur ein Ende haben möge. Ich beiße mir in die Hand, damit der körperliche Schmerz über den seelischen triumphiere, doch ich spüre nichts. Was bleibt, sind die Abdrücke meiner Zähne auf dem Handrücken, sonst nichts …

Zu diesem Zeitpunkt bin ich davon überzeugt, daß wir beide ein Strafmaß von etwa vier Jahren zu erwarten haben. Von einem weitläufigen Bekannten weiß ich, daß er diese Zeitspanne in politischer Haft hat verbringen müssen. Von ihm schließe ich kurzerhand auf uns. Vier ewige Jahre werde ich eingesperrt sein! Vier Jahre getrennt von allem, was mir lieb und teuer ist! Diese Vorstellung beraubt mich all meiner Kraft und bringt mich fast um den Verstand. Die Zellenwände sind mit verschiedenen Namen sowie Daten beschrieben, aber auch mit haßerfüllten Worten, die gegen das DDR-Regime gerichtet sind. Das so verkündete Wissen, daß schon viele vor uns diesen Leidensweg gehen mußten, ist ein wenig Trost und Hoffnungsschimmer zugleich. Auch ich kratze mit dem Fingernagel meinen brennenden Haß in den Kalk. Die Genugtuung darüber ist für den Moment größer als die Furcht vor möglichen Schlägen mit dem Gummiknüppel. Es ist wie ein stummer Schrei.

Eines Nachts werde ich von einem eigenartigen Surren geweckt, das schnell näherkommt. Das Licht, welches jede Nacht hindurch brennt, flackert, geht zeitweise ganz aus. Das Surren hat sich zu einem unheilvollen Pfeifen entwickelt, und da ist die Naturgewalt auch schon heran. Die offenen Fensterflügel schlagen scheppernd gegen die Wände, daß ich glaube, die Scheiben müßten zerbersten. Schmutz und Staub wirbeln durch die Zelle. Der Wind heult ohrenbetäubend. Die Tatsache, nicht aus der Zelle herauszukönnen, lähmt mich für Sekunden vor Entsetzen. Und schon ist der Spuk vorbei. Es war nicht der Sturm, welcher mich ängstigte, sondern vielmehr das Gefühl, bei drohender Gefahr an verschlossenen Türen zu rütteln, was mir in dieser Nacht deutlich ins Bewußtsein drang.

Mittwochabend, es muß schon nach 20 Uhr sein, denn die Sirene hat vor gut einer Stunde die Nacht jaulend eingeläutet, wird die Tür nochmals unverhofft geöffnet.

Eine junge Frau wird grob in die Zelle gestoßen. Ihre langen blonden Haare fallen ihr bis auf die Schultern. Sie umrahmen ein rundes Sommersprossengesicht, über das dicke Tränen kullern. Ich spreche sie an, doch ich verstehe sie genausowenig wie sie mich. Sie scheint ohnehin nicht an einem Gespräch interessiert zu sein. Auch jegliche von mir angebotene Hilfe und Tröstungsversuche lehnt sie kurzerhand ab.

Nun bin ich zwar nicht mehr allein, aber dennoch weiterhin einsam.

An der Art, wie sie nach den ersten Tränen die Situation doch relativ schnell als gegeben hinnimmt, glaube ich zu erkennen, daß sie wohl nicht das erste Mal mit einem Zuchthaus Bekanntschaft macht. Meine Vermutung sehe ich darin bestätigt, daß sie geradezu professionell ihr Bett über mir baut. Und ohne ein einziges Wort verkriecht sie sich unter ihre Decke.

Der von mir herbeigesehnte Donnerstag ist angebrochen. In aller Herrgottsfrühe wird die Tür aufgerammelt. Ich schnelle wie ein Flitzebogen empor in der Hoffnung, abgeholt zu werden. Doch nicht ich werde herausbeordert. Grußlos verläßt die junge Tschechin die Zelle.

Geraume Zeit später schlüsselt es erneut. Dieses Mal werden meine Hoffnungen nicht enttäuscht.

Von einer Wärterin werde ich genau jenen Weg zurückgeführt, den ich vor vier Tagen in die Zelle Nummer 1 gehen mußte, erhalte von ihr meine Privatsachen zurück und muß mich in eine Nische mit dem Gesicht zur Wand stellen.

Fortwährend werden Zellen aufgeschlossen. Getrampel schwerer Schritte, einhergehend mit tiefem Gemurmel, sind zu hören. Ich riskiere einen Blick um die Ecke und sehe einen in Dreierreihe formierten Trupp von etwa 30 Männern stehen, allesamt in Zivilkleidung. Sie stehen keine 50 Meter von mir entfernt. Mein

Gott, da steht ja in einer der vordersten Reihen auch Helmut! Sein weißes Polohemd hebt sich deutlich aus der grauen Masse ab. Am liebsten würde ich auf der Stelle auf ihn zustürmen, doch auf dem Flur ist eine stattliche Anzahl an Wachpersonal aufgeboten. Durch Gestikulieren und leises Zurufen versuche ich auf mich aufmerksam zu machen, bis mich Helmut endlich bemerkt. Aufmunternd lächelt er mir zu.

Der Trupp setzt sich in Bewegung. Ich habe so gehofft, daß er an mir vorbeiläuft, doch zu meiner Enttäuschung biegt er in einen der Gänge ab. Helmut konnte mir gerade noch einmal kurz zuwinken. Auf dem Hof röhrt der laufende Motor eines schweren Fahrzeuges.

Ich drücke mein tränenüberströmtes Gesicht an die schmutzige Fensterscheibe, balle meine Hände zu Fäusten und quetsche in meiner ohnmächtigen Wut und Verzweiflung einen Fluch nach dem anderen aus meinen schmal zusammengepreßten Lippen.

Ungerührt legt mir eine Wärterin Handschellen an und führt mich aus dem Gebäude heraus. Im Innenhof steht ein Bus. Mir wird angedeutet einzusteigen. Mein Blick streift alle Insassen des Busses und sucht ein Gesicht. Und ich sehe es! Helmut sitzt auf der letzten Bankreihe. Gerade will ich zu ihm gehen, als ich grob zurückgezogen und auf einen der vordersten Sitzplätze gedrückt werde.

Die Fahrerkabine ist durch ein Gitter abgetrennt, vor dem ein Wärter in voller Montur steht, mit Pistole, MPi, Gummiknüppel, Kampfmesser, Seilen, Schlagringen. Breitbeinig steht er da und grinst großspurig. Die Schneidezähne seiner Schlägervisage sind aus Gold. Er hält einen knurrenden Schäferhund an der Leine.

Drei weitere Wärter, davon eine Frau, sitzen hinter dem schützenden Gitter und gebärden sich, als wären sie auf einem Betriebsausflug.

Ich riskiere einen Blick nach hinten, um Blickkontakt mit Helmut aufzunehmen. Sofort werde ich von der ausgerüsteten Kampfmaschine lauthals angebrüllt.

An den Gepäckstücken (Rucksäcke, Taschen und dergleichen mehr) sind jeweils Zettel mit Namen und Geburtsdaten angeheftet. Dadurch ist offensichtlich, daß alle Insassen Deutsche und somit Flüchtlinge sind. Die meisten von ihnen sind blutjunge Burschen.

Ich bin die einzige Frau unter den Gefangenen.

Der Bus fährt an einem Kohlerevier vorbei. Etwa 15 Meter hohe Halden säumen die Zufahrtswege zu beiden Seiten. Ausgerechnet in dieser düsteren, unwirtlichen Gegend hält das Gefährt vor einer mit Stacheldraht eingezäunten Barackenkolonie. Der Bus steht in einem riesigen Käfig, er ist von allen Seiten komplett von Maschendraht umgeben.

Die werden uns doch nicht etwa hier ausladen?

Ein ausgemergelter, uralt erscheinender Mann wird herangeführt. Seine Handgelenke sind mit langen, schweren Eisenketten gefesselt. Nie zuvor habe ich eine so elende Gestalt gesehen. Das Funkeln in seinen verblüffend jung wirkenden Augen kann ich nur schwer deuten.

Ist es Haß oder Brutalität? Das Wort KZ streift kurz meine Gedanken.

Nachdem die Papiere des Zusteigers kontrolliert sind, setzt der Bus seine Fahrt fort. Gegen Mittag lassen wir ein Ortsschild mit der Aufschrift „Praha" hinter uns. Hier pulsiert das Leben. Straßenbahnen bimmeln, Autos hupen, Menschen hasten und eilen, andere wiederum bummeln, schlendern dahin. Prag, *die goldene Stadt*, die ich gern unter anderen Umständen kennengelernt hätte.

Als wir bei Rot an einer Kreuzung halten, schauen viele der Passanten neugierig interessiert in den unverkennbaren Gefängnisbus. Manche glotzen uns regelrecht an, als wären wir Affen im Zoo. Doch zu meinem eigenen Erstaunen berührt mich dies überhaupt nicht, keinerlei Gefühl von Scham kommt in mir auf. Es liegt nicht daran, daß mir diese Menschen fremd sind, nein, es ist das mich abschirmende Wissen um meine Unschuld, ich bin kein Verbrecher. Während wir durch die Straßen Prags fahren, werden immer wieder Neulinge von Polizeidienststellen aufgegabelt.

Am Stadtrand der Großstadtmetropole ist in der Ferne ein von Mauern umgebener Gebäudekomplex zu erkennen, den das Gefährt zielstrebig ansteuert.

Ich kann nicht begreifen, warum abermals ein tschechisches Zuchthaus Anlaufstelle ist. Der Bus hält. Wer aussteigen muß, bin ich – niemand sonst! Die Türen des Busses schließen sich wieder, und ich fühle mich so entsetzlich verlassen. Eine Wärterin führt mich zum Zellenhaus. Mein hilfesuchender Blick zurück sieht den Bus davonfahren.

Im Zellenhaus angelangt, schließt die Wärterin einen Raum auf, aus dem sich augenblicklich eine dicke Qualmwolke wälzt. Auf kleinen Hockern sitzen an die zehn Frauen, die allesamt Zivilsachen tragen. Sie rauchen wie die Schlote, die Luft ist zum Schneiden dick. Es gibt weder ein Fenster noch einen Abzug.

Sie beginnen mich sogleich auszufragen.

„Ah, Hranice (Grenze)!“ sagt eine recht frivol wirkende junge Frau, winkt flapsig ab und gibt mir zu verstehen, daß alles nicht so schlimm sei.

Ein schwacher Trost, zumal ich den Eindruck habe, daß die meisten von ihnen bestens mit der Materie vertraut sind. Sie haben vollgepackte Taschen und Tüten bei sich, stangenweise Zigaretten, Kosmetikartikel und andere notwendigen Dinge des täglichen Lebens.

Die Tür wird aufgeschlossen, und eine weitere Gefangene kommt hinzu. Jegliche Gespräche verstummen auf der Stelle. Es ist, als würde allen gleichzeitig für ein paar Sekunden der Atem stocken. Das Bild, welches diese Frau bietet, ist erschütternd – als käme sie aus einem sibirischen Lager. Sie hat einen filzigen dunkelgrünen Mantel an, der an allen Ecken und Enden seinen Geist aufgibt. Rock und Bluse sind aus demselben edlen Material und übersät von Flickstellen. Die schwarzen klobigen Schuhe reichen ihr bis an die Knöchel und sehen aus wie ein Winterschuhfabrikat aus Kriegszeiten. Ihre Waden stecken in dicken grauen Kniestrümpfen. Derweil haben wir hochsommerliche Temperaturen, täglich um die 30 °C!

Die Haut ihres Gesichts ist fahl und eingefallen. Ihre aschgrauen Haare sind ein einziger Filz, durch den kein Kamm der Welt mehr hindurchkommt. Die wenigen ihr verbliebenen Zähne bestehen aus zwei Grundfarben – gelb und schwarz. Ihre Handflächen sind von einer dicken, buckeligen Hornschicht überzogen.

Ich habe mir immer eingebildet, das Alter von Menschen ganz gut einschätzen zu können, aber bei dieser hageren Gestalt des Elends muß ich passen, denn ich ahne, daß das sich rein äußerlich bietende Bild mit der eigentlichen Anzahl ihrer Lebensjahre nicht viel gemein hat. Die Armwunden, welche sie uns zeigt, sind entzündet und vereitert. Sie stammen von Schlagstock- oder Gummiknüppelhieben, breite, verquollene Striemen. Warum sie geschlagen wurde, wissen nur ihre Landsmänninnen, denen sie ausgiebig Rede und Antwort steht.

Die Tür öffnet sich nun immer häufiger, wobei jedesmal alle wie auf Kommando aufspringen und strammstehen. Nach und nach werden alle Frauen abgeholt.

Letztendlich bleibe ich allein in der Zelle zurück.

Ich weiß nicht, wie lange ich vor mich hin gebrütet habe. War es eine Stunde oder zwei? Da dreht sich der Schlüssel knirschend im Schloß. Jetzt holen sie dich! Doch weit gefehlt. Sie bringen ein kleines, zierliches Mädchen herein.

Sie schleppt schwer an einer prall gefüllten Reisetasche, die sie auf den Boden fallen läßt. Wortlos setzt sie sich auf einen der Hocker.

Ich betrachte ihr Gesicht, den gesunden Teint, ihre fast noch kindlich anmutenden Züge. Ihre halblangen glatten Haare sind hellblond. Sie starrt auf den Boden und schaukelt mit den Beinen.

Nach einigen Minuten wird es mir zu dumm, und ich breche das Schweigen, indem ich sie frage: „Německý?"

„Hm, Deutsche."

Mir schießen vor Freude Tränen in die Augen, und für Momente versagt mir meine Stimme ihren Dienst, weil der Kloß in meinem Hals jeden Laut unterdrückt.

„Sind das ein paar elende Schweine", seufzt das Mädchen, immer noch beinebaumelnd, aus ihrem tiefsten Inneren.

„Das kannste laut sagen", bestätige ich ihren Stoßseufzer.

Wie von der Tarantel gestochen springt sie auf.

„Mensch, du bist ja auch 'ne Deutsche!" Spontan fallen wir uns in die Arme und halten uns lange fest – zwei Menschen, die sich zuvor noch nie gesehen haben und die doch soviel verbindet.

Jetzt lachen wir erst einmal wie irre los. Wie kann ich sie denn auf tschechisch fragen, ob sie Deutsche ist? Ich begreife gar nicht, wie ich lachen kann. Es ist das erste Mal seit unserer Festnahme, und ich genieße es in vollen Zügen. Denn nun weiß ich, der Knoten ist geplatzt, die Welt hat mich wieder …

Gegenseitig erzählen wir uns *unsere Geschichte.*

Silke ist tatsächlich erst 15 Jahre alt. Sie stammt aus schwierigen familiären Verhältnissen und hat aus Trotz und jugendlichem Leichtsinn ihrem Elternhaus kurzerhand den Rücken gekehrt.

Mit ihrem Freund passierte sie illegal und unbehelligt die DDR-Grenze zur ČSSR. Von dort aus trampten sie zum Länderdreieck ČSSR/Ungarn/Österreich, um weiter nach Ungarn zu gelangen. Sie wollten an den Plattensee. Doch daraus wurde nichts. Grenzer griffen sie auf. Allerdings waren sie zum Zeitpunkt ihrer Verhaftung nicht an der Grenze ČSSR/Ungarn, sondern ČSSR/Österreich! Sie hatten die Orientierung verloren.

Anfangs stritten beide wahrheitsgemäß einen Fluchtversuch nach Österreich ab.

„Ich habe es bloß zugegeben", sagt Silke mit bebender Stimme, „damit sie endlich aufhören sollten, mich zu schlagen."

„Die Platzwunde hast du also vom Verhör?" berühre ich sanft ihre Schläfe.

„Nein, die nicht. Ich habe in Brno etwas an die Zellenwand gekratzt und bin dabei erwischt worden."

Nun sitzen wir zu zweit hier und warten auf ... ja auf was eigentlich?

Endlich öffnet sich der Sesam. Zusammen werden wir herausgerufen. Auf einem Treppenabsatz müssen wir stehenbleiben. Eine Etage tiefer hören wir Männerstimmen.

Ein Wärter beginnt, Namen aufzurufen. Deutsche Namen (!), die jeweils mit einem „Ja" oder „Hier" bestätigt werden. Aufmerksam spitzen wir die Ohren. Da tönt es: „Kohn?"

„Hier."

Mein Herz hüpft vor Freude. Wie kommt Helmut denn hierher? Ich habe den Bus doch davonfahren sehen!

Das einsetzende Getrampel signalisiert den Abmarsch. Auf dem Hof röhrt der Motor eines wartenden Busses. Ich hoffe inständig, daß sie Männer und Frauen wieder im gleichen Bus befördern. Meine Hoffnung erfüllt sich.

Helmut muß wieder auf der allerletzten Sitzreihe Platz nehmen. Ich sitze mit Silke – mit einer Handschelle aneinandergefesselt – ganz vorne.

Der Gefängnisbus, welcher über 40 Mann faßt, ist geknackt voll. Er fährt mitten durch die City. Prag ist wirklich eine wunderschöne Stadt. Die Dächer blitzen strahlend in der Sonne. Der Himmel ist wolkenlos in einem klaren Blau. Wir fahren über mehrere Brücken, und ich erfreue mich am Anblick der Moldau, wie sie sich durch die Stadt schlängelt. Es ist erstaunlich, aber für einige wenige Minuten kann ich vergessen, daß ich eine Gefangene bin. Das Erwachen aus dieser selbstgeschaffenen Scheinwelt ist grausam, weiß ich doch, daß uns am Ende dieser Fahrt nur Gefängnismauern erwarten können.

Nach einer Viertelstunde *Stadtausflug* ist der Bus am Ziel. Ich glaube es nicht. Jetzt haben wir lediglich den Knast in Prag gewechselt!

Sämtliche Insassen müssen aussteigen. In Zweierreihe werden zunächst die Männer und als Schlußlichter Silke und ich in das hiesige Zellenhaus geführt.

Sofort beginnen sie mit der Aufteilung. In diese Zelle werden zwei Männer geschlossen, in jene drei und so fort. Wir müssen wieder mal mit dem Gesicht zur Wand stehen. Ich schiele zur Seite und kann gerade noch erkennen, in welchen Gang Helmut entschwindet. Genau in denselben führt man später auch mich.

Die betreffende Zelle wird aufgeschlossen. Eine junge Frau starrt mich aus großen braunen, weit aufgerissenen Augen an. Sie hat einen auffallend dunklen Teint, ihre fast schwarze Haarpracht hat viel natürliche Krause, eine richtige Löwenmähne.

Als die Tür krachend hinter mir zugefallen ist, frage ich sie zaghaft: „Bist du Deutsche?“ Da fällt sie mir lachend und weinend zugleich in die Arme.

„Ich werd’ verrückt, keine Tschechin! Du bist die erste Deutsche, die ich wiedersehe!“ Sie schluchzt herzzerreißend an meiner Schulter.

Da dreht sich der Schlüssel abermals im Schloß, und herein kommt Silke …

Iris dankt dem Schicksal, daß es ihr gleich zwei deutsche Frauen auf einen Schlag beschert hat, und ist aufgekratzt bis zum Abwinken.

Sie sprudelt auch sofort in aller Ausführlichkeit mit der Beschreibung ihres Fluchtversuches heraus. Sie versuchte es gemeinsam mir ihrem Freund in der Nähe von Bratislava. Was sie allerdings über das Verhör nach der Verhaftung erzählt, klingt in meinen Ohren doch sehr paradox. Sie wurden von den dortigen Grenzern ausgesprochen freundlich behandelt, in dicken Polstersesseln sitzend gemeinsam vernommen, und ihnen wurde Kaffee mit Schokolade angeboten. Silke und ich schauen uns ungläubig an.

Iris wirkt auf mich mit ihren 20 Jahren zwar etwas naiv, doch warum sollte sie sich so etwas ausdenken? Die Welt ist ein Tollhaus …

Gegenüber dem Zuchthaus in Pilsen ist diese Zelle um die Hälfte kleiner. An der linken Wand steht ein wackeliges eisernes Doppelstockbett, rechts ein winziger Tisch mit zwei Hockern. Der Gang dazwischen ist drei Fuß breit. Unmittelbar neben der Tür befindet sich das, was eine Toilette sein soll, ein demoliertes, verkeimtes Emaillebecken in Miniaturformat.

Daneben steht eine Schüssel mit Wasser, aha, die Spülung. Neben der Toilette ist ein Waschbecken angebracht. Es ist aschgrau vor Dreck, seine ursprünglich hellblaue Farbe ist nur noch zu erahnen. Dicke Staubwolken wälzen sich auf dem Boden.

Die Wände sind auch hier – trotz Prügelandrohung – mit Namen, Daten und Informationen beschrieben, die sowohl Haß aber auch Hoffnung ausdrücken.

Nach eingehendem Wandstudium stoßen wir auf den Hinweis:

Dienstag mit Flugzeug in DDR

Heute ist Donnerstag. Das wären also noch fünf Tage …

Und auch dies steht in großen Lettern an der Wand geschrieben:

Von hohen Mächten wunderbar geborgen,
erwarten wir getrost, was kommen mag,
Gott ist mit uns am Abend und am Morgen
und ganz gewiß an jedem neuen Tag.

Konfessionslos, wie ich zu dieser Zeit noch bin, haben mich diese Sätze dennoch nachhaltig beeindruckt, ohne daß ich damals den geschichtlich tieferen Hintergrund gekannt hätte …

Im Zuchthaus habe ich begonnen, jeden Tag zu beten.

Zwar hatte ich trotz allen massiven Gegensteuerns des mich umgebenden sozialistischen Umfeldes als auch meiner Familie selbst immer instinktiv Respekt vor gläubigen Menschen, doch den wahren Zugang zu meinem Glauben habe ich erst in Gefangenschaft gefunden.

Durch Rufen aus dem Fenster bekomme ich tatsächlich mit Helmut Kontakt. Es ist für mich eine enorme Beruhigung, ihn in meiner Nähe zu wissen.

Da sich nur zwei Betten in der Zelle befinden, müssen wir jeden Abend das Doppelstockbett auseinandermontieren und die Betten nebeneinander aufstellen. Auf diesen schlafen wir jede Nacht zu dritt – unser Küken Silke in der Mitte.

Als Nachtbekleidung dienen uns auch hier gelbliche Schlafanzüge. Es ist schon fast amüsant anzusehen, wenn wir wie Clowns in den mindestens fünf Nummern zu großen Baumwollfetzen hängen. Und jede Nacht haben wir mit der Mückenplage zu kämpfen. Da das Licht bis zum Morgengrauen ununterbrochen brennt und wir die Fensterflügel offenlassen müssen, wenn wir in diesem engen Raum in der hochsommerlichen Schwüle nicht ersticken wollen, werden die Insekten in Scharen angelockt. Die Wände sind gepflastert mit ihren Leichnamen.

Irgend etwas in unseren Gesichtern ist jeden Morgen verschwollen, Augen, Nase, Lippen …

Passend zum Etablissement fällt das Essen aus, sofern es diese Bezeichnung überhaupt verdient. Es ist schlichtweg miserabel. An den Blechnäpfen kleben zumal noch Speisereste von längst vergangenen Mahlzeiten.

Was mir sehr gut tut, sind die langen Gespräche mit Iris und Silke. Die befürchteten vier Jahre Haftzeit habe ich mittlerweile aus meinem Hirn gestrichen. Eines unserer Hauptthemen ist der durch die westdeutsche Regierung praktizierte Freikauf politischer Häftlinge, von dem auch Iris hinter vorgehaltener Hand gehört hat. Unser Wissen darüber ist zwar sehr vage, aber mehr als nur ein Strohhalm. Nach alledem, was Iris erfahren haben will, setze ich mir nun insgeheim als zeitlichen Anhaltspunkt Dezember – Weihnachten im Westen, das wäre doch das absolute Nonplusultra! Obwohl selbst diese Vorstellung schwer zu ertragen ist, denn ich habe schon jetzt den Kanal gestrichen voll. Zugegeben, ich falle von einem Extrem ins andere, was wohl in der ebenso extremen Lebenssituation begründet liegt.

Wir können es kaum erwarten, das Prager Zuchthaus hinter uns zu lassen, auch wenn wir wissen, daß sich unsere Gefangenschaft in der DDR fortsetzen wird. Doch schlimmer als hier kann es für uns nicht mehr kommen, denken wir zumindest.

So gehen die Tage in nervenaufreibender Anspannung in Erwartung des Abtransportes dahin.

Wir schreiben den 10. August – Dienstag. Laut der Wandnotiz müßte es heute zurück in die *Zone* gehen. Oder ist der Flug vielleicht gar nicht wöchentlich?

Wir sitzen wie auf glühenden Kohlen und lauschen auf jedes Geräusch außerhalb der Zelle.

Mir wird schlagartig bewußt, wie sehr es mir geholfen hat, mit Helmut hin und wieder wenigstens ein paar Worte wechseln zu können. Wird nun doch eine Trennung auf Monate erfolgen ohne ein einziges Lebenszeichen?

Auf dem Gang schlüsselt es. Geht es jetzt los? Nachdem einige Zellen geöffnet worden sind, tritt wieder Stille ein, eine furchtbar laute Stille. Ich rufe Helmut beim Namen, doch ich erhalte keine Antwort! Nur nicht die Nerven verlieren.

Nach einer Weile schlüsselt es auch bei uns. Wie angewurzelt stehen wir da. Sie rufen Iris heraus, nur sie. Wir können es nicht fassen und verabschieden uns von ihr, solange dazu noch Zeit ist. Die Tür schließt sich wieder, und Silke und ich sehen uns ratlos an.

Minuten vergehen. Erneut Geschlüssel. Jetzt holen sie uns beide doch noch. Denkste!

Silke umarmt mich noch einmal und muß gehen.

Als ich mich alleine in der Zelle wiederfinde, stehe ich mit hängenden Armen da und begreife gar nichts mehr. Das ist nicht wahr! Das kann nicht sein! Wieso bin ich noch hier? Helmut ist fort, Iris, Silke, unsere Zellennachbarn, die uns immer aufgemuntert haben und jeden Abend riefen: „Gut Nacht, Mädels!"

In meiner Brust staut sich ein stummer Schrei: Laßt mich um Gottes willen nicht alleine hier!

Die Zeit verrinnt. Nichts rührt sich. Mit einem Mal kommen mir die vergangenen Tage mit Iris und Silke so unwirklich vor, und ich fühle mich nach Pilsen zurückversetzt, wo ich mir so grenzenlos ausgeliefert vorkam. Jetzt erst fasse ich es in vollem Umfang, um wie vieles leichter ein schweres Los zu tragen ist, wenn man das Leid mit anderen Betroffenen unmittelbar teilen kann. Mein Gemütszustand pendelt noch zwischen einem Funken Hoffnung und, je mehr Zeit vergeht, dem zunehmenden Gefühl der niederschmetternden Enttäuschung.

Da fällt in die eiserne Stille das Rasseln eines Schlüsselbundes. Ich schicke erhobenen Hauptes ein Stoßgebet gen Himmel. Kurz darauf stehe ich auf dem Flur!

Eine beträchtliche Anzahl an Wachpersonal hat sich eingefunden. Ich werde in einen Seitengang geführt. Als ich um die Ecke biege, fallen mir tausend Steine vom Herzen, denn da steht samt Gepäck Helmut! Außerdem Silke, Iris und eine Handvoll junger Männer.

Helmut ist noch schmaler geworden. Na ja, mir schlackert die Hose ja auch bloß noch um die Hüften herum. Unseren leisen Wortwechsel unterbricht man jedoch sogleich im Ansatz durch gebieterisches Brüllen, begleitet von Drohgebärden.

Man legt uns Handschellen an. Dieses Mal hat jeder ein eigenes Paar, welch ein Komfort. Als das Zeichen zum Abmarsch gegeben wird, müssen wir drei Frauen die Vorhut bilden. Die Männer folgen in Zweierreihe. Ich drehe mich kurz um, was augenblicklich durch einen lautstarken Anpfiff geahndet wird. Wenn sie nur halb so bedacht auf Hygiene wären, wie sie die Bewachung schikanös übertreiben!

Auf dem Gefängnishof wartet ein Kleinbus, dessen Fenster mit geblümten

Gardinchen verhangen sind. Ich muß als erste einsteigen. Im Innenraum des Gefährts befinden sich an beiden Längsseiten angeschraubte Sitzbänke. Im Zwischengang stehen zusätzlich zwei Stühle. Als ich mich auf eine der Bänke niederlassen will, deutet ein alter grauer Wärter auf eine luftdichte Blechkiste. Sie ist etwa 1,50 Meter hoch und jeweils einen halben Meter breit. Das ist doch wohl nicht sein Ernst?! Aber alles Wehren und Sträuben hilft nichts. Ich muß mich der Gewalt beugen und mich als Frachtgut verladen lassen. Es ist hier drinnen stockdunkel und vor allem beängstigend stickig. Hier muß ich mit dem Sauerstoff haushalten. Hoffentlich dauert die Fahrt nicht allzu lange. Denen ist es doch vollkommen gleichgültig, ob man vor die Hunde geht.

Plötzlich durchfährt mich blitzartig der Gedanke: Helmut ist zwar hinter mir gelaufen, aber wer garantiert mir, daß er nun auch in diesem Kleinbus sitzt?

Diese erneut aufkeimende Ungewißheit löst eine enorme Unruhe in mir aus. Ich muß eine Möglichkeit finden, um wenigstens für einen Moment meinen Kopf aus dieser Sardinenbüchse stecken zu können. Ich fange an, wie wild gegen die blechernen Seitenwände zu trommeln, zu treten, und schreie aus Leibeskräften: „Ich kriege keine Luft mehr! Laßt mich hier raus!“

Ich steigere mich dermaßen hinein, daß mir nun tatsächlich die Luft bedenklich knapp wird.

Von draußen dringen beschwörende Stimmen an mein Ohr. Doch die Wärter weigern sich, die Containertür zu öffnen. Mir wird himmelangst und bange, und ich tobe nun um so mehr. Mir schwinden fast die Sinne, als endlich ein Lichtstrahl in die einen Spalt breit geöffnete Tür einfällt. Luft! Ich atme schwer. Mir ist speiübel, die Ohren sausen, mein Augenlicht flackert. Nachdem ich so halbwegs zu mir gekommen bin, sehe ich auf einer der Bänke Helmut sitzen. Unmittelbar neben dem Kanister sitzt ein junger Bursche, ebenfalls ein deutscher Gefangener, der mich mit den Worten „Wird schon werden, das geht alles vorbei“ zu trösten versucht und mir beruhigend aufs Knie klopft. Helmut lächelt schmerzlich.

Bis zum Ende der Fahrt bleibt die Kanistertür geöffnet. Silke sitzt in der Mitte auf einem der beiden Stühle. Von Iris fehlt jede Spur.

Nach 20 Minuten kommt der Bus zum Stehen. Nachdem alle Insassen nach und nach ausgestiegen sind, fordert man auch mich auf herauszukommen. Da höre ich aus einem zweiten im Auto stehenden Blechkanister ein verzweifeltes Kratzen. Ich mache den Wärter darauf aufmerksam, doch der tut gar nicht dergleichen. Da ich selbst vor kurzem noch nach Luft gerungen habe, macht mich dieses Kratzen ganz nervös. Hektisch gebe ich dem Wärter zu verstehen, daß da noch jemand sein muß (eigentlich müßte er das besser wissen als ich). Derb packt er mich am Arm, doch ich reiße mich los. Genervt begnügt er sich endlich, den Kasten zu öffnen. Heraus stürzt mit einer leicht bläulichen Gesichtsfarbe, wild nach Luft ringend, Iris! Sie fällt mir um den Hals, immer wieder von heftigen Weinkrämpfen geschüttelt.

Ich versuche sie zu beruhigen, doch sie wiederholt ständig einen Satz: „Mein Micha ist nicht dabei! Mein Micha ist nicht dabei!"

Der Wärter zieht mich unsanft von Iris fort und stößt mich aus dem Auto, daß ich fast stürze. Ein Blick ins Rund sagt mir, daß wir tatsächlich auf dem Prager Flughafen sind. Mir werden die Handschellen abgenommen. Von den anderen aus unserem Trupp ist weit und breit nichts zu sehen. Wahrscheinlich sitzen sie schon in dem Flugzeug, das in etwa 15 Meter Entfernung auf der Rollbahn steht. Es ist eine kleinere Maschine, deren Motoren bereits laufen. Der Weg zum Flugzeug ist beidseitig von tschechischen Soldaten gesäumt, die mit der Maschinenpistole im Anschlag breitbeinig Spalier stehen.

Wie überführen die bloß Schwerverbrecher, wenn sie schon bei uns so ein Theater veranstalten? O je, das war jetzt aber ein grober Denkfehler! Wir sind ja Schwerverbrecher, die gefährlichsten überhaupt, Staatsfeinde Nr. 1!

Ein Bediensteter der Staatssicherheit fragt mich mit lauter Stimme nach Name und Geburtsdatum und leiert seinen Spruch herunter: „Sie werden jetzt in die Deutsche Demokratische Republik überführt. Verhalten Sie sich ruhig, und kommen Sie den Anweisungen Ihres Begleiters nach. Jeder Fluchtversuch ist sinnlos. Ist das klar?"

Welch ein denkwürdiger Tag. Ich fliege zum ersten Mal in meinem Leben, und das auf Staatskosten …

Das Innere des Flugzeuges ist in mehrere kleine Kabinen unterteilt, in denen sich jeweils an der Fensterseite zwei Sitzplätze befinden. *Von unseren Männern* ist nichts zu hören und zu sehen. Sie werden wohl im hinteren Teil des Flugzeuges sein.

Ein etwa 55 Jahre altes Flintenweib weist mir den rechten Fensterplatz der Kabine zu.

„Sind Sie schon mal geflogen?" fragt sie mich eisig.

„Nein."

„Wird Ihnen dabei schlecht?"

„Woher soll ich das wissen, wenn ich noch nie geflogen bin?"

„Nun werden Sie mal nicht frech!"

Zähneknirschend drückt sie mir für alle Fälle eine Papiertüte in die Hand. Dann schnallt sie mich an, selbst darf ich das anscheinend nicht tun, und setzt sich neben mich.

Erst jetzt wird Iris hereingeführt. Sie hat sich inzwischen wieder etwas beruhigt. Auch ihr wird eine persönliche Begleiterin zugeteilt, die nicht nur jünger ist als *meine Lady*, sondern auch umgänglicher erscheint.

Reden dürfen wir nicht miteinander, das wurde uns ausdrücklich untersagt.

Die Maschine startet mit ihrer Flüchtlingsfracht an Bord und gewinnt schnell an Höhe. In meinem Bauch kribbelt es bedenklich. Ich schaue aus dem Fenster. Von hier oben erhält man eine wahrhaftige Vorstellung, was es tatsächlich heißt, die Erde ist rund. Es sieht einfach phantastisch aus, wie sich die Felder und Wiesen langsam und sanft zu biegen beginnen. Die Sonne sendet ihre goldenen Strahlen durch das Blau des Himmels, der mit seinen Wolkenklecksen wie angemalt scheint. Häuser, Straßen, Felder, alles hebt sich liliputanerhaft und farbenprächtig von der natürlichen Schönheit der Landschaft ab. Doch bald ist von alledem nichts mehr zu sehen, denn wir haben die Wolken unter uns gelassen. Wider besseres Wissen könnte ich schwören, sie wären aus schneeweißer Watte, in die man getrost hineinspringen kann, um wie auf Daunen gebettet sorglos dahinzugleiten.

Ich versuche mich meinem ersten Flugerlebnis hinzugeben, doch so recht will mir das nicht gelingen.

Die Lady hat inzwischen meinen Gurt gelöst. Der Flug ist ruhig und gleichmäßig. Nur ein einziges Mal sacken wir für einen kurzen Augenblick in ein Luftloch.

Als die Maschine an Höhe verliert, zieht meine liebenswürdige Begleiterin energisch die Vorhänge zu, als ob ich mir nicht denken könnte, daß wir in Ost-Berlin landen werden. Ein Schild leuchtet auf: Anschnallen bitte! Rauchen einstellen! Ich will mich also anschnallen.

„Lassen Sie das gefälligst!" herrscht sie mich an.

„Aber ich dachte, weil dort die Aufforderung steht …" versuche ich einzulenken.

„Das Denken können Sie sich in nächster Zeit abgewöhnen!“ Wutschnaubend behalte ich meine Gedanken für mich …

Nach der Landung werden wir separat weiterverladen. Unmittelbar neben dem Flugzeug steht eine Minna, wie die Zellenautos üblicherweise genannt werden. Diese hat zwölf Minizellen, pro Seite sechs.

„Bloß nicht da rein, mir ist eh schon übel“, sage ich protestierend. „Das halte ich nicht aus.“

„Was glauben Sie, was Sie alles noch aushalten müssen!“ höre ich auch schon *die Lady* tönen. Mein Gott, wer hat die bloß programmiert? Grob schiebt sie mich in das enge Kabuff. Dieses ist gerade so groß, daß ein normal gewachsener Mensch kauernd darin sitzen kann. An der Rückwand befindet sich ein durchsiebtes Luftloch in der Größe eines Hühnereis.

Die Minna setzt sich in Bewegung.

Arg weit können wir nicht gekommen sein, als sie bereits wieder stoppt.

Iris und ich (Silke ist wie vom Erdboden verschluckt) werden über einen Hof in einen Flachbau geführt. Hier ist eine schulmäßige, äußerst unangenehme Leibesvisitation angesagt, die alle zuvor erlebten bei weitem in den Schatten stellt.

Nach der Prozedur Verladung in die nächste Minna. Diese fällt mit acht Zellen schon etwas kleiner aus. Wo ist Iris abgeblieben?

Während ich in diesem muffigen Loch sitze, höre ich Stimmen an mein Ohr dringen.

„Helmut?“ rufe ich leise auf Verdacht.

„Petra?“ raunt es genauso fragend aus einer der Zellen zurück.

Mir schießen sofort Tränen in die Augen. Warum bloß schon wieder? Doch Tränen fragen nicht nach dem Grund, sie rinnen nur hemmungslos die Wangen hinab.

„Falls ich zuerst *drüben* sein sollte“, beeile ich mich zu sagen, „dann gehe ich zu deiner Cousine nach Villingen.“

„Ja, ich auch“, höre ich Helmuts Stimme angestrengt raunen. „Ich werde immer auf dich warten …“

„Ruhe da hinten! Aber plötzlich!“ wird unser kurzer Dialog abrupt beendet.

Die Minna fährt inzwischen geraume Zeit über holprige Straßen. Es kann durchaus die hiesige Autobahn sein, die hat auf ihrem ruppigen Belag ja genügend Schlaglöcher zu bieten. Wir werden ordentlich durchgeschüttelt. Ich singe leise vor mich hin – wie das Pfeifen im dunklen Keller …

Es muß später Nachmittag sein, als das Zellengefährt endlich zum Stillstand kommt.

Das nächste Gefängnis … die Haftanstalt Gera.

Ich werde in eine fensterlose Zelle gesperrt, erhalte ein Eßpaket, bestehend aus zwei mit etwas Wurst belegten Doppelschnitten. Doch mein Magen ist wie zugeschnürt, obwohl ich heute noch nicht einen Bissen zu mir genommen habe, aber das kennen wir ja schon … Den Becher Pfefferminztee – endlich kein Blechnapf mehr – schütte ich jedoch wie Labsal hinunter.

Nach einer guten Stunde werde ich herausgeholt und stehe abermals vor einer Minna.

Diese nun hat drei nebeneinanderliegende Minizellen. Ich werde in die rechte Kammer verfrachtet. Während der Fahrt klopfe ich mehrmals zaghaft an das Nachbarkabuff, doch ich erhalte keinerlei Antwort.

Der Transport hat mich ziemlich mitgenommen. Mir wird immer schwindeliger, und ich habe das Gefühl, ich klappe jeden Moment zusammen. Mehr mechanisch klopfe ich gegen die Zellentür, welche sich kurz darauf tatsächlich öffnet.

„Ist Ihnen schlecht?“ höre ich eine korpulente Frau in grauer Stasi-Uniform fragen.

„Hm“, nicke ich, während ich mit meinem aufbegehrenden Magen kämpfe.

„Dann lasse ich die Tür auf, damit Sie wenigstens einigermaßen Luft bekommen.“ Ich bin ehrlich erstaunt, fast angenehm überrascht. Diese Frau mit der toupierten wasserstoffblonden Haarpracht zeigt ja direkt menschliche Züge.

Vor den Autoscheiben hängen geblümte Gardinen, um den Blick nach draußen zu vereiteln.

Die Sonne hat sich von diesem Tag bereits verabschiedet, als sie mit den Worten „So, jetzt haben Sie's gleich geschafft“ das Ende der Fahrt ankündigt. „Nun muß ich die Luke aber noch mal kurz zumachen. Vorschrift, Sie verstehen …“ Und ob ich verstehe, ich bin ihr auch so schon dankbar genug.

2

Schwere Eisentore ächzen beim Öffnen und Schließen. Ich werde direkt aus der Minna durch eine Tür ins Gefängnisinnere geschleust. Die korpulente Wärterin führt mich in eine Zelle. Ich bin ziemlich benommen, in meinem Kopf saust und braust es. Ihre Stimme ist weit weg, als sie sagt: „Sie sind in der Untersuchungshaftanstalt Suhl des Ministeriums für Staatssicherheit. Ihre Personalien – Name, geboren usw."

Inzwischen routiniert, stehe ich ihr Rede und Antwort.

„Wann wurden Sie verhaftet?"

„Am 31. Juli."

„Uhrzeit?"

„So gegen 22.30 Uhr."

„Wie lange waren Sie in der Tschechoslowakei?"

„Zehn Tage."

„War's schlimm?"

„Hm."

„Na ja, nun haben Sie's ja überstanden."

Eine kurze Leibesvisitation, mehr pro forma, steht an. Meine persönlichen Kleidungsstücke schiebt sie zur Seite und händigt mir statt dessen die in der Anstalt übliche Häftlingskluft aus.

Wenigstens meine eigene Unterwäsche hätte ich gerne auf dem Leibe behalten, es ist einfach entwürdigend. Apathisch ziehe ich das blauweißgestreifte Fleischerhemd über, der dunkelblaue Trainingsanzug ist mir mindestens zwei Nummern zu groß.

„Den können wir bei Gelegenheit in einen passenderen umtauschen", höre ich sie sagen.

Sie drückt mir noch die allgemeine Standardausrüstung in die Hand und bringt mich in die Zelle mit der Nummer 25.

In ihr befinden sich bereits zwei Frauen. Ich bin heilfroh, nicht allein sein zu müssen.

Sie sind sehr blaß. Tiefe dunkle Schatten liegen unter ihren Augen. Sie bewundern meine braune Hautfarbe, obwohl ich so übermäßig braun gar nicht bin, aber verglichen mit ihrer Knastblässe …

Wir haben uns schnell und unkompliziert bekannt gemacht, und so erfahre ich, daß eine der beiden Frauen namens Helga bereits seit Februar dieses Jahres hier ist.

„§ 100, vaterlandsverräterische Agententätigkeit", sagt sie trocken über den Grund ihres Hierseins. Dabei war sie lediglich einige Male in der *Ständigen Vertretung* der BRD in Ostberlin, um dort ihrem gemeinsam mit ihrem Mann gestellten Ausreiseantrag Nachdruck zu verleihen.

Helga ist mit ihren 38 Jahren ein ganzes Stück älter als ich, in Haft schlank geworden – wie sie selbst betont – und liefert mir bereits am ersten Abend eine Art *Steckbrief* von sich: verheiratet, hat einen bereits 20jährigen Sohn, eine neunjährige Tochter. Ihr Mann, schwer herzkrank, wurde ebenfalls aufgrund der §-100-Anschuldigung verhaftet und hier inhaftiert.

„Was?" frage ich aufgeregt. „Hier sind auch Männer eingesperrt? Nicht nur Frauen?"

„Hat dein Freund denn auch in Meiningen gewohnt?" möchte Helga von mir wissen.

„Ja, klar, wir haben ja zusammen gewohnt."

„Na dann ist er auch hier."

„Ganz bestimmt?" hänge ich hoffnungsvoll an ihren Lippen.

„Ganz bestimmt! Hundertprozentig!" Für den Augenblick fühle ich eine große Last von mir genommen.

Die andere Frau mit Namen Carmen ist etwa 30 Jahre. Sie ist untersetzt und kratzt sich beim Reden ständig an ihren kurzen dunklen Haaren, einem regelrechten Rattenschnitt, um der Wahrheit die Ehre zu geben. Angeblich sitzt sie das dritte Mal politisch ein.

Doch ihre aufgetischte Geschichte klingt selbst für mich Neuankömmling mehr als unglaubwürdig. Mißtrauen ist instinktiv angesagt …

Wie ich von Helga erfahre, sitzen in der hiesigen U-Haft ausschließlich *Politische* ein.

All die Informationen noch verdauend, schaue ich mich genauer in der Zelle um und entdecke über dem Waschbecken einen in die Wand eingelassenen Spiegel.

„Mensch", bin ich begeistert, „das ist ja hier eine richtige Nobelherberge." Doch als ich hineinschaue, sieht mich ein fremdes, entsetztes Gesicht an. Das bin doch nicht ich! Niemals! Ich benötige einige lange Sekunden, um mich selbst wiederzuerkennen.

Die vergangenen Tage haben unverkennbar ihre Spuren hinterlassen – auch in meinen Gesichtszügen …

Am Morgen des nächsten Tages werde ich von einem Schließer, wie hier das Wachpersonal niedrigen Ranges bezeichnet wird, in einen Büroraum geführt.

Das Zimmer hat scheinbar absichtlich keinerlei persönliche Note, wie Bilder, Grünpflanzen oder dergleichen. Der Blick aus dem vergitterten Fenster gibt nur Häuserdächer frei.

Ein noch recht junger Typ in Zivil, groß und schmächtig von Statur, erwartet mich hier.

Seine im Fassonschnitt gehaltenen Haare sind flachsblond, seine Wimpern fast weiß, die Haut wirkt gläsern. Ein waschechter Albino.

Zunächst meint er mich aufklären zu müssen, daß es sich hier nicht etwa um ein Verhör handele, sondern um eine Vernehmung, er demzufolge ein Vernehmer ist und ich so lange Beschuldigte, bis ich angeklagt werde. Nun erst fordert er mich auf, Platz zu nehmen. Er seinerseits läßt sich ebenfalls auf einem gepolsterten Stuhl nieder. Zwei Tische sorgen für genügend Abstand zwischen Vernehmer und Beschuldigter, ein Schreibtisch sowie ein kleinerer Tisch, auf dem ein Tonbandgerät steht. Ich erwarte das erste Fragefeuer. Doch nichts geschieht. Er schaut mich nur prüfend an. Nach einer Weile des Schweigens öffnet sich die Tür, und ein Mann im eleganten Maßanzug erscheint. Er stellt sich als der leitende Vernehmer vor. Namen sind natürlich tabu.

Seine dunklen, nach hinten gekämmten Haare sind von einer leichten Naturwelle durchzogen.

Er könnte vom Alter her mein Vater sein und ist alles in allem eine gepflegte Erscheinung.

Und mit allen Wassern gewaschen, wie ich sehr bald merken soll. Genannt wird er *der Frosch*, wie ich später von Helga erfahre.

Der Albino schaltet das Tonbandgerät ein, und auf geht's ins erste Wortgefecht.

Die Fragen werden jeweils von beiden im schnellen Wechsel gestellt.

„Wann sind Sie auf den Gedanken gekommen …?“ – „Wann haben Sie sich dazu entschlossen …?“ – „Welche Möglichkeiten haben Sie ins Auge gefaßt?“ –

„Inwiefern haben Sie Vorbereitungen getroffen?" – „Wie oft haben Sie es versucht?" – „Wo?" – „Wann?" – „Mit wem?" – „Haben Sie jemanden von Ihrem Vorsatz in Kenntnis gesetzt?" – „Haben Sie jemanden grundsätzlich in Ihr Vorhaben eingeweiht?" – „Warum wollten Sie die Deutsche Demokratische Republik verlassen?" – „Haben Sie Verbindung zu westlichen Organisationen aufgenommen?" – „Waren Sie mal in Berlin?" – „Waren Sie in der Ständigen Vertretung?" – „Waren Sie im sozialistischen Ausland?" – „Wann?" – „Warum?" Und so weiter und so fort.

Anfangs will ich gar nicht auf das Fragenbombardement eingehen und verlange einen Anwalt.

„Sie haben wohl zu viele Westkrimis gesehen?" entgegnet mir daraufhin der Frosch zynisch.

„Was hat denn das damit zu tun?" reagiere ich aufgebracht. „Das ist ja wohl mein gutes Recht!"

„Hier steht Ihnen *das* zu, was *wir* Ihnen zubilligen. Aber darauf gehe ich später noch ausführlicher ein. Jetzt beantworten Sie zunächst unsere Fragen." Betont gelangweilt lehnt er sich auf seinem Stuhl zurück. „Was glauben Sie, wieviel Zeit wir haben und Sie auch."

Sie verwickeln mich in politische Diskussionen. Zu Beginn bin ich noch vorsichtig, immer auf der Hut, wie es sich für einen *wohlerzogenen DDR-Bürger* geziemt. Doch sie verstehen es gut, meine Emotionen in Wallung zu bringen, meine Wut zu schüren, bis ich kein Blatt mehr vor den Mund nehme. Und zum ersten Mal in meinem Leben sage ich vor *offiziellen staatlichen Vertretern* das, was ich denke, und nicht das, was von mir erwartet wird. Und dies ohne jenes dumpfe Gefühl, mit Repressalien oder Schlimmerem rechnen zu müssen.

Ich bin ja bereits ins Getriebe der staatlichen Organe geraten, es kommt nicht mehr darauf an.

Ich führe konkrete Beispiele hinsichtlich der im hoch gelobten Arbeiter- und Bauernstaat herrschenden Mißstände an, und jedes Mal höre ich den lakonischen Satz: „Genossen sind auch nur Menschen und können Fehler machen." Bis mir der Geduldsfaden endgültig reißt und ich lautstark von mir gebe: „Aber doch nicht 35 Jahre lang!!" Fast hätte ich mit der Faust auf den Tisch gehauen.

Sie schauen mich für zwei Sekunden verdutzt an, fassen sich aber schnell wieder, und die Tortur der Fragerei geht weiter.

„Glauben Sie etwa", läßt der Frosch nicht locker, „die warten da drüben auf Sie? Sie haben wohl vergessen, daß dort Massenarbeitslosigkeit herrscht?"

„Ich bekomme Arbeit, darauf können Sie sich verlassen."

„Aber nicht in Ihrem Beruf als Sekretärin."

„Und wenn ich als Putzfrau gehen muß. Ich finde etwas, um meinen Lebensunterhalt zu verdienen."

„Was glauben Sie", fährt der Frosch in gezwungen ruhigem Ton fort, „wie viele Leute akademischen Grades dort gerne als Straßenfeger oder Putzfrau gehen würden und nicht mal eine solche Anstellung finden?"

„Diese Ammenmärchen können Sie doch voll steckenlassen", winke ich ab.

„Aber Sie können Ihre Staatsbürgerschaft doch nicht wie ein Hemd wechseln!" ereifert er sich.

„Ich wechsle die Staatsbürgerschaft doch gar nicht. Ich bleibe Deutsche. Oder haben Sie vergessen, daß die DDR-Staatsbürgerschaft von der Bundesrepublik gar nicht anerkannt wird?"

Er läßt eine kurze Pause entstehen. Mit zu kleinen Schlitzen zusammen gekniffenen Augen fixiert er mich.

„War das eigentlich Ihr erster Fluchtversuch?" wechselt er abrupt das Thema.

„Ja, sicher."

„Ganz sicher?" sagt er gedehnt. „ Wo waren Sie denn dieses Jahr im Juni im Urlaub?" Ich bin irritiert. Niemanden haben wir auch nur ein Sterbenswörtchen von Třeboň erzählt.

Er kann nichts wissen!

„Wo hatten Sie sich denn den Fuß verstaucht, als Sie aus der ČSSR zurückkamen?"

„Wie kommen Sie denn darauf?" Krampfhaft versuche ich, Zeit zum Nachdenken zu gewinnen.

„Sie sind vom Bahnhof aus nach Hause gehumpelt. Sie sind gesehen worden. Wir wissen alles!" Mit jedem Satz wurde seine Stimme lauter, und jeder war wie eine schallende Ohrfeige.

Nach einiger Zeit des Schlagabtausches erscheint mir weiteres Leugnen zwecklos.

Unwillig gebe ich unseren ersten Fluchtversuch zu.

Am Nachmittag wird die Vernehmung unterbrochen. Ich werde dem U-Haft-Arzt zur obligatorischen Eingangsuntersuchung vorgeführt.

Das Wiegen ergibt, daß ich seit meiner Festnahme vor nunmehr elf Tagen 16 Pfund Körpergewicht verloren habe.

In einem anderen Teil des Gebäudes erwartet mich eine Frau mittleren Alters, adrett gekleidet.

Sie legt mir meinen Haftbefehl zur Unterschrift vor und drängt zur Eile. Doch ich lese mir das Pamphlet konzentriert durch.

„Nun machen Sie schon", drängelt sie.

„Tut mir leid, aber das muß ich mir schon genau durchlesen, bevor ich es gegenzeichne." Sie atmet tief durch und trommelt entnervt auf das Fensterbrett.

Nun habe ich es also schriftlich. Laut Haftbefehl wird mir vorgeworfen, gegen § 213, Absatz 2, 3 Ziffer 5, Absatz 4 des Srafgesetzbuches der DDR verstoßen zu haben.

Und dies liest sich dann ausschnittsweise so:

„§ 213

Ungesetzlicher Grenzübertritt

(1) Wer widerrechtlich die Staatsgrenze der Deutschen Demokratischen Republik passiert …

(2) Ebenso wird bestraft, wer als Bürger der Deutschen Demokratischen Republik rechtswidrig nicht oder nicht fristgerecht in die Deutsche Demokratische Republik zurückkehrt oder staatliche Festlegungen über seinen Auslandsaufenthalt verletzt.

(3) In schweren Fällen wird der Täter mit Freiheitsstrafe von einem Jahr bis zu acht Jahren bestraft. Ein schwerer Fall liegt insbesondere vor, wenn

1. die Tat Leben oder Gesundheit von Menschen gefährdet;
2. die Tat unter Mitführung von Waffen oder unter Anwendung gefährlicher Mittel oder Methoden erfolgt;
3. die Tat mit besonderer Intensität durchgeführt wird;
4. die Tat durch Urkundenfälschung … oder unter Ausnutzung eines Versteckes erfolgt;
5. **die Tat zusammen mit anderen begangen wird;**
6. der Täter wegen ungesetzlichen Grenzübertritts bereits bestraft ist.

(4) Vorbereitung und Versuch sind strafbar."

Unmittelbar nach Unterzeichnung werde ich zurück zur Vernehmung gebracht, die sich bis kurz vor Mitternacht hinzieht.

Um 6 Uhr des nächsten Tages dröhnt wie jeden Morgen die Hupe, das Kommando zum Aufstehen – allerdings nur für die inhaftierten Männer. Die weiblichen Insassen genießen insofern einen Sonderstatus, da sie eine Stunde später durch „Frau Oberfeldwebel“ (jene korpulente Blonde, die mich in Empfang genommen hat) geweckt werden. Sie wechselt sich im Schichtrhythmus ab 7 Uhr in der Früh mit ihrer Kollegin „Frau Unterfeldwebel“ ab.

Luke auf – Befehl zum „Waschen“. In dieser Zeit ist es dem männlichen Wachpersonal untersagt, durch den Spion zu schauen. Eine konsequente Reaktion auf vergangene Vorkommnisse.

Das eiskalte Leitungswasser läßt uns während unserer Morgentoilette schnell munter werden.

Die Plasteplatten mit der Frühstücksportion werden durch die Luke gereicht: zwei Scheiben Mischbrot, ein Klecks Margarine, ein wenig Marmeladenpampe – jeden Morgen dasselbe.

Mittlerweile sehne ich mich schon richtig nach einem Happen Frischluft. Statt dessen sitze ich seit dem Frühstück erneut in diesem freudlosen Vernehmerzimmer und muß die quälende Fragerei des Albinos über mich ergehen lassen. Er ist mir, ohne es beschönigen zu wollen, absolut zuwider. Seine arrogante Art, diese maßlose zur Schau gestellte Überheblichkeit legt einen massiven Grundstein für meine tiefe Abneigung ihm gegenüber. Während er mich mit Fragen zubetoniert, steht er meist mit dem Gesicht zum Fenster gewandt, so daß ich immer wieder nachfragen muß, da ich sein Gebrabbel, das er anscheinend den Spatzen auf den Hausdächern erzählt, nur mühsam verstehen kann. Wenn ich auf sein Gemurmel nicht reagiere, weil mir die Sache zu albern wird, fragt er mich scheinheilig, ob ich die Aussage verweigern wolle. Sofern er mich während des Sprechens tatsächlich ansieht, baut er sich – die Hände auf dem Rücken verschränkt – mit wippenden Absätzen vor mir auf und verdreht seine blaßblauen stechenden Augen, bis der Augapfel auf Nimmerwiedersehen verschwunden ist, um später wieder langsam hervorzurollen. Mir laufen eisige Schauer vor Widerwärtigkeit den Rücken rauf und runter.

Sichtlichen Spaß scheint es ihm auch zu bereiten, jede seine Fragen am Satzende mit dem ewig wiederkehrenden „Fräulein Gellert“ zu krönen. Anfangs versuche ich es zu ignorieren, spüre jedoch, daß er mich mit seinem ironischen Singsangton langsam, aber sicher zur Weißglut bringt.

„Wann waren Sie also in Berlin, Fräulein Gellert?“ – „Waren Sie auch am Brandenburger Tor, Fräulein Gellert?“ – „Was haben Sie damals dabei empfunden, Fräulein Gellert?“ und immer so fort.

„Wissen Sie was? Jetzt bin ich 22 Jahre alt und ich weiß inzwischen genau, wie ich heiße. Sie müssen es mir nicht mit jedem Satz vorkauen.“

„Aber, aber“, entgegnet er mit gespielter Liebenswürdigkeit, „gefällt Ihnen etwa Ihr Name nicht, Fräulein Gellert?“

„Aus Ihrem Munde nicht!“

„Wir sind eben freundlich, Fräulein Gellert“, wobei er jedesmal bei „Fräulein“ einen besonders mächtigen Wipper nach oben auf seine Zehenspitzen und bei „Gellert“ eine schwungvolle Landung auf seine Absätze vollzieht. Nur nicht provozieren lassen, denke ich im stillen, dem Typ ist eh nicht mehr zu helfen.

Am Wochenende habe ich auch endlich meine erste Freistunde, die in der Regel vormittags ist. Die Insassen der jeweiligen Zelle werden 20 bis 30 Minuten in eine der Freihofbuchten geschlossen, ohne daß auch nur die geringste Chance besteht, Mithäftlinge zu Gesicht zu bekommen. Die wenige Quadratmeter großen Zellen weisen eine Mauerhöhe von etwa drei Metern auf. Überdacht ist das Ganze mit Maschendraht, der mit Stacheldraht verziert ist.

In Höhe der endenden Freihofmauern befindet sich ein Laufsteg, auf dem ein Posten – das Gewehr geschultert – die an die Luft geführten Schäfchen hütet.

Von Helga habe ich mittlerweile vieles über den rhythmischen Ablauf innerhalb der Anstalt erfahren, auch wertvolle Insider-Tips von ihr erhalten. Von daher bin ich jetzt auf einen zeitlichen Rahmen von etwa vier Monaten eingestellt: vier Wochen Vernehmung, nochmals vier Wochen bis zur Anklageschrift, Verhandlungstermin abwarten, zwei bis drei Wochen nach Verurteilung Abtransport in eine Strafvollzugsanstalt zur Haftverbüßung.

Mit diesem zeitlichen Rahmen vor Augen starte ich in die zweite U-Haft-Woche.

Einen ersten Brief an meine Mutter hat man mir gestattet. Das erste Lebenszeichen seit unserer mißglückten Flucht, welches ich mit zitternden Händen und tränenverschwommenen Augen zu Papier brachte. Währenddessen saß mir mein Vernehmer ungerührt gegenüber, eine gewisse Verächtlichkeit ausstrahlend.

Die Art der Vernehmungen durch den Albino ziehen sich hin wie gehabt. Er provoziert und reizt mich bis aufs Blut. Zu meinem Leidwesen ist er zumal noch Raucher und macht von diesem Laster regen Gebrauch. Zu meinem Leidwesen deshalb, weil ich mir selbst noch keine Glimmstengel kaufen konnte. Meine zwei Zellengefährtinnen sind beide Nichtraucher, doch Helga hat mir gesteckt, daß den Vernehmern eine Art Fonds für Zigaretten zur Verfügung stehe, um ihrem geplagten Gegenüber hin und wieder *eine auf Staatskosten* anbieten zu können – aus welch psychologisch-taktischem Schachzug-Denken auch immer.

„Rauchen Sie?" hatte mich der Albino am zweiten Vernehmungstag scheinheilig gefragt.

Von dem Anbieten einer Zigarette war keine Rede.

Nun stehen die Vorzeichen anders. Die Nikotinsucht läßt mich meinen Stolz überwinden, und ich frage ihn höflich nach einer Zigarette.

„Vielleicht später, Fräulein Gellert." Als ich ihn am späten Vormittag ein zweites Mal „anbettele", behauptet er doch glatt: „Ich habe leider keine mehr, Fräulein Gellert. Tut mir wirklich leid."

Es wird Mittag, und ich werde zum Essen in die Zelle geschlossen.

Zurück zur Vernehmung, empfängt mich der Albino mit einer brennenden Zigarette im Mund.

„Ach", bin ich überrascht, „dann dürfen Sie mir jetzt als Gentleman auch eine anbieten."

„Ich habe keine, Fräulein Gellert. Diese hier habe ich mir nur geborgt."

„Na dann borgen Sie sich doch bitte noch eine für mich." Ich wundere mich über meine eigene Unverfrorenheit.

„Jetzt machen wir erst einmal weiter, Fräulein Gellert. Vielleicht hole ich Ihnen später eine."

Ich glaube es einfach nicht. Er meint, mich zappeln lassen zu können wie einen Fisch auf dem Trockenen, und ergötzt sich noch daran. Schluß – aus – Ende – ich sage kein Wort mehr!

„Also, Fräulein Gellert, wie war das noch mal mit Ihrer Überlegung, sich über die Grenzsicherungsanlagen an unserem antifaschistischem Schutzwall zu informieren?“

Schrecklich, an dieser Frage hält er sich schon seit mindestens einer Stunde auf, und nur, weil wir mal in Berlin waren. Doch ich schweige.

„Haben Sie meine Frage nicht verstanden, Fräulein Gellert? Also noch mal, wie war das …“

„Die Mühe können Sie sich sparen. Ich will erst eine Zigarette.“ Er schaut mich an, als habe er das achte Weltwunder vor sich. Ungeachtet meiner Reaktion stellt er mir jedoch weitere Fragen. Allmählich macht ihn meine beharrliche Schweigsamkeit allerdings nervös.

„Das Tonband können Sie ruhig abschalten, es wäre schade um die Kassette.“ Nun beschwichtigt er mich, daß ich ihm doch *bitte* seine Fragen beantworten solle.

„Ich möchte Ihren Vorgesetzten sprechen. Der wird das schon klären“, sage ich innerlich ruhig und fest entschlossen.

Wie ein aufgescheuchtes Huhn läuft er im Zimmer hin und her und versucht mich umzustimmen. Jetzt zappelt *er* und schnappt nach Luft.

Mit seinem Latein am Ende, verläßt er das Zimmer. Ich bleibe allein zurück, was unzulässig ist. Der Junge scheint noch nicht allzulang bei der Truppe zu sein.

Zurückgekommen, sagt er in barschem Ton: „Mein Vorgesetzter ist nicht im Hause.“

„Na, so ein Zufall aber auch.“ Ich glaube ihm kein Wort.

„Sie müssen schon einstweilen mit mir vorliebnehmen.“ Seine Augen funkeln bösartig.

„Ich dachte, Sie hätten mich verstanden. Ich will Ihren Vorgesetzten sprechen.“

Mir geht es schon lange nicht mehr um eine Zigarette. Vielmehr wittere ich meine Chance, daß man mich grundsätzlich einem anderen Vernehmer zuteilen könnte.

Er läßt sich resigniert auf seinen Stuhl fallen, schreibt die restlichen Protokolle nieder, unter die ich wie üblich meinen Namenszug setze.

Wir sitzen uns noch eine ganze Weile schweigend gegenüber – der Vernehmer und seine Beschuldigte – und fixieren uns gegenseitig.

Am späten Nachmittag werde ich zurück in „mein Kämmerlein“ gebracht.

Doch die Zelle ist leer. Selbst Carmens Bettzeug ist fort. Isolationshaft als Quittung für meine Aussageverweigerung?

Das Abendbrot ist bereits vorüber, und ich versuche mich auf die neue Situation einzustellen.

Aber warum ist Helgas Bettzeug noch da?

Spätabends schlüsselt es. Helga kommt herein. Um ihre Sachen zu holen? Nein, sie bleibt.

Carmen ist indes angeblich verlegt worden.

„Wo warst du denn so lange?“ frage ich Helga neugierig.

„Ich mußte zum Frosch wegen meinem Hungerstreik.“

Helga hat seit drei Tagen das Essen verweigert, weil sie seit Wochen keine Post mehr von ihrem inhaftierten Mann erhalten hat. Freudestrahlend erzählt sie mir nun, daß sie zwei zurückgehaltene Briefe von ihm lesen und sogleich zurückschreiben durfte.

Sieh an, registriere ich, hat sich also die Hungermethode gelohnt.

Eine geschlagene Woche warte ich nun schon vergeblich, daß die Vernehmungen weitergehen. Stagnation. Ich sehe bereits den Zeitplan, welchen ich ja vor Augen habe, gefährdet.

In dieser Woche erlebe ich meinen ersten Umzug – eine Verlegung innerhalb des Hauses.

Helga kann ihre Verlegungen kaum noch zählen. Mit unserem Bündel bepackt, werden wir in die Zelle 21 dirigiert. Es ist eine winzige 2-Mann-Zelle, die direkt über der Küche liegt, was unschwer zu erriechen ist.

Nun gehen die Zellennummern nicht einfach von 1 bis ... – wohlgemerkt sind wir ja in den Händen der Staatssicherheit –, sondern (soweit wir das System durchschaut haben) ab 15 bis 49, wobei zwischendurch Zahlen bewußt ausgelassen werden. Und dies ist symptomatisch für viele hiesige Gepflogenheiten, die schon fast schizophren anmuten.

Einen Tag nach dieser Zellenverlegung werde ich dem Frosch vorgeführt – Knall auf Fall, versteht sich, Vorankündigungen sind unüblich.

„Guten Tag, Fräulein Gellert“, empfängt er mich mit gekünstelter Freundlichkeit, „nehmen Sie doch bitte Platz.“ Wir mustern uns ein Weilchen, wobei er überlegen lächelt.

„Na, es scheint Probleme zu geben?“ beendet er das Schweigen.

„Das kann man durchaus sagen.“ Und ich erörtere sie ihm aus meiner Sicht.

Während des Gesprächs bietet er mir eine Zigarette an. „Bitte, Sie rauchen doch?“ Dankend nehme ich eine Zigarette aus der mir dargebotenen Schachtel. Als er mir mit einem Streichholz Feuer gibt, durchzuckt mich der Gedanke: Vorsicht! Der führt was im Schilde!

Leger lehnt er sich zurück.

„Sie sind doch eine intelligente Frau und können sich sicherlich denken, daß Sie nicht einfach so den Vernehmer wechseln können.“

„Ich habe nicht die Absicht, hier jeden Vernehmer kennenzulernen. Aber mit diesem komme ich absolut nicht aus. Es dürfte doch auch in Ihrem Interesse sein, wenn das Verhältnis zwischen Vernehmer und Beschuldigtem tragbar ist.“

Er schaut mich an und lächelt sein ewiges Lächeln.

„Also gut, wir werden sehen. Versprechen kann ich allerdings nichts.“

Tage des Leerlaufs sind seitdem vergangen. Der August geht zu Ende.

Am Samstag dieser Woche werden mit lautem Krachen die Riegel unserer Zellentür zurückgestoßen. Ich werde in den Vernehmer-Komplex gebracht. Als ich auf Geheiß ein Zimmer betrete, steht hinter dem Schreibtisch ein mir unbekannter Mann. Er kommt auf mich zu, *gibt mir die Hand* und begrüßt mich mit den Worten: „Guten Tag, ich bin ab sofort Ihr Vernehmer. Nehmen Sie doch bitte Platz.“ Angenehm überrascht setze ich mich. Er verschwindet hinter seinem Schreibtisch und meint mit etwas Unsicherheit in der Stimme: „Ich hoffe, wir werden uns vertragen.“

„Ich denke schon, an mir soll's nicht liegen.“

Ein anderer Vernehmer! Ich hatte die Hoffnung schon fast aufgegeben. Ich muß gestehen, daß er mir direkt sympathisch ist. Er ist wenige Jahre älter als ich, so um die Ende 20. Sein eher blasses, zum Rundlichen neigendes Gesicht wirkt natürlich und unterstreicht seine direkte, geradlinige Ausstrahlung. Etwas nervös fährt er immer wieder mit seiner Rechten durch sein glattes dunkles Haar.

Wir sitzen uns gegenüber und mustern uns – offensichtlich ein Ritual in diesem Hause.

Unvermittelt kramt er eine angebrochene Schachtel Zigaretten aus dem Schreibtisch hervor.

„Möchten Sie rauchen?“

„Danke, aber ich habe inzwischen eigene.“

Er entnimmt besagter Schublade ein beschriebenes Blatt, das er mir über den Tisch reicht.

Sofort erkenne ich die Handschrift meiner Mutter. Ihrem Brief entnehme ich, daß sie nicht begreifen kann, wie ich diesen Schritt tun konnte, obwohl ihr meine politische und Lebenseinstellung überhaupt nicht fremd ist. Herben Konfliktstoff gab es deshalb genug.

„Sie können gleich zurückschreiben. Ansonsten ist heute nichts. Nächste Woche geht's dann weiter.“ Endlich kommt wieder Bewegung ins Spiel …

Der September hat Einzug gehalten.

Die Vernehmungen nehmen ihren Lauf. Inzwischen sind „wir“ damit beschäftigt, mein Leben seit der Schuleinführung zu rekonstruieren. Mit der Abhandlung meiner eigentlichen *Straftat* sind „wir“ im großen und ganzen zu Ende gekommen.

Natürlich flicht er immer wieder diese Katz-und-Maus-Spiele in Stasi-Manier ein. Doch er wird nie verletzend oder nutzt seine Vormachtstellung aus, die er zweifelsohne hat. Mit zusammengezogenen Augenbrauen folgt er meinen Argumentationen und waltet selten genug seines Amtes, meine *staatsfeindlichen Behauptungen* zu entkräften.

Eines Tages fragt er mich nach einem politischen Schlagabtausch: „Haben Sie es denn noch gar nicht bereut, diesen Schritt getan zu haben? Sie haben ja nun schon einiges hinter sich. Sie könnten sich jetzt frei bewegen, mit Freunden und der Familie zusammen sein …“

„Doch, ich habe etwas bereut.“ Er horcht merklich auf, seine Haltung strafft sich wie bei einem Rekruten. „Nämlich daß ich es nicht schon früher versucht habe!“

Wie von einem Peitschenhieb getroffen, zuckt er zusammen, schüttelt mit leerem Blick den Kopf.

„Aber Sie sind doch noch so jung“, stellt er mit leiser Stimme fassungslos fest.

„Ganz recht, aber mit 18 war ich volljährig …“ So richtig schlau bin ich aus ihm nie geworden. Doch seine Menschlichkeit habe ich immer zu schätzen gewußt.

In der zweiten Septemberwoche hat Helga einen Besuchstermin, einen sogenannten *Sprecher*, mit ihrem Sohn. Die Oberfeld' reicht ihre Privatkleidung durch die Luke; man sitzt seinen Angehörigen nämlich nicht im Trainingsanzug und Fleischerhemd gegenüber.

Mich fragt die Oberfeld' bei dieser Gelegenheit, ob ich mir warme Anziehsachen von zu Hause schicken lassen möchte, die ich dann zur Verhandlung tragen könne.

Mit einem angefeuchteten Streichholz färbt sich Helga die Lippen rot, um nicht ganz so grau zu wirken. Während sie darauf wartet, geholt zu werden, erzählt sie mir, daß sie große Angst habe, ihr Mann werde die Haftzeit wegen seiner Herzschwäche nicht überstehen.

Sie bekommt plötzlich feuchte Augen. „Petra, nun sind wir schon eine ganze Zeit zusammen und verstehen uns doch gut … ich muß dir was beichten." Ich bin verdutzt über diese unheilvolle Eröffnung, spüre Anspannung in mir aufkommen.

Sie holt tief Luft, und mit brüchiger Stimme beginnt sie: „Ich weiß nicht, ob du es verstehen wirst, aber ich habe meinen Ausreiseantrag zurückgezogen … nach fast drei Jahren." Ich bin perplex und lasse die unbewußt angehaltene Luft aus meinen Lungen entweichen.

„Warum?" kann ich nur ungläubig fragen.

Helga rollen Tränen die Wangen hinunter, ohne daß man auch nur das leiseste Schluchzen hören könnte. Ein Bild stummer Anklage.

„Mein Mann hatte nach der Festnahme einen Herzanfall, von dem er sich bis heute nicht richtig erholt hat. Wie auch?" Sie macht eine kurze Pause und spricht mit belegter Stimme weiter: „Unsere kleine Tochter vergöttert er geradezu. Nach ihrer Geburt ist er das erste Jahr mit ihr zu Hause geblieben, während ich weitergearbeitet habe. Hier haben sie ihn nun bearbeitet, den Antrag zurückzunehmen, dann könne er bald wieder bei seiner Tochter sein. Sie haben ihm sogar versprochen, daß er aufgrund seiner Herzschwäche für haftuntauglich erklärt würde. Anderenfalls riskiere er, seine Tochter nie wieder zu sehen …" Helga hält für einen Moment inne.

„Eines Tages dann wurde ich zum Frosch gebracht. Er sagte mir, mein Mann sei vernünftig geworden und wolle in der DDR bleiben. Ich konnte es nicht glauben und verlangte einen Sondersprecher mit meinem Mann, denn ich wollte es aus seinem Munde hören. Ich bekam den Sprecher. Ist es wahr? habe ich ihn bloß gefragt, und er nickte. ‚Wir schaffen es sowieso nicht. Die lassen uns doch nicht rüber. Eine lange Haftzeit stehe ich nicht durch.‘ Ich habe auf ihn eingeredet, ihn beschworen. Doch er hat mich nicht mal angeschaut. Seine Hände lagen wie leblos auf dem Tisch. In diesem Augenblick habe ich ihn gehaßt! Das war nicht mehr mein Mann! Was hatten wir für Pläne geschmiedet, uns geschworen, egal was kommt, wir halten an unserem Traum fest. Und jetzt sollte alles umsonst gewesen sein, einfach vorbei?

Es waren die schwärzesten Tage meines Lebens. Ich sah überhaupt keinen Sinn mehr darin, weiter zu leben und zu leiden, wozu noch … Ich habe den Alu-Deckel einer Cremschachtel so lange hin- und hergebogen, bis er durchbrach, doch in der letzten Konsequenz hat mich dann doch der Mut verlassen …“ Ein fürchterliches Schluchzen durchbebt nun doch ihren Körper.

Ich möchte sie tröstend in den Arm nehmen, doch sie ist voll innerer Abwehr.

„Unsere Ehe wird nie wieder so sein wie früher. Mein Mann hat mich zu sehr enttäuscht. Wenn ich daran denke, was er draußen für große Reden geschwungen hat. Von ihm hätte ich mich auch lossagen können, aber von meinen Kindern … Ich weiß nicht, wie das später weitergehen soll?“ Mit dem Handrücken wischt sie sich die Tränen aus dem Gesicht und versucht wieder, ihre Fassung zurückzugewinnen. Da schlüsselt es, und sie wird zum Sprecher geholt …

Inzwischen schreiben wir den 14. September, einen Mittwoch.

Helga hat morgen Verhandlung.

Es wird 9 Uhr sein, als die Oberfeld’ ein Wäschebündel hereinreicht.

„Ziehen Sie sich um“, wendet sie sich an mich. „Sie haben gleich Sprecher.“ Wums, Luke zu.

Ich stehe da wie ein begossener Pudel, meine Knie werden weich.

„Wieso sagen die einem das nicht früher? Das wissen die doch nicht erst seit heute.“ Ich schlüpfe hurtig in meine Sachen und fühle mich augenblicklich wie neu geboren. Schnell kämme ich mir meine am Haaransatz nicht mehr ganz so hellblonden Schnittlauchlocken und zünde mir auf den freudigen Schrecken hin erst mal eine Zigarette an. Gleich werde ich meine Mutter sehen. Hastig ziehe ich an dem Nikotinstengelchen. Und schon schlüsselt es. Das ging aber flott. Vorsichtig drücke ich die angefangene Zigarette aus, um später den Rest rauchen zu können. Vor Aufregung schweißgebadet, hämmert es unaufhörlich in meinem Kopf: Bleib ruhig, Petra, ganz ruhig, und vor allem nicht weinen …

„Zur Begrüßung nur Händedruck“, belehrt mich die Oberfeld’. „Sie unterhalten sich nicht über Ihre Straftat, nicht über die UHA oder Mithäftlinge, nicht über Ihren Mittäter. Bei Zuwiderhandlungen wird der Sprecher sofort abgebrochen.“ Sie verschwindet aus dem Zimmer, in welches sie mich gebracht hat, und ist gleich darauf wieder zurück – mit meiner Mutter im Schlepptau.

Wir geben uns vorschriftsmäßig die Hand und ringen uns mit gequältem Lächeln eine formale Begrüßung ab. An einem Tisch sitzen wir uns gegenüber, die Oberfeld’ nimmt seitlich zwischen uns Position ein.

Wir bringen zunächst kein Wort heraus. Beide kämpfen wir mit unseren Tränen. Ich knülle krampfhaft mein Taschentuch, meine Mutter ringt mit ihren Händen. Die Situation ist fatal.

Am liebsten würde ich meine Mutter ganz fest an mich drücken und ihr alles erzählen, warum wir ihr vorher nichts gesagt haben, wie es uns in der Tschechei ergangen ist, eben alles.

„Petra, wir wollen stark sein. Die Zeit ist so kurz.“ Mit diesen Worten bringt sie unser Gespräch mühsam in Gang.

„Du bist sehr schmal geworden“, sagt sie besorgt.

Ich kann nur hilflos mit den Schultern zucken, da ich noch immer nicht Herr meiner Gefühle bin.

„Ich wollte dir ’ne Karte schicken, wenn wir’s geschafft haben“, würge ich aus mir heraus.

„Ist schon gut“, antwortet sie mit bebender Stimme. „Wie geht es dir denn so?“

„Den Umständen entsprechend ganz gut“, sage ich resigniert.

„Na ja, ist ’ne blöde Frage“, meint sie wie zu sich selbst. „Ihr habt hier wohl eure eigenen Sachen an?“

„Ach i wo, das ist nur für den Sprecher. Hier müssen wir …“

„Nichts über die Anstalt, hatte ich gesagt“, quakt die Oberfeld’ dazwischen.

Damit ist das Eis gebrochen. Ich gebe meiner Mutter unmißverständlich zu verstehen, daß ich an meinem Ziel festhalten werde. Verständnislos schaut sie drein. Ach, könnte ich ihr nur all das unverblümt sagen, was ich über den Häftlingsfreikauf, den Abschub gen Westen zu wissen glaube.

„Helmut ist übrigens auch hier“, nehme ich den Gesprächsfaden wieder auf.

„Das habe ich mir schon gedacht.“

„Sie sollen doch nicht über Mitgefangene sprechen!“ ermahnt mich die Oberfeld’ energisch.

Die verbleibende Zeit reicht gerade noch aus, um uns über rein praktische Belange wie Wohnungsauflösung und dergleichen mehr auszutauschen. Jetzt, wo mir noch so vieles einfällt, ist der Sprecher auch schon vorüber.

Die Oberfeld’ schiebt meiner Mutter einen kleinen Zettel über den Tisch zu.

„Hier, das ist Ihr nächster Sprechertermin.“ Es ist der 15. Oktober.

Wir müssen uns verabschieden.

„Bleib tapfer, mein Mädchen!“ gibt sie mir noch mit auf den Weg, und schon ist sie fort …

Am nächsten Morgen nun ist Helgas großer Tag angebrochen – ihre Verhandlung. Schon vor dem Frühstück reicht der Effektus ihre privaten Kleidungsstücke durch die Luke.

Ach ja, der Effektus – neben der Oberfeld’ der einzige Lichtblick unter dem UHA-Personal.

Oberleutnant für Effekten genaugenommen, klein von Wuchs, mit ewig glühenden Wangen und oft einem Spaß auf den Lippen, ohne anzüglich oder niveaulos zu werden.

Helga rechnet mit maximal zwei Jahren als Strafmaß, da sie ja *den Antrag* zurückgezogen hat.

Kurz nach dem Frühstück, von dem wir beide keinen Bissen herunterbekommen, da diese Art von Aufregung ansteckend ist, wird sie geholt.

Mit erhobenen Händen drücke ich ihr aufmunternd die Daumen. Dankbar nikkend verläßt sie die Zelle.

18 Uhr, Abendbrotzeit – auf dem Flur beginnt es zu klappern. Helga ist noch immer nicht zurück. Etwa eine halbe Stunde später trifft sie total aufgedreht ein.

„Mein Mann und ich sind in einem Kleinbus zum Bezirksgericht gefahren worden“, sprudelt es aus ihr heraus. „Ein Transport mit der Minna kam wegen der Herzschwäche meines Mannes nicht in Frage, und davon habe auch ich profitiert. Während der Fahrt waren nicht mal die Gardinen vorgezogen. Die vielen Leute auf der Straße, sage ich dir, mit sonnengebräunten Gesichtern und die farbigen Sachen, die die anhatten. Wie aus einer anderen Welt … Auf der Rückfahrt konnte ich sogar mit meinem Mann sprechen. Weder der Effektus noch die Oberfeld’ hatten was dagegen. Bevor wir wieder in die U-Haft eingefahren sind, haben sie natürlich die Gardinen zugezogen, und die Oberfeld' meinte grinsend: ‚Damit ist Ihr Sondersprecher beendet.'"

Während Helgas Erzählen ertappe ich mich bei dem Gedanken: Wenn ihr den Antrag nicht zurückgezogen hättet, könntest du jetzt nicht von dieser Spazierfahrt schwärmen – von wegen der Herzschwäche …

Auf meine Frage nach dem Strafmaß schwenkt ihre Schwärmerei schlagartig in Bitternis um.

Sie schluckt: „Mein Mann hat zwei Jahre und vier Monate bekommen und ich zwei/sieben. Und das, obwohl wir den Antrag zurückgezogen haben."

Ich kann in dieser Situation nicht das Mitgefühl empfinden, welches mich bei ihrer *Beichte* ergriffen hatte.

„Die Oberfeld' hat zwar gesagt, wir müßten die Zeit im Leben nicht absitzen, aber daran kann ich nicht so recht glauben."

„Das mußt du eben abwarten. Wird schon werden." Außer diesen mageren Worten des Trostes kann ich ihr nichts sagen. Irgendwie ist sie mir plötzlich fremd, und mir fällt es wie Schuppen von den Augen: sie bleibt *hier,* und ich will *rüber* – ein Fakt, den ich nicht einfach ignorieren kann. Ein Graben tut sich zwischen uns auf trotz gegenseitigen Verständnisses, denn wir haben nicht mehr das gleiche Ziel …

Der Morgen des folgenden Tages bringt meine zweite Zellenverlegung mit sich. Helga und ich werden in die nächst höhere und damit zugleich letzte Etage des Gebäudes dirigiert – „hinauf unters Dach-Juchhe", wie es der Effektus belustigt ausdrückt. Als die Tür der Zelle Nummer 39 hinter uns zuschlägt, begutachten wir unser neues Domizil, wozu auch das routinemäßige Absuchen der Wände nach möglichen Zeichen früherer Inhaftierter gehört – doch wie immer ohne Erfolg. Im Gegensatz zum Gewahrsam in der Tschechei wird hier vor einer Neubelegung von der Stasi selbst alles systematisch unter die Lupe genommen. Zellennachbarn – was wir durch Klopfzeichen herausfinden wollen – haben wir keine, auch fast obligatorisch, sofern es von der Belegungsdichte her machbar ist.

Noch am gleichen Tage sitze ich auch meinem Vernehmer wieder gegenüber.

„Wir brauchen noch Ihren handgeschriebenen Lebenslauf sowie Ihre Stellungnahme zur Straftat." Verdutzt schaue ich ihn an.

„Sie erwarten ja wohl nicht von mir, daß ich jetzt um Gnade winsele? Schließlich bin ich kein Einbrecher, der seinen Bruch bereut."

„Na, dann schreiben Sie, daß Sie Ihren Fluchtversuch nicht bereuen", sagt er hintergründig lächelnd.

Anschließend drückt er mir noch ein Amtsschreiben in die Hand. Es ist aus Ostberlin von Dr. Vogel! Endlich, bin ich erleichtert. Dr. Vogel, die schillernde, fast mystisch anmutende Figur des Vermittlers auf der innerdeutschen Bühne des politischen Häftlingsfreikaufes.

Du mußt unbedingt Dr. Vogel mit deiner Verteidigung beauftragen, hatte mir Helga dringend geraten, damit er einen Untervertreter für dich bestimmen kann. Das bringt die Räder des Abschubgetriebes ins Rollen. Ich hatte den Albino schon in Verdacht, das von mir ausgefüllte Formular nicht weitergeleitet zu haben. Nun, nach etwa vier Wochen liegt also die positive Antwort vor. Inständig hoffe ich, daß auch Helmut diese Formalitäten in die Wege leiten konnte.

Die offiziellen Vernehmungen sind damit abgeschlossen. Die Septembertage plätschern eintönig dahin. Man hat zeitweise das Gefühl, als ob die Stunden zur Ewigkeit gerinnen. Gespannt harre ich auf die Anklageschrift.

Um einen Sprecher oder zumindest die Schreiberlaubnis mit Helmut habe ich bisher umsonst gefochten.

Eines Morgens werde ich aus der Zelle geschlossen. Wir haben gerade das wöchentliche 10-Minuten-Duschen hinter uns, so daß meine Haare noch klatschnaß sind. Im Vernehmerkomplex angelangt, wundere ich mich, nicht vor der Tür meines Vernehmers stehenbleiben zu müssen, sondern vor einer anderen Bürotür.

Ein hagerer Typ älteren Kalibers empfängt mich. Sein Haar ist grau und licht. Er trägt eine Hauptmannsuniform. Sein Äußeres läßt mich unwillkürlich an Don Quijote denken. Seine Umgangsart strotzt allerdings vor Arroganz und Selbstverliebtheit.

„Setzen Sie sich", fordert er mich auf. „Nun sind Sie seit einigen Wochen inhaftiert. Sind Sie noch immer nicht zur Vernunft gekommen?"

„Was verstehen Sie denn unter vernünftig?"

„Sie wissen sehr genau, was ich meine", gibt er sich gelassen.

„Falls Sie darauf anspielen sollten" (natürlich tut er das, was sonst), „ob ich in der DDR bleiben will, da muß ich Sie enttäuschen. Ich ändere meine Einstellung nicht."

„Wie stellen Sie sich das bloß vor?" fragt er scheinheilig. „Sie werden nach der Strafverbüßung sowieso wieder in unseren Staat entlassen. Was glauben *Sie* denn?"

„Ich werde im Strafvollzug einen entsprechenden Ausreiseantrag stellen", entgegne ich ihm genervt, „und hoffe, daß er befürwortet wird."

„Sie müssen damit rechnen, daß Ihr Umsiedlungsersuchen auf taube Ohren stößt. Alles andere wäre reine Illusion. Wo kämen wir denn hin, wenn in unserem Staat jeder kommen und gehen würde, wie es ihm paßt?"

Ich weiß nicht warum, aber es gehört zu den ungeschriebenen Gesetzen, daß der Häftlingsfreikauf Tabu-Gebiet ist, das verbal von niemandem beschritten wird. Es ist einfach schizophren.

„Jetzt hören Sie doch auf mit diesem Katz-und-Maus-Spiel", werde ich immer gereizter. „Sie wissen ganz genau, wo der Hase langläuft, und ich weiß es auch. Also, was soll das Ganze?"

„Was wissen Sie denn?" fragt er nach einer winzigen Denkpause gedehnt.

„Das, was auch Sie wissen. Ich sagte es bereits." Ich bin es so unendlich leid, diese ständigen Wiederholungen bis zum Exzeß – für heute zumindest bohrt der Hauptmann nicht weiter …

Kurz nach der Morgenhupe ist Geschlüssel auf dem Flur zu hören. Wie elektrisiert springt Helga von ihrem Holzbett herunter und horcht gespannt mit an die Tür gepreßtem Ohr.

„Die schaffen jemanden weg", raunt sie aufgeregt. „Paß auf, wenn das mein Mann ist … da, hast du das Husten gehört?" Ich habe es gehört, es war das verabredete Zeichen.

Helga wirft sich aufs Bett und wird von einem schrecklichen Weinkrampf geschüttelt, daß mir himmelangst und bange wird.

„Wann", schluchzt sie, „wann kommen wir endlich raus?" Meine Tröstungsversuche registriert sie nicht einmal im Ansatz. Ich muß sie einfach weinen lassen und fühle mich schrecklich hilflos dabei. Und diese furchtbare Ungewißheit, mit der wir tagtäglich leben müssen, ist in diesen Momenten eine besondere Heimsuchung.

Zwei Tage sind seitdem vergangen, als in den späten Nachmittagsstunden urplötzlich die schweren Riegel unserer Zellentür krachend zurückgestoßen werden. Der Jagdhund steht in der Tür. Jener große, schlaksige Leutnant, der sich seinen Namen durch seine mordsmäßig weit ausholenden Schritte eingehandelt hat, die er immer in enormem Eiltempo vollzieht.

Er richtet den Zeigefinger auf Helga. „Sachen packen! Aber schnell!" Ehe wir es begreifen, ist die Zellentür auch schon wieder zugeschlagen.

„Jetzt holen sie mich", mutmaßt Helga, während sie in Windeseile ihr Bündel schnürt.

„Hast du eine Ahnung, wo sie dich hinbringen?"

„Wenn ich sie nur hätte …" Sie versucht ihre Tränen zurückzuhalten. „Petra, ich wünsche dir und deinem Helmut viel Glück. Und seid nicht so dumm wie wir, bleibt dabei, und ihr werdet es nicht bereuen."

Da ist der Jagdhund auch schon. Wir umarmen uns ein letztes Mal. Unsere Augen sind nun doch unfreiwillig feucht geworden. Das Gesicht des Jagdhunds ist zu einer fiesen, grinsenden Grimasse verzogen.

„Raus jetzt!" herrscht er Helga an.

Als die Tür ins Schloß fällt, denke ich, ich werde sie wohl nie wiedersehen.

Es dauert nicht allzulange, und schon spüre ich diese tödliche Einsamkeit an mir emporkriechen. Im Geiste sehe ich mich wieder im Zuchthaus in Pilsen sitzen, und nur noch ein unauslöschlicher Gedanke trommelt in meinem Hirn: allein und ausgeliefert. Ich will nicht allein sein! schreit eine innere Stimme in mir. Magisch zieht mich der weiße Klingelknopf an.

Wenig später erscheint das dralle Gesicht der Oberfeld' in der Luke.

„Was gibt's?" fragt sie süffisant lächelnd.

„Muß ich etwa allein bleiben?" Ich fühle mich wie ein kleines Kind …

„Wieso? Ist es alleine etwa nicht schön?" grinst sie hämisch und klatscht die Klappe der Luke schallend zu.

Also gut. Heute warte ich noch einmal ab, ob sich etwas tut. Anderenfalls beginne ich ab morgen einen Hungerstreik, bis ich wieder mit jemandem die Zelle teile.

Am nächsten Morgen will die Oberfeld' das Tablett mit der üblichen Frühstücksration hereinreichen. Doch ich verweigere die Annahme. Zu meiner Verwunderung unternimmt sie jedoch keinerlei Überredungsversuche, sondern sagt in ausgesucht freundlichem Tonfall: „Dann müssen Sie mir aber auch sagen, warum Sie nichts essen wollen."

„Weil ich nicht allein sein will. Das ist der Grund. Das wäre ja wie Isolationshaft."

„Gut, ich werde es weiterleiten." Behutsam schließt sie die Luke.

Als um die Mittagszeit das Geklapper von Geschirr zu hören ist, regt sich mein inzwischen auf die Uhrzeit trainierter Magen bei diesem Geräusch nicht im geringsten, als wolle er sich mit mir verbünden.

Es schlüsselt. In der Tür steht der Jagdhund mit einem Tablett in der Hand sowie zwei weitere Posten. Welch eine Ehre, so ein Aufgebot!

Der Jagdhund versucht mich geradezu hingebungsvoll zum Essen zu bewegen. „So essen Sie doch", säuselt er süßlich. „Sie schaden nur sich selbst. Wenigstens ein bißchen, bis zum Abendbrot ist es noch lang."

„Sie können es gleich wieder mitnehmen, ich rühre es sowieso nicht an."

Scheppernd und gar nicht mehr freundlich knallt er das Tablett auf den Tisch. „Das bleibt bis zur nächsten Mahlzeit hier stehen! Sie werden es sich schon noch überlegen."

„Tun Sie, was Sie nicht lassen können", höre ich mich sagen.

Die Stirn in Zornesfalten gelegt, verläßt er die Zelle.

Dampfend steht die Mahlzeit auf dem Tisch. Auf dem Teller liegen ein hauchdünnes Scheibchen Schweinefleisch mit Soße, Salzkartoffeln sowie Weißkrautsalat. Das hört sich gut an, wenn man nicht weiß, daß das Fleisch hauptsächlich aus einem Fettrand besteht, die Soße die reinste Mehlpampe ist, die Kartoffeln wie Schweinefutter aussehen und der Krautsalat zum größten Teil aus Strunken besteht – U-Haft-Kost eben.

Der mir zwangsläufig in die Nase steigende Essensgeruch läßt meinen Zahn keineswegs tropfen. Mein Magen ist wie blockiert.

Am Abend steht das gleiche Trio im Türpfosten. Aufmerksam beäugt der Jagdhund die Platte, ob ich nicht doch heimlich ein Schweinekartöffelchen genascht habe.

„Nun essen Sie doch. Machen Sie doch keine Dummheiten. Lange halten Sie das sowieso nicht aus."

„Ich esse, wenn ich mit jemandem zusammengelegt werde." Wortlos verläßt er die Zelle. Das ist erst der Anfang, denke ich.

Es ist bereits dunkel geworden, als abermals der Jagdhund erscheint. Mit einer herrischen Handbewegung schickt er eine Frau im Trainingsanzug herein, die ein Bündel unterm Arm trägt. Ich kann es nicht fassen. Einen Tag gedarbt und schon am Ziel?!

„So“, meint der Jagdhund gönnerhaft, „jetzt essen Sie aber wieder.“ Ich nicke stumm, und er ist's zufrieden.

„Ich heiße Petra“, stelle ich mich vor, meiner neuen Zellengefährtin freundschaftlich die Hand reichend.

„Rosel“, erhalte ich während unseres Händedrucks mit kühler Zurückhaltung zur Antwort.

Sie dürfte Anfang 30 sein, ist schlank und mit ihren ca. 1,75 etwas größer als ich selbst.

Ihr Gesicht wird von dunklem, leicht gewelltem Haar umrahmt, das ihr bis zu den Schultern reicht. Ihre Blässe läßt darauf schließen, daß auch sie schon länger in diesen Mauern schmachtet.

Ihr wird vorgeworfen, gegen § 99 StGB der DDR verstoßen zu haben, der Paragraph für vaterlandsverräterische Nachrichtenübermittlung. Hört sich an wie aus einem Agententhriller.

Einzelheiten erfahre ich jedoch von Rosel erst im Verlauf des nächsten Tages.

Sie hatte vor etwa zwei Jahren einen Ausreiseantrag gestellt, um zu ihrem Verlobten, einem deutschen Bundesbürger, ziehen zu können. Ihr Verbrechen besteht nun darin, daß sie ihm Durchschläge ihrer eingereichten Anträge gesandt hat. Damit war der Tatbestand der Nachrichtenübermittlung nach dem Buchstaben des Gesetzes erfüllt. Eines Morgens wurde sie direkt vorm Werkstor, als sie gerade ihre Arbeit aufnehmen wollte, stehenden Fußes „zwecks Klärung eines Sachverhalts“ verhaftet. Das war Mitte Juni …

Rosel taut mehr und mehr auf. Ihr anfängliches Mißtrauen verflüchtigt sich.

So höre ich aus ihrem Munde zum ersten Mal vom Frauengefängnis Hoheneck bei Chemnitz im tiefsten Sachsen, welches *das Sprungbrett* in den Westen sein soll. Für Männer sei dies gleichermaßen das Zuchthaus in Cottbus. Begierig nehme ich diese Neuigkeiten auf, in der trügerischen Annahme, unseren ständigen Wegbegleiter „Ungewißheit“ überlisten zu können.

Rosel behauptet, der Fügung wahrlich dankbar zu sein, daß sie – ausgelöst durch meinen Hungerstreik – verlegt worden ist. Sie war mit zwei Frauen zuammen, wobei eine von beiden namens Gerda ihrem ohnehin angeschlagenen Nervenkostüm ordentlich zugesetzt habe.

„Sie hat tagelang geheult", erzählt Rosel emotional aufgewühlt, „ein einziges hysterisches Jaulen, um Aufmerksamkeit zu ergattern. Dann meinte sie immer in weinerlichem Ton: ‚Ach, wenn ich doch nur Arbeit hätte, draußen habe ich immerzu gearbeitet, habe nie stille gesessen, dieses Nichtstun halte ich nicht mehr aus.' Jeden Tag ist sie an die Luke gerannt und hat um irgendeine Beschäftigung gebeten. Nur damit du dir ein Bild machen kannst, wovon du mich erlöst hast. Eines Tages saß sie in sich zusammengekauert in einer Ecke und starrte ins Leere. Wir waren froh, daß sie mal Ruhe gab. Mit einem Mal fängt sie an, wie am Spieß zu schreien, wirft sich auf den Boden, wälzt sich hin und her, stöhnt und röchelt, als ob sie in den letzten Zügen liegt. Wir sind sofort aufgesprungen und wollten ihr helfen, doch sie schlug wie wild um sich. Wir waren schon fast mit dem Finger auf dem Klingelknopf, aber das war gar nicht mehr nötig. Die Oberfeld' samt Verstärkung war schon zur Stelle. ‚Haben Sie Schmerzen?' wurde Gerda gefragt. Da fängt die an zu schreien: ‚Ich will hier raus!! Laßt mich raus!!' So wie die Oberfeld' dann zurückgebrüllt hat, habe ich die noch nie schreien hören: ‚Wenn Sie nicht sofort aufstehen und das Theater lassen, dann kommen Sie in eine Zelle, in der können Sie schreien und toben, so laut und so lange Sie wollen, da hört Sie kein Mensch!' Und du wirst es nicht glauben, die steht auf, setzt sich auf einen Stuhl und tut, als wäre nichts gewesen. Das Personal ist wieder abgerückt, und wir standen da und haben am ganzen Körper gezittert."

Ich beginne zu ahnen, daß nicht alle Politischen auch angenehme Zellengefährten sein müssen.

Genau eine Woche später steht schon wieder eine Zellenverlegung an – dieses Mal geht's ab in die Nummer 43. Zu unserer angenehmen Überraschung ist diese fast doppelt so groß wie das 39er-Loch.

Die Abendbrotzeit ist bereits verstrichen, als die Luke geöffnet wird und ein älteres feistes Männergesicht erscheint.

„Packen Sie Ihre Sachen!" röhrt eine tiefe zu jenem Gesicht gehörende Baßstimme, und rums, ist die Luke auch schon wieder dicht.

„Die wollen uns wohl auf den Arm nehmen?"

Seelenruhig bleiben wir vor unserem Schachbrett sitzen, als wäre die Luke nie aufgegangen.

„Hören Sie etwa schwer?!“ brüllt nach einigen Minuten dasselbe Gesicht in die Zelle hinein.

„Das muß ein Versehen sein“, rechtfertigen wir uns, „wir sind erst heute nachmittag hierher verlegt worden.“

„Sie packen sofort Ihren Kram! Verstanden? Hier gibt es keine Versehen.“

„Wo er recht hat, hat er recht“, pflichtet ihm Rosel zynisch bei. „Ich habe anfangs ja auch gedacht, ich wäre aus Versehen hier …“

Das Deckenbündel mit unseren Habseligkeiten geschultert, werden wir im groben Befehlston die Treppe hinunterdirigiert. Die hinterste Zellentür des Flures direkt gegenüber der Zelle 25 steht offen. Auf Anweisung begebe ich mich hinein. Mitten im Raum steht erwartungsvoll eine mittelgroße schlanke Frau. In ihrer braunfarbigen Haartracht hängt noch ein kläglicher Rest Dauerwelle vergangener Zeiten. Sie starrt mich aus weit aufgerissenen Augen an. Sie hat einen unglaublich nervös flackernden Blick.

Als Rosel nach mir die Zelle betritt, scheint ihr der Atem zu stocken.

„Ach, Rosel, bin ich froh, daß du wieder da bist“, wird sie freudig von jener Frau begrüßt.

„Ich gar nicht, Gerda!“ entgegnet ihr Rosel giftig. „Ich hätte mich gleich weigern sollen, hier reinzugehen.“

„Ich werde mich bestimmt ändern und dich in Ruhe lassen. Du wirst mich überhaupt nicht merken. Ich werde ganz still sein“, beteuert sie untertänig. Doch Rosel bleibt unversöhnlich.

„Rosel hat Ihnen bestimmt nichts Gutes über mich erzählt“, wendet sie sich nunmehr an mich. „Darf ich mich Ihnen trotzdem vorstellen, Weißer mein Name. Ich verspreche Ihnen, ich werde ganz ruhig sein. Sie werden mit mir keinen Ärger haben. Ich werde Ihnen bestimmt nicht zur Last fallen.“

„Schon gut“, winke ich ihren Redeschwall unterbrechend ab. „Und auf das Sie können wir doch wohl auch verzichten.“

Sie stößt bei Rosel auf eine unüberwindliche Mauer der Ablehnung. Doch mir drängt sich zumindest für den Moment eher der Gedanke auf: Du bist auch nur so ein armseliges Würstchen, das die Stasi in ihren Klauen hat.

Die Nachthupe ist verklungen, das Zellenlicht erloschen. Nur kurz leuchtet es noch während der regelmäßigen Kontrollgänge durch die Posten auf.

Nach meinem allabendlichen Gebet in aller Stille, die Hände unter der Zudecke gefaltet, liege ich noch lange wach, da mich die immer wiederkehrenden zermürbenden Gedanken nicht in das Reich des Schlafes hinübertreiben lassen. Ich sehne mich nach den Menschen, die ich liebe und die mir so unerreichbar sind. Eine eiskalte Hand greift nach meinem Herzen.

So manches Mal habe ich mich schon gefragt, woher ich die Kraft nehme, nicht zu verzagen. Sie sprudelt im Inneren wie eine Quelle, mal stärker, mal schwächer. Mal glaube ich, sie müsse jeden Augenblick versiegen, und wie durch ein Wunder schießt sie Fontänen gleich erneut empor, um den sich ewig drehenden Kreislauf der Hoffnungen und Enttäuschungen voranzutreiben.

Über derlei Gedanken grübelnd, falle ich schließlich in einen unruhigen Schlaf.

Am nächsten Morgen fühle ich mich wie gerädert. Die auf dem massiven Holzbett als Unterlage dienenden drei Matratzenteile sind wie jede Nacht vollkommen auseinandergerutscht, und mir tut das Steißbein weh, als hätte ich eine gehörige Tracht Prügel bezogen.

Wir schreiben Samstag, den 2. Oktober. Zwei Monate Haft liegen hinter mir. Acht Wochen, die mir rückblickend wie Jahre erscheinen.

Am Vormittag nach der Freistunde werde ich ohne jeglichen Kommentar vom Jagdhund aus der Zelle gewunken. Er bringt mich in jenen Gebäudeteil, in dem sich auch das Büro meines Vernehmers befindet, auf das ich gewohnheitsgemäß zusteuere.

„Halt, nicht so weit!“ dirigiert mich der Jagdhund drei Zimmertüren zurück. Während ich wie üblich mit dem Gesicht zur Wand stehenbleiben muß, verschwindet er im bewußten Zimmer.

Da blitzt es mir – ich weiß nicht warum – für Bruchteile von Sekunden durch den Kopf: Du wirst doch nicht etwa Sprecher mit Helmut haben? Allein bei dieser Vorstellung bekomme ich butterweiche Knie. Doch so urplötzlich, wie mir dieser Gedanke durchs Hirn sauste, so schnell verwerfe ich ihn auch wieder. Der Frosch hat mir während meiner letzten erzwungenen Vorsprache wegen eines solchen Sprechers keinerlei Hoffnungen gemacht.

Der Jagdhund kommt wieder aus dem Zimmer. Anstatt mich hineinzuschicken, holt er tief Luft und sagt: „Sie haben jetzt Sprecher mit Ihrem Freund. Kein Handschlag zur Begrüßung, nichts über die Anstalt, nichts über die Straftat. Bei Zuwiderhandlungen wird der Sprecher sofort abgebrochen.“

Mir bleibt fast das Herz stehen. Wie soll ich das so schnell in meinem Hirn sortieren?

Das Zimmer betretend, erblicke ich zuerst den Hauptmann *Don Quijote*. Als ich mich umdrehe, sitzt an einem kleinen Tisch, bisher von der Tür verdeckt, Helmut ...

„Petra??“ sagt er maßlos überrascht, als wolle er nicht glauben, was seine Augen da sehen.

Er hatte offensichtlich bis zu meinem Eintreten nicht die leiseste Ahnung. Fassungslos sitzen wir uns gegenüber und schauen uns tief in die Augen, die sich sofort mit Tränen füllen. Meine auf dem Tisch liegenden Hände zittern wie Espenlaub. Wie gerne würde ich ihn wenigstens für einen kurzen Moment berühren. Doch wir können uns *nur* anschauen, und ich möchte am liebsten in seinen Augen ertrinken und nie wieder auftauchen.

Er sieht sehr mitgenommen aus. Doch ich biete wohl kaum einen besseren Anblick. Die Haft fordert ihren Tribut. Er trägt ein graues Baumwollhemd. Seine dunklen Haare sind bis zum Nackenende gewachsen.

Es dauert seine Zeit, bis wir die Situation des unverhofften Wiedersehens bewußt begreifen.

„Dir geht es einigermaßen gut?“ Als seine vertraute Stimme an mein Ohr dringt, ist es mir, als habe ich sie seit ewigen Zeiten nicht mehr gehört.

Gleich einer schweren Dampflok kommt unser Dialog allmählich in Gang. Mein Blick hängt unablässig an seinem Antlitz. Jede mir vertraute Geste tropft wie Labsal in mein verwundetes Herz. Mir ist, als müsse ich sein Bild ganz tief in mich aufnehmen, um lange Zeit davon zehren zu können.

„Wir werden es schon schaffen. Wir dürfen bloß nie aufgeben“, gebe ich mich optimistisch. „Glaubst du, du hältst es gesundheitlich durch?“

„Wenn nicht“, sagt Helmut achselzuckend, „dann gehe ich eben dabei drauf. Aber ein Zurück gibt es für mich nicht.“ Ich höre seine Worte und den unermeßlichen Haß, der aus ihnen spricht.

Jetzt bietet sich auch endlich die Gelegenheit, mir Gewißheit in einem ganz speziellen Punkt zu verschaffen.

„Hast du einen Rechtsanwalt mit deiner Verteidigung beauftragt?“ Helmuts Antwort ist eindeutig: „Nein. Wozu auch?“ Das *Wozu* kann ich ihm in dieser Situation unmöglich plausibel machen. Deshalb beschwöre ich ihn: „Das ist unheimlich wichtig. Du mußt unbedingt mit Dr. Vogel in Berlin Kontakt aufnehmen.“ Helmut schaut mich ungläubig an.

„Unterlassen Sie das gefälligst!“ mischt sich der Hauptmann energisch ein.

„Dr. Vogel ist nicht irgendein Anwalt, glaub mir. Ich kann dir das jetzt nicht erklären. Hab einfach Vertrauen.“

In Helmuts Hirn arbeitet es angestrengt, was unschwer an seinen Gesichtszügen zu erkennen ist.

„Hören Sie endlich auf damit! Ihr Freund ist alt genug, um zu wissen, was er will. Und wenn er keinen Anwalt möchte, dann möchte er eben keinen.“

„Also gut“, meint daraufhin Helmut, „ich spreche mit meinem Vernehmer.“

Die Tür wird aufgerissen, und der Jagdhund schneit, seinem Namen alle Ehre machend, herein. Wahrscheinlich hat der Hauptmann den Alarmknopf unterm Schreibtisch ausgelöst.

In barschem Ton wird Helmut zum Mitkommen aufgefordert. Ich will aufstehen, um von ihm wenigstens noch einen Händedruck zum Abschied zu erhaschen, doch der Hauptmann drückt mich unsanft auf den Stuhl zurück. Helmut lächelt mir noch aufmunternd zu, bevor die Tür hinter ihm zufällt.

Augenblicklich redet der Hauptmann auf mich ein, daß ich den Sprecher schamlos ausgenutzt hätte, um Informationen zu beziehen, und das, wo uns doch der Sprecher so großzügig gestattet worden wäre. Ich kann seinem Geschwafel gar nicht richtig folgen, sondern starre auf den leeren Platz, wo eben noch Helmut saß. Seine Worte hallen in mir wider, und seine vertraute Stimme klingt mir noch im Ohr.

Nachdem mir der Hauptmann sein feierliches Versprechen gegeben hat, daß das der erste und letzte Sprecher mit meinem Freund gewesen sei, werde auch ich geholt.

Nachts liege ich auf meiner Holzbank und denke selig: Mein Gott, ich habe Helmut gesehen, ich habe ihn endlich wiedergesehen …

Vier Tage später reicht mir am Nachmittag die Oberfeld’ überraschend meine Zivilsachen durch die Luke.

„Sie haben gleich einen Termin mit Ihrem Rechtsanwalt. Ziehen Sie sich um.“

Nach einer kurzen, mehr obligatorischen Leibesvisitation in der unbelegten Nachbarzelle bringt mich die Oberfeld' in jenen Raum, in dem ein Herr Schellinger auf mich wartet.

Er fühlt sich allem Anschein nach äußerst unwohl in seiner Haut. Er sprüht geradezu vor Nervosität. Zur Begrüßung gibt er mir höflich die Hand, während er sich mit der Linken mit einem karierten Taschentuch über seine schwitzende Halbglatze fährt. Wir setzen uns an einen kleinen Ecktisch in Türnähe – er das vergitterte Fenster im Rücken. Die Oberfeld' scheint ihre Mission erfüllt zu haben und entschwindet zu meinem Erstaunen.

„Zur Sache", sagt Herr Schellinger betont laut, legt jedoch augenblicklich seinen Zeigefinger auf den Mund und flüstert „Wir sind nicht allein ...", wobei er vielsagend seine Augen im Rund kreisen läßt.

Deshalb frage auch ich zunächst im Flüsterton, ob ihm eine Untervollmacht von Helmut vorliegt. Dies verneint er.

„Können Sie das nicht regeln?" bitte ich ihn. „Sie wissen doch, was davon abhängen kann ..." Sein Gesicht wird schlagartig noch roter, als es ohnehin schon ist, und er schaut sich hastig um, als müsse er sich vergewissern, daß wirklich niemand hinter ihm steht. Er fragt mich nach Helmuts Personalien, die er in Windeseile auf einen Zettel kritzelt.

„Ich werde das klären", verspricht er kaum hörbar, um dann laut fortzufahren: „Hatten Sie bei Ihrem Fluchtversuch irgendwelche Hilfsmittel bei sich wie Spaten, Zange, Kompaß, alles in dieser Art?"

„Nein, wir hatten bloß 'ne Gebietskarte bei uns."

„Gut ... Ich könnte übrigens zu Ihrer Verteidigung anführen, daß Sie Ihr Freund", er stockt, „na, sagen wir mal, angestiftet, überredet hätte. Da er einige Jahre älter ist als Sie, bietet sich das ja fast an."

„Das will ich auf gar keinen Fall", sage ich eindringlich. „Ich habe genau gewußt, was ich tue, es war mein eigener Entschluß. Außerdem wäre es ohnehin am günstigsten, wenn wir das gleiche Strafmaß bekämen – wegen der Hälfte und so, Sie wissen schon ..."

Wieder blickt er sich hastig um. „Ja, ja, also gut, wie Sie wollen."

„Was glauben Sie eigentlich, wie hoch unser Strafmaß ausfallen könnte?"

„Das kann ich schlecht einschätzen. Aber ich würde mich an Ihrer Stelle auf zweieinhalb bis drei Jahre einstellen."

„Puuh", entfährt es aus meinen aufgeblasenen Wangen.

„Na, warten Sie's erst mal ab, und machen Sie sich nicht schon vorher verrückt." Er räuspert sich. „Tja, wenn sonst nichts anliegt, könnten wir ja abschließen?" Ich nicke zustimmend.

Im Stehen verstaut er die Unterlagen in seine schwarze Kollegmappe. Mit feuchtem Händedruck wünscht er mir alles Gute, klopft hektisch an die verschlossene Tür und ist sichtlich erleichtert, diese unfreundlichen Gefilde wieder verlassen zu können. Kurz bevor er aus der Tür schlüpft, ruft er mir, schon um vieles lockerer, noch zu: „Also dann bis zur Verhandlung."

In der darauffolgenden Woche wird Gerda aus der Zelle geschlossen. Zurückgekommen ist sie ganz aufgelöst: „Ich habe meine Anklageschrift bekommen. Jetzt werde ich angeklagt. Jetzt machen die mir den Prozeß."

„Sei doch froh", versuche ich ihre Hysterie zu bremsen, „dann hast du wenigstens die U-Haft bald hinter dir und kannst endlich arbeiten, was dir ja so fehlt."

„Ach ja, endlich arbeiten …" seufzt sie.

Da Gerda gemeinsam mit ihrem Mann versucht hatte, von der ungarischen Grenze aus nach Österreich zu gelangen, ist ihre Verhandlung quasi ein Gradmesser für mich.

Schon einen Tag später – der Oktober hat fast seine Mitte erreicht – sitze auch ich meinem Vernehmer gegenüber, der mir meine Anklageschrift vorlegt. Mich durchströmt eine heimliche Freude, denn ich hatte einkalkuliert, noch einige Zeit auf diesen Schrieb warten zu müssen. Ich lese mir das drei Seiten umfassende Pamphlet gründlich durch, weiß nun, daß ich am 20. Oktober Verhandlung haben werde, um halb neun in der Früh. Der inhaltliche Nonsens berührt mich weniger: Ich habe mein Vaterland verraten, das Ansehen der Deutschen Demokratischen Republik auf schändliche Weise geschädigt, habe heimtückisch fliehen wollen, obwohl ich doch auf Kosten des Staates sowohl eine Schulbildung als auch Berufsausbildung genossen habe, welche ich mir hinterhältig erschlichen hätte. Papier war schon immer geduldig …

Wieder auf Zelle ist Rosel über meine Nachricht eher niedergeschlagen.

„Ich verstehe gar nicht, warum ich meine Anklageschrift nicht bekomme?" Immerhin ist sie sechs Wochen vor mir inhaftiert worden, Gerda drei Wochen vor mir.

„Wenn sich das noch länger hinzieht, dann habe ich wahrscheinlich erst im November Verhandlung“, befürchtet Rosel, „womöglich ausgerechnet am 11.11., dann kann ich das Gericht mit Helau begrüßen.“ Galgenhumor …

Das Licht des erwachenden Morgens fällt durch die Gitterstäbe unserer Zelle und hinterläßt auf dem Boden schattige Streifen. Ich habe wieder mal eine sehr unruhige Nacht hinter mir.

Heute am 15. Oktober ist planmäßig der Angehörigensprecher mit meiner Mutter.

Sie möchte wohl als Einstieg mit etwas Oberflächlichem beginnen, indem sie nach unserer vorschriftsmäßigen Begrüßung erzählt: „Vergangene Woche haben sie sich in der Kaufhalle um Kaffee geschlagen. Es gab nämlich schon länger keinen mehr.“

„Jetzt gibt es ja wieder welchen!“ unterbricht die Oberfeld’ sie demonstrativ. „Außerdem ist Kaffee kein Grundnahrungsmittel, das man unbedingt zum Leben braucht.“

„Na ja, die Leute sind manchmal auch unbeherrscht“, meint meine Mutter beschönigend, „deswegen müssen sie sich ja nun wirklich nicht gleich prügeln.“ Ich höre deutlich den gewissen Unterton, diesen DDR-Tonfall, wenn man *ja* sagt, jedoch *nein* meint.

„Ich habe übrigens nächste Woche Verhandlung“, bemerke ich wie nebenbei.

„Ach, kann ich daran teilnehmen?“

„Nein“, tönt es unbarmherzig von der Oberfeld’.

„Nicht mal als nächste Angehörige?“

„Nein. Die Verhandlung findet unter Ausschluß der Öffentlichkeit statt.“

„Aber ich bin doch nicht die Öffentlichkeit. Ich bin doch die Mutter!“

„Das geht nun mal nicht“, erwidert sie nun in nicht mehr ganz so scharfem Ton.

„Ich werde an dich denken, Petra. Bleib stark, egal wie das Urteil ausfällt. Und vergiß nicht, alles geht einmal vorbei, auch diese schlimme Zeit hier.“

Nun steigen uns doch noch Tränen in die Augen, während die Oberfeld’ zu keifen beginnt: „Was heißt denn hier schlimme Zeit? Sie hat doch vorhin selbst noch gesagt, daß es ihr gut geht. Außerdem hat sie es ja nicht anders gewollt. Sie hätte ja die Straftat nicht begehen müssen. Sie kennt doch die Gesetze der DDR!“ Und fast im selben Atemzug fügt sie hinzu: „Die Zeit ist jetzt auch um. Verabschieden Sie sich!“

Wir ringen uns noch einige Worte von aufgesetztem Optimismus ab und hoffen, uns bald wiederzusehen …

Der nächste Morgen, welcher in seiner Eigenschaft als Samstag ein weiteres Wochenende einleitet, birgt eine Überraschung in sich.

Im Büro meines Vernehmers sitzend, legt mir dieser ein leeres Blatt Papier vor die Nase und verkündet, als sei es die selbstverständlichste Sache der Welt: „Sie können eine Seite an Ihren Freund schreiben. Sie haben hiermit die offizielle Schreiberlaubnis." Ich bin perplex. Mit klopfendem Herzen und schweißnassen Händen lasse ich die Worte aus dem Stift fließen und fühle mich dabei, als würde ich mit Helmut reden …

Mit dem 18. Oktober beginnt eine neue Woche. Gerda ist im Hinblick auf ihre morgige Verhandlung mehr denn je ein nervliches Wrack. All ihre Versprechungen und Beteuerungen, sich rücksichtsvoller zu verhalten, waren in den Wind geredet … Heute nun rennt sie mit einer Penetranz, die ihresgleichen sucht, von einem Zellenende zum anderen, stellt sich pausierend mit einem Waschlappen auf der Stirn unter das Glasbausteinfenster, durch das ein hauchzartes Lüftchen weht, um ihre Hitzewellen zu bekämpfen. Dabei stöhnt und ächzt sie wie ein altes Kräuterweib, das an seiner Last schwer zu tragen hat. Ihre ständigen Hitzewellen begründet sie mit den einsetzenden Wechseljahren. Mit Ende 30?

Erleichtert atmen wir auf, als sie tags darauf wenigstens für Stunden die Zelle verläßt.

Am späten Nachmittag kehrt sie zurück.

„Kann ich mich hinlegen?" fragt sie sogleich den sie einschließenden Posten. „Mir ist ja sooo übel, mir geht's hundsmiserabel."

Der scheint ein Einsehen zu haben, muß zuvor aber bei seinem diensthabenden Vorgesetzten die Liegeerlaubnis für eine halbe Stunde einholen.

„Ach", stöhnt sie im Liegen, „war das furchtbar, einfach schrecklich. Mit uns machen sie es, kann ich euch sagen." Kraftlos läßt sie ihren rechten Arm am Bettrand baumeln, während sie den Handrücken ihrer Linken, begleitet von einem Stoßseufzer, auf die Stirn sinken läßt.

„Die ganze Verhandlung war ein einziges Herumgebrülle. Sie behandeln dich wie den letzten Dreck."

„Hast du denn ein Schlußwort halten können?" wollen wir wissen.

„Ach was, die lassen dich doch gar nicht zu Wort kommen. O je, ist mir elend ..."

Mir wird ganz mulmig zu Mute, Gerda so jammern zu hören. So habe ich mir die Verhandlung nun doch nicht vorgestellt. Die Strafmaße sind für uns noch interessant.

„Ich habe zwei/sieben bekommen und mein Mann zwei/fünf."

„Wieso hast du denn zwei Monate mehr als dein Mann?"

„Die haben mich als Anstifterin hingestellt. Dabei stimmt das gar nicht!"

„Na toll", bin ich ernüchtert, „wenn du bei einem Fluchtversuch zwei/sieben bekommen hast, dann können wir mit unseren zwei Versuchen ja froh sein, wenn es *bloß* drei Jahre werden ..."

Die Hupe ertönt wie jeden Morgen schrill durch Mark und Bein gehend. Längst schon bin ich wach, habe die halbe Nacht keinen rechten Schlaf finden können.

So wie tags zuvor bei Gerda reicht die Oberfeld' mit dem Frühstück heute meine Zivilsachen herein. Ruck, zuck stehe ich mit einer schwarzen Stoffhose und einem hellblauen Pulli bekleidet abmarschbereit da. Auf Rosels Drängen hin beiße ich zweimal widerwillig in das Margarinebrot und harre nun der Dinge, die nach Gerdas Beschreibung so schrecklich gewesen sein sollen.

Und schon geht's los: Leibesvisitation – Verfrachten in die Minna. Während der Fahrt zum Gerichtsgebäude dudeln aus dem Autoradio DDR-Schlager. Es berührt mich eigenartig, nach fast elf Wochen wieder Musik zu hören. Nach einer halben Stunde sind wir am Ziel.

Ich werde in jenen Gerichtssaal geführt, in dem ich während einer Jugendweihestunde bereits als Zuschauer gesessen habe. Damals sollte die Verurteilung eines „asozialen Elementes" für uns Anschauungsunterricht sein, wie in der Deutschen Demokratischen Republik Recht gesprochen wird. Meine Lektion hatte ich damals schon gelernt, allerdings nicht im beabsichtigten Sinne.

Heute bin also ich Angeklagte, habe Volk und Vaterland verraten. Und heute sitzt auch keine Schulklasse im Gerichtssaal ...

Die Oberfeld' belehrt mich ausführlich über die Gepflogenheiten vor Gericht, und daß ich mit meinem Mittäter nicht ein einziges Wort zu wechseln habe. Damit hat sie zumindest meine Vermutung bestätigt, daß wir zusammen abgeurteilt werden.

Am Rande stehen drei einzelne einfache Holzstühle. Auf dem äußerst rechts stehenden werde ich aufgefordert Platz zu nehmen.

Da wird Helmut hereingeführt. Sein knallgelbes Hemd leuchtet schon von weitem. Dazu trägt er eine schwarze Cordhose. Man nimmt ihm die Handschellen ab und belehrt ihn in der gleichen öden Weise wie kurz zuvor mich.

Der Effektus dirigiert ihn auf den äußerst links stehenden der drei Stühle, so daß ein Platz zwischen uns leer bleibt – wohl der Sicherheitsabstand.

Aus der Nähe sehe ich nun auch, daß seine Haare kurz geschnitten sind und sein Oberlippenbart gestutzt ist. Ganz offensichtlich soll nach außen demonstriert werden, wie gut es uns bei der Stasi geht.

Wir tauschen stumme Blicke voll geheimer Wünsche, als säßen wir beim ersten Stelldichein.

„Geht's dir soweit gut?" möchte ich von ihm wissen.

„Hm", nickt er mir augenzwinkernd zu.

Die Oberfeld', welche samt der drei weiteren mitgefahrenen Stasi-Bediensteten in der ersten Reihe der Zuschauerbänke Platz genommen hat, räuspert sich geräuschvoll, was wohl einer Verwarnung gleichkommen soll.

In diesem Moment erscheint Rechtsanwalt Schellinger, auch heute wieder merklich nervös.

Er begrüßt uns beide per Handschlag, während sich der Effektus eiligen Schrittes zu uns gesellt, um zu registrieren, was zwischen Rechtsanwalt und Mandanten gesprochen wird.

Er kramt in seiner abgegriffenen Aktentasche und holt ein Formular heraus.

„Bitte unterschreiben Sie das, Herr Kohn", wendet er sich an Helmut.

Es ist die Vollmacht für die Untervertretung! Er bittet uns, während der Verhandlung möglichst sachlich zu bleiben, es sei das Beste in unserem eigenen Interesse.

Das „Hohe Gericht" rauscht herein. Der Richter besticht durch seine gepflegte Erscheinung. Allerdings hätte ich nicht vermutet, daß er einen tiefschwarzen Anzug trägt. Im Geiste hatte ich ihn immer in einer schwarzen Robe vor Augen. Mit seinen lebendigen ausdrucksvollen Augen mustert er Helmut und mich und hält sich nicht lange mit Vorgeplänkel auf.

Im Zuge der begonnenen Verhandlung ruft er einen *gesellschaftlichen Vertreter* aus Helmuts Betrieb auf. Herein kommt ein Arbeitskollege in seiner Funktion als Brigadeleiter.

Er hält sich krampfhaft an seiner dunklen Tasche aus Kunstleder fest und macht eine angedeutete Verbeugung vor dem Richter. Er ist ungeheuer aufgeregt, darf jedoch fürs erste wieder verschwinden.

Von meiner früheren Arbeitsstelle, dem Reisebüro, sei kein Vertreter abkömmlich gewesen.

Deshalb sei eine schriftliche Beurteilung über meine Person abgefaßt worden.

Der Richter beginnt die Anklagepunkte zu verlesen: „Sie haben wiederholt versucht, die Deutsche Demokratische Republik illegal zu verlassen, indem Sie den visafreien Reiseverkehr in die ČSSR schamlos ausnutzten, um dort ihr staatsfeindliches Ansinnen in die Tat umzusetzen, durch Grenzverletzung eines sozialistischen Bruderlandes in die kapitalistische BRD zu gelangen."

Mag er es ausdrücken, wie er will, wir können den Sachverhalt als solchen nur bestätigen.

Er rekonstruiert unsere beiden mißglückten Fluchtversuche anhand der bei der Stasi angefertigten Vernehmungsprotokolle, während die Oberfeld' bemüht ist, ihren immer wieder hartnäckig nach unten nickenden Kopf in die Gewalt zu bekommen.

Einer der Schöffen – er erfüllt wohl so ziemlich alle Vorurteile, die über eitle Karrierehengste im Umlauf sind – meint, eine Zwischenfrage an Helmut stellen zu müssen.

„Wieso haben Sie ausgerechnet als Grenzverletzer versucht, die DDR zu verlassen?"

„Ich hätte mich auch lieber in den Zug gesetzt und wäre bequem rübergefahren, das können Sie mir glauben."

„Aber Sie hätten einen Antrag auf Übersiedlung stellen können …" Und schon wieder fährt er sich mit den Fingern durch sein mit Pomade eingeschmiertem Haar und macht dabei eine wegwerfende Kopfbewegung.

„Sie tun ja gerade so, als ob so ein Antrag von heute auf morgen genehmigt würde. Ich wollte die damit verbundenen Schikanen wie auch die Ungewißheit nicht auf mich nehmen, ob er vielleicht in ein paar Jahren genehmigt wird, wenn überhaupt."

„Ach und jetzt schwelgen Sie nicht in Ungewißheit?"

„Was *Sie* denken, ist mir doch vollkommen egal", winkt Helmut ab.

Der Schöffe zieht einen beleidigten Schmollmund.

Unser Anwalt räuspert sich. Er fragt uns, ob wir während unserer Fluchtversuche irgendwelche Hilfsmittel wie Kompaß, Zange und dergleichen bei uns gehabt hätten, was wir wahrheitsgemäß verneinen.

Allerdings sei die Karte vom Reisebüro ein derartiges Hilfsmittel gewesen, worauf energisch der Staatsanwalt hinweist. Ich hätte sie entwendet, ohne die Absicht gehabt zu haben, sie wieder an ihren ursprünglichen Platz zu bringen. Nicht zu fassen, wie konnte ich nur …

Seine eigentlich blassen, hohlen Wangen verfärben sich dabei ins Rötliche, können aber in keiner Weise mit dem knalligen Rot seiner Haare konkurrieren.

Der Auftritt von Helmuts Arbeitskollegen ist angesagt. Wie ein armes Würstchen schleicht er herein und wird vom Richter aufgefordert, nun die gesellschaftliche Beurteilung über Helmuts Verhalten vorzutragen. Er kann einem schon fast leid tun, wie er verängstigt herumstottert.

Während er zu Protokoll gibt, daß Helmut immer pünktlich zur Arbeit erschienen sei, zuverlässig war, kurzum ihm alles in allem ein recht gutes Zeugnis ausstellt, schaut er immer wieder aus den Augenwinkeln verstohlen zu uns herüber.

Der Richter bedankt sich, er könne nun gehen, aber auch – wenn er dies möchte – der Verhandlung als Zuschauer beiwohnen. Zuschauer, o ja, das möchte er sein, und er setzt sich in sicherer Entfernung auf einen der Klappstühle in den gähnend leeren Publikumsreihen.

Die über mich durch die Leiterin des Reisebüros abgefaßte Beurteilung wird vom Richter verlesen. Sie läßt kein gutes Haar an mir und weist in penetranter Eindringlichkeit darauf hin, daß ich das Kollektiv durch meine Tat schändlich getäuscht hätte und man sich demzufolge nur auf das äußerste von mir distanzieren könne.

„Was sagen Sie dazu?" fragt mich der Richter mit hochgezogenen Augenbrauen.

„Diese Beurteilung ist eine einzige Farce. Wohl auch eine persönliche Abrechnung, denn wir haben alles andere als Sympathien füreinander gehegt. Nun weiß ich auch, warum sie nicht persönlich erschienen ist. Offensichtlich besitzt sie nicht die Courage, diese gemeinen und völlig haltlosen Verleumdungen in meiner Anwesenheit vorzutragen.“ Es fällt mir ausgesprochen schwer, mich an dieser Stelle um Sachlichkeit zu bemühen, denn diese Beurteilung ist eine zum Himmel schreiende Ungerechtigkeit.

Der Richter nimmt’s zur Kenntnis. Die Protokollantin pinselt fleißig. Während sie das tut, schaut sie kaum einmal auf, arbeitet hoch konzentriert und wirkt in dem strengen Kostüm um viele Jahre älter, als sie wahrscheinlich tatsächlich ist.

Unser Anwalt meldet sich ein zweites Mal zu Wort: „Haben Sie das Gefühl gehabt, Herr Kohn, Sie könnten Ihre Freundin beeinflußt oder gar bedrängt haben, mit Ihnen in die Bundesrepublik zu gelangen?“

„Nein, überhaupt nicht. Das war ihre eigene Entscheidung.“ Ich erhalte Gelegenheit dies zu bestätigen, so daß dieser Punkt eindeutig geklärt sein dürfte.

Nach einer kurzen Pause des Nachdenkens wendet sich der Richter mit der Frage an uns: „Was hat Sie dazu veranlaßt, die Straftat zu begehen?“ Zuerst erteilt er mir das Wort.

Das ist *die* Gelegenheit, denke ich beim Aufstehen, auf die ich gewartet habe. Zigmal habe ich in Gedanken diesen Moment schon durchlebt. Jetzt kann ich all das in den Jahren Angesammelte und Aufgestaute auf den Tisch bringen – sehr persönliche schicksalhafte Verstrickungen, die in keinem Vernehmungsprotokoll aufgetaucht sind. Und so rede ich einige lange Minuten …

„Kommen Sie bitte zum Schluß“, fordert mich der Richter unruhig werdend auf.

„Ich habe einige wesentliche Meilensteine auf meinem Weg zu der Erkenntnis genannt, in welchem Staat ich geboren wurde und gezwungen werden soll, bis zu meinem Rentenalter zu leben. Ich werde im Strafvollzug einen entsprechenden Antrag auf Übersiedlung stellen, und sollte dieser abgelehnt werden, so werde ich Mittel und Wege finden, um in die Bundesrepublik zu gelangen. Ich will mit diesem Staat hier nichts mehr zu tun haben!“

Erleichtert lasse ich mich auf den Stuhl fallen. Bin zwar paarmal unsanft unterbrochen worden – insbesondere vom Staatsanwalt – aber ich habe alles sagen können, was mir am Herzen lag.

„Was war bei Ihnen ausschlaggebend, Angeklagter, diese Straftat zu begehen?“ wendet er sich tief durchatmend an Helmut. „Sie hatten doch sowohl im persönlichen als auch im beruflichen Bereich keine derartigen Schwierigkeiten, wie sie Ihre Freundin anführte.“

„Im Betrieb hatte ich keine Schwierigkeiten. Das stimmt. Aber ich kann mit meiner Überzeugung als Christ und Demokrat in diesem Staat einfach nicht mehr leben. Mir ist, als würde es mir die Kehle zuschnüren.“

„Unsere Republik ist doch demokratisch. Ich verstehe Sie nicht“, sagt der Richter mit einem verkappten Lächeln.

„Erstens ist es nicht *unsere* Republik, sondern bestenfalls *Ihre,* und zweitens *nennt* sie sich demokratisch, mehr aber auch nicht. Im übrigen kann ich mich den Worten meiner Freundin nur anschließen. Auch ich werde einen Antrag stellen, und nichts wird mich davon abhalten, mein zukünftiges Leben im anderen Teil Deutschlands zu verbringen.“

Helmut nimmt wieder Platz. Ihm scheint das ganze Theater mächtig auf die Nerven zu gehen. Er sitzt keine vier Schritte von mir entfernt und ist doch so unerreichbar für mich. Die Welt kann so grausam sein …

Während ich mich nach Helmuts Nähe sehne, fordert der Richter nach „Abschluß der Beweisaufnahme“ den „Herrn Staatsanwalt“ auf, sein Plädoyer zu halten.

An jenen Stellen, an denen er uns als verabscheuungswürdige Staatsfeinde, dem Sozialismus feindlich gesinnte Elemente bezeichnet, erhebt er drohend seine Stimme wie auch seinen hageren Zeigefinger. Abschließend plädiert er als Strafmaß auf zwei Jahre und vier Monate Freiheitsentzug ohne Bewährung – für Helmut gleichermaßen wie für mich.

Als ich das höre – zwei/vier für uns beide – huscht mir ungewollt ein erleichtertes Lächeln übers Gesicht, hatte ich mich mit drei Jahren doch schon fast abgefunden. Doch dem Herrn Staatsanwalt entgeht mein Lächeln nicht, und er nimmt dies zum Anlaß, um noch einmal ausdrücklich darauf hinzuweisen, wie uneinsichtig ich doch sei und keinerlei Lehren gezogen hätte.

Unserem Rechtsanwalt wird das Wort erteilt. Er hält seine äußerst kurze und farblose Rede mit einem winzigen Anstrich von Verteidigung – wir seien ja nicht vorbestraft und hätten keine Hilfsmittel dabei gehabt– und plädiert auf eins/neun mit der Bitte, unsere Strafmaße unter zwei Jahren festzusetzen, damit wir in den erleichterten Vollzug kämen (was immer das sein mag).

Als sich das Gericht zur Beratung zurückzieht, läuten die Glocken der auf dem nahe liegenden Marktplatz stehenden Kirche Schlag zwölf …

Die Urteilsverkündung ist für 14 Uhr angesetzt.

Pünktlich nach zweistündiger Unterbrechung wird die Verhandlung fortgesetzt.

„Die vorangegangene Hauptverhandlung", beginnt der Richter, „hat einwandfrei die Schuld der beiden Angeklagten bewiesen. Die Angeklagte Gellert wird zu …" (mir stockt fast der Atem) zwei Jahren und einem Monat Freiheitsentzug verurteilt. Der Angeklagte Kohn wird ebenfalls … (ebenfalls, ebenfalls jubelt mein Inneres) zu zwei Jahren und einem Monat Freiheitsentzug verurteilt."

Eine große Last ist von mir genommen. Während der Urteilsbegründung wechsle ich mit Helmut bedeutungsvolle Blicke.

Nun tragen wir bereits den vierten „Titel": anfangs waren wir Verhaftete, wurden zu Beschuldigten, stiegen auf zu Angeklagten und sind nun Verurteilte – na, wenn das keine steile Karriere ist …

„Möchten Sie Berufung einlegen?" fragt abschließend der Richter.

Wir verneinen dies nach kurzer Absprache mit unserem Anwalt.

„Das Urteil ist in acht Tagen rechtskräftig. Die Verhandlung ist geschlossen." Spricht's und rauscht samt Anhang von dannen.

„Sie werden also den entsprechenden Antrag im Strafvollzug stellen", vergewissert sich nochmals Herr Schellinger. „Ich informiere Dr. Vogel über den Verlauf der Verhandlung und über Ihren nach wie vor bestehenden Ausreisewunsch. Verhalten Sie sich im Vollzug möglichst unauffällig. Das ist nur zu Ihrem Vorteil. Ich wünsche Ihnen beiden viel Glück, und verlieren Sie nicht den Mut." Er zwinkert uns vielsagend zu und zieht seines Weges.

Eine kalte Hand greift nach meinem Herzen. Das Fragezeichen, wann wir uns wiedersehen, ein Lebenszeichen gleich welcher Natur voneinander erhalten, steht abermals unbarmherzig zwischen uns.

Klick macht es, und Helmut ist wieder um zwei „Armbänder" reicher. Ich würde ihn so unendlich gern umarmen, ihm wenigstens einen flüchtigen Kuß auf die Wange hauchen, doch mir ist jegliche Gelegenheit dazu genommen.

Die gewichtige Oberfeld' hat sich bereits vorsorglich mit ihrer Körpermasse zwischen uns gestellt. Der Effektus dirigiert Helmut zur Tür, und schon ist er meinen Blicken entschwunden.

Am Abend dieses Tages ziehe ich für mich Bilanz. Zwei/eins also – sicher, eine lange Zeit, aber wenn man sich wie ich bereits mit drei Jahren ernsthaft auseinandergesetzt hat … zumal ich nach wie vor von der Hälfte des Strafmaßes ausgehe.

Helga hatte mir offenbart, daß es übliche Praxis sei, nach ca. DER HÄLFTE mit Abschiebung gen Westen rechnen zu können. An diesen Silberstreifen am Horizont klammere ich mich natürlich wie wahnsinnig.

Ob wir allerdings bei der ersehnten Transportaufstellung wie ein Ehepaar behandelt werden, ist äußerst fraglich. Zwar haben wir bereits sechs Jahre miteinander gelebt, aber inwieweit dies Berücksichtigung findet?

Meine Gedankenmühle beginnt zu mahlen. Woher will ich eigentlich wissen, ob wir überhaupt abgeschoben werden?

Eine gute Woche ist seitdem vergangen.

Ich sitze meinem Vernehmer gegenüber und halte voller Überraschung einen Brief von Helmut in den Händen! Das Briefdatum beweist zwar, daß der Weg von einem Vernehmerzimmer ins andere sehr weit sein kann, denn Helmut hat diese Zeilen noch vor der Verhandlung niedergeschrieben. Doch ich hätte ohnehin nicht zu hoffen gewagt, noch vor meiner Verlegung ins Zuchthaus auf irgendeine Weise etwas von ihm zu hören. Seine warmen, wohltuenden Worte treiben mir unwillkürlich Tränenschleier vor die Augen. Am liebsten würde ich seine Worte in mein Hirn gravieren, wo sie bis zu unserem Wiedersehen in mir nachklingen könnten.

Erst jetzt werde ich gewahr, daß mein Vernehmer, mucksmäuschenstill in der Fensterecke stehend, eindringlich meine Gesichtszüge studiert. Während des Lesens war ich mit Helmut ganz allein im Zimmer, vergaß alles um mich herum, hörte seine Stimme, sah ihn vor mir und hatte ein solches Verlangen nach seiner Nähe.

Er hat also unbemerkt meine Gesichtszüge studiert – eine Sache, die mir gar nicht gefällt, denn wie oft hat Helmut schmunzelnd zu mir gesagt: Dein Gesicht ist wie ein Buch, man muß es nur aufschlagen …

„Sie können gleich zurückschreiben“, unterbricht die Stimme meines Vernehmers die fast laut gewordene Stille.

So kann ich einen Teil der in mir wallenden Empfindungen sogleich zu Papier bringen.

Es ist wie ein Geschenk …

Mit Marmeladenbrot im Magen und Freistundenluft in den Lungen sitzen wir am Vormittag des 27. Oktobers am Tisch und spielen zu dritt „Mensch ärgere dich nicht“ (welch geistvolle Beschäftigung), als aus heiterem Himmel die Luke geöffnet wird und die Oberfeld’ meine Zivilsachen hereinreicht.

„Sie haben gleich Sprecher. Beeilen Sie sich!“ Während ich mich hastig umziehe, denke ich laut: „Das kann nur der doch noch genehmigte Sondersprecher mit meiner Mutter sein.“ Meine Vermutung bestätigt sich.

Zur Begrüßung quälen wir uns ein aufgesetztes Lächeln ab. Oh, wie ich sie hasse, diese makabren Situationen. Die Oberfeld’ räumt das Feld und überläßt die Funktion des Aufpassers einem jungen Burschen in Zivil.

Nach einer kurzen Kunstpause frage ich meine Mutter, wann sie von dem Sondersprecher erfahren hat.

„Gestern. Ich bin angeschrieben worden, daß ich ins Gericht muß. Dort hat man es mir dann mitgeteilt.“

„Ich habe es vor fünf Minuten erfahren.“ Verständnislos schüttelt sie mit dem Kopf.

„Hast du schon meinen letzten Brief erhalten? … Dann weißt du ja noch gar nicht, zu wieviel wir verurteilt wurden. Es ist weniger, als ich vermutet habe. Wir haben beide zwei Jahre und einen Monat bekommen.“ Entsetzt schaut sie mich an: „Na, wenig ist das aber nicht.“ Soweit es die Umstände zulassen, erzähle ich ihr von der Verhandlung, um dann das Thema zu wechseln.

„Ich konnte übrigens schon an Helmut schreiben und habe auch schon einige Zeilen von ihm erhalten“, sage ich mit strahlendem Blick.

„Na, das ist ja schön für euch“, meint sie bedrückt.

Ich verstehe ihre Reaktion nicht.

Sie ihrerseits stockt, schlägt die Augen nieder, dann nach einer Weile …

„Petra, hast du es dir wirklich genau überlegt, mit Helmut zusammenzubleiben? In zehn Jahren kann alles ganz anders aussehen. Ihr habt doch keine gemeinsame Zukunft. Ich habe ja gar nichts gegen ihn als Mensch, aber glaubst du nicht, daß du noch mal einen Mann in deinem Alter findest? Ich meine … 19 Jahre Unterschied, das ist doch einfach zuviel …“

Angestrengt lausche ich ihren Worten. Meine Augenbrauen verkrampfen sich zusehends. Muß sie dieses leidige Thema ausgerechnet hier und jetzt anschneiden, wo wir uns doch schon oft genug darüber auseinandergesetzt haben? Es tut einfach nur weh, sehr weh.

„Mutti, was in vielen Jahren sein könnte, das weißt du nicht und ich nicht. Ich fühle mich zu Helmut stark hingezogen, und Garantiescheine werden im Leben ohnehin nicht verteilt. Soll ich achtlos diese Liebe wegwerfen, die durchaus eine berechtigte Chance hat, von Dauer zu bleiben, weil der Mann, den ich liebe, 19 Jahre älter ist als ich selbst? Wenn wir ausschließlich unsere Entscheidungen nach dem Verstand treffen und das Herz Herz sein lassen, so würden sich sicherlich viele um ihr Lebensglück betrügen."

„Ach, Petra", seufzt sie aus ihrem tiefsten Inneren, „ich möchte doch bloß, daß du es dir noch mal genau überlegst, was du tust."

„Das habe ich getan, sei unbesorgt. Tagelange Vernehmungen habe ich allein *deswegen* über mich ergehen lassen müssen. Laß also das Thema, bitte, das bringt nichts." Wir kämpfen mit unseren Gefühlen, sind bemüht um unsere Beherrschung.

„Wieviel Zeit haben wir denn noch?" frage ich unseren Zuhörer, der keinen Mucks von sich gegeben hat.

„Sie ist gleich um", antwortet er mit gedämpfter Stimme.

„Das wird wohl vorerst unser letzter Sprecher gewesen sein, Mutti. Wo ich nach der U-Haft hinkomme, weiß ich nicht. Sie tun hier mit allem sehr geheimnisvoll. Und mach dir bitte nicht so viele Sorgen. Ich komme da schon durch."

Die Oberfeld' schneit herein. „Kommen Sie!" befehligt sie meine Mutter in einem Ton, der keinen Widerspruch duldet.

Hastig müssen wir uns Lebewohl sagen mit der Gewißheit, daß es ein Abschied für länger sein wird …

Eine Woche später … Der 3. November ist gut acht Stunden alt, als unsere Zelle geräuschvoll entriegelt wird. Die Oberfeld' erscheint im Türrahmen. Sie läßt ihren Zeigefinger in meine Richtung schnellen. „Sachen packen! Alles!" In meinem Kopf überschlagen sich augenblicklich die Gedanken. Jetzt geht's ab ins Zuchthaus. Aber in welches? Und ich hatte noch keinen Sondersprecher mit Helmut! Ich könnte auf der Stelle losheulen.

„Wenn die mich wegbringen", sage ich zu Rosel, „dann schreie ich durchs ganze Haus: Helmut, ich geh auf Transport! Damit er wenigstens weiß, daß ich nicht mehr hier bin."

Rosel sitzt wie versteinert auf ihrem Stuhl. Was muß ihr jetzt durch den Sinn gehen? Sie hat nicht mal ihre Anklageschrift und ich werde schon abtransportiert.

Wie ein Häufchen Unglück hocken wir kreidebleich am Tisch in dem Bewußtsein der außergewöhnlichen Situation, die letztendlich doch unerwartet über uns hereingebrochen ist.

Ich habe gerade noch soviel Zeit, um das Nikotin einer Zigarette gierig in mich hinein zu saugen, als es erneut schlüsselt.

Wir fallen uns ein letztes Mal in die Arme. Abschiedsschmerz … Gerda reiche ich die Hand.

„Nun kommen Sie schon! Auf geht's!" ruft die Oberfeld' energisch.

In einer leeren Zelle tausche ich die Anstaltskleidung gegen meine Zivilsachen – Leibesvisitation – Erledigung von Formalitäten – alles lasse ich apathisch über mich ergehen, während mein innerer, ungeheurer Schmerz immer größer wird: Ich habe Helmut nicht noch einmal sehen können und werde abermals ins schwarze Nichts des Ungewissen verfrachtet.

Endgültiger Aufbruch. Mit butterweichen Knien laufe ich den Flur entlang in Richtung Treppe. Mein Puls rast wie wild. Am Ende des Ganges sind etliche Posten versammelt. Unter ihnen auch der Effektus, der neben einer schwarzen Apparatur steht, worauf ich aber nicht sonderlich achte. Mein Augenmerk ist vielmehr auf drei etwas abseits liegende, fachmännisch verschnürte Pakete gerichtet.

„Nehmen Sie das da drüben!" zeigt der Jagdhund auf ein viertes Paket auf der Seite gegenüber.

Ein Aufkleber ist angebracht mit meinem Namen, Geburtsdatum, dem Vermerk UHA Suhl.

Ich hatte so gehofft, daß auch darauf steht, in welches Zuchthaus ich verlegt werde. Doch ich bleibe weiter ahnungslos.

Mit dem Paket in der Hand betrete ich die ersten Treppenstufen und will im selben Moment meinen „Transport-Ruf" für Helmut erschallen lassen. Ich hole tief Luft, doch der von mir aus voller Lunge gebrüllte Satz geht sang- und klanglos in dem ohrenbetäubenden Sirenengeheul unter. Kaum daß ich die Lippen geöffnet hatte, löste der Effektus per Daumendruck jene schwarzfarbene Apparatur aus …

Nicht genug, daß meine „Botschaft" derart vereitelt wurde, stehen sie allesamt breitbeinig Spalier, wiehern und feixen vor Schadenfreude, daß es mir die Zornesröte ins Gesicht treibt.

Was sind das bloß für Menschen, die sich am Unglück anderer noch so schamlos weiden?

Mir rinnen beim Hinabsteigen der Stufen Tränen übers Gesicht. Es sind stumme Tränen voll von abgrundtiefem Haß. Mit meinen Emotionen kämpfend gehe ich den Weg entlang, den mir der Jagdhund weist, und gelange in einen garagenähnlichen Vorraum.

Ein Blauuniformierter (ein Strafvollzugsbeamter) schiebt mich unsanft in die bereitstehende Minna. In diesem muffigen Kabuff sitzend überkommt mich ein solch verzweifelter ohnmächtiger Zorn, daß ich wie von Sinnen aus Leibeskräften schreie: „Ihr wollt Menschen sein?! Schweine seid ihr! Ganz verdammte dreckige Schweinehunde!! Aber eure Schandtaten können nicht ungestraft bleiben! Und dann werdet ihr am ganzen Leibe schlottern, und keiner wird auch nur einen Funken Mitleid mit euch haben! Dann nützt es euch auch gar nichts, wenn ihr euer Mäntelchen in den Wind hängt! Und wenn es auf dieser Welt keine Gerechtigkeit gibt, so wird es eine höhere Gerechtigkeit geben!!"

Ich schreie mir den Schmerz von der Seele, und da das nicht genug zu sein scheint, schlage ich wie von allen guten Geistern verlassen um mich. Doch mir geht sehr schnell die Luft aus in diesem engen Kabuff. Und wie aus weiter Ferne höre ich eine tiefe Männerstimme betont ruhig sagen: „Das ist ja sehr interessant, was Sie da von sich geben. Machen Sie nur weiter so, dann kommen Sie hier nie mehr raus." Ich lasse mich erschöpft und wieder meiner Selbst Herr werdend auf das schmale Sitzbrett fallen. Wie konnte ich mich nur so vergessen?

Ein Weilchen, nachdem ich mich wieder beruhigt habe, höre ich jemanden in die Minna steigen. Eine Frauenstimme fragt: „Hier rein?" Das war doch Gerda!

Als draußen Ruhe eingekehrt ist, rufe ich sie leise beim Namen.

„Mensch, Petra, du bist auch hier?"

„Ruhe da drin!" ruft jedoch sofort dieselbe Stimme, welche mich auch während meines Gefühlsausbruchs zurechtgewiesen hat. Und wir halten uns daran …

Nach einer knappen Stunde Fahrt kommt die Minna zum Stehen. Wir müssen uns auf einem Bahnhofsgelände befinden, denn ich höre Geräusche, die nur vom Rangieren herrühren können. Polternd macht man sich zu schaffen. Waggontüren knallen. Stimmgewirr.

Krachend fällt etwas Schweres ins Auto, so daß die Minna wie bei leichtem Seegang hin- und herschaukelt. Mein Kabuff wird geöffnet.

„Schauen Sie sich gar nicht erst groß um", sagt ein *Blauer* zu mir, „und laufen

Sie zu.“ Dabei zeigt er auf eine breite Bohle, deren Anfang in der Minna liegt und deren Ende von einem Waggon verschlungen wird. Während der fünf, sechs Schritte über die Bohle schaue ich mich natürlich sehr wohl um und erkenne sofort den Bahnhof meiner Heimatstadt.

Es ist kein gewöhnlicher Waggon, sondern ein von außen kaum zu vermutender Gefängniswagen. Im Inneren ist er zu beiden Seiten seines langen schmalen Durchgangs mit unzähligen Schiebetüren gesäumt. Der mich auf Schritt und Tritt begleitende Blaue schiebt eine dieser Türen rasselnd auf, schickt mich hinein und rammelt sie wieder scheppernd zu. Dieser Winzling von einem Raum mißt höchstens anderthalb Quadratmeter und hat außer fünf mickrigen Holzklappsitzen absolut nichts zu bieten. Das Fenster ist von außen mit weißer Farbe zugestrichen. Sein oberer Teil ist leicht gekippt – die einzige Luftzufuhr und gleichzeitig wenn auch ein sehr begrenzter Ausguck.

Die Schiebetür rasselt, und herein kommt Gerda.

„Ach, bin ich froh, daß wir wieder zusammen sind“, sprudelt es sogleich aus ihr heraus. „Ich dachte schon, du wärst in einem anderen Abteil.“ Ich gebe mich ihr gegenüber reserviert. Ich habe jetzt einfach keinen Nerv für sie.

Während ich mit allmählich steif werdendem Genick dem Bahnhofstreiben durch das gekippte Fensterteil zuschaue, beginnen sich meine Gedanken zu drängeln.

Vor gut drei Monaten brachen wir von diesem Bahnhof aus auf, um ein zweites Mal *unser Glück* zu versuchen … Nie hätte ich auch nur vermutet, mich genau am Ausgangspunkt unserer Flucht als Häftling wiederzufinden.

Ich mag diesen Ort plötzlich sehr, von dem aus ich als Kind stolz meine ersten kleinen Reisen unternommen habe und wo ach so viele Klassenfahrten starteten und auch wieder endeten. Nur wenige Gehminuten von hier ist unsere Wohnung entfernt …

Ein kräftiger Ruck schüttelt jetzt den Waggon durch, so daß ich mit dem Rükken gegen die Tür pralle. Ein Koppelmanöver. Ständig rasseln auf- und zugeschobene Türen.

Auch wir erhalten Zuwachs. Zwei junge Frauen meines Alters werden hereingeschoben. Sie fläzen sich gelangweilt auf die noch freien Sitze und beginnen sich in primitivem Jargon über die „Krimi-U-Haft“ zu unterhalten, aus der sie kommen. Sie ignorieren uns geflissentlich, als seien wir Luft. Ich mustere ihre harten, bereits jetzt schon verlebt wirkenden Gesichtszüge. Auffallend bei einer von beiden ist deren übermäßig wuchtige aus dem Gesicht ragende Nase, die ein kleines Buckelchen auf ihrem Rücken trägt. Sie war sicherlich schon Anlaß zu so mancher Spöttelei.

Wir müssen wohl etwas unverständlich über ihr Gehabe, vielleicht auch ein wenig verschüchtert dreinschauen, denn jene Hakennase fragt uns schließlich großspurig grinsend: „Na, ihr Hübschen, ist wohl das erste Mal für euch?“ Wir nicken bloß.

„Na, macht euch nichts draus, das ist alles nicht so wild, das lernt sich mit der Zeit.“ Und als hätte sie den Witz des Jahres gerissen, bricht sie in naives Gelächter aus, in das ihre Gefährtin wiehernd einstimmt.

„Wir haben eigentlich nicht vor, *das* zu lernen“, entgegne ich ihr kühl.

„Ach, ihr seid wohl Politische?“ springt sie wie von der Tarantel gestochen auf. „Das hab' ich mir doch gleich gedacht.“

„Ja, ja“, bestätigt Gerda übereifrig, „wir sind Politische, rein politisch.“

„Na, da braucht ihr euch aber nichts drauf einzubilden, ihr seid auch nichts Besseres.“

„Das hat auch keiner behauptet“, werfe ich ein, um die sich auftuenden Wogen zu glätten.

Die Hakennase mustert mich mißtrauisch, und ich bin heilfroh, daß sie nicht meine Gedanken lesen kann ... Sie kramt einen grünen Apfel aus ihrer Jackentasche, reibt ihn einige Male am Ärmel, bis seine Schale glänzt, und beißt schließlich herzhaft hinein, daß ihr der Saft am Kinn heruntertropft. Mit kauendem Mund fragt sie mich nun um einiges versöhnlicher: „Wißt ihr, wo ihr hinkommt?“

„Das ist ja das Schlimme“, gerät Gerda wie aufs Stichwort in Fahrt, „wir haben überhaupt keine Ahnung, nicht den blassesten Schimmer; wenn wir wenigstens einen Anhaltspunkt hätten.“ Und in einem ihr eigenen Redeschwall hängt sie gleich ihre *Geschichte* quasi gratis hintenan – in aller Ausführlichkeit von A bis Z.

Die beiden hören ihr zwar aufmerksam zu, geben ihr aber zu verstehen, daß wir nicht die ersten Politischen seien, mit denen sie zu tun hätten Sie selbst wissen sehr wohl, wo für sie Endstation dieser *Reise* ist, nämlich ein Gefängnis in Dessau. Und sie freuen sich darauf!

Ich kann es kaum fassen, wie sie über diesen Dessau-Knast geradezu ins Schwärmen geraten.

Endlich setzt sich der Zug in Bewegung. Nach etwa anderthalb Stunden der erste Zwischenstop.

„Jetzt propfen sie die Abteile wieder voll", befürchtet Hakennase aus Erfahrung. „Aber wir lassen keinen mehr rein."

Tatsächlich ist draußen schweres Getrampel sowie weibisches pubertäres Gekicher zu hören, begleitet von dem lautstarken Herumkommandieren des Wachpersonals.

Die Tür unseres Abteils wird aufgerissen.

„Nichts da", wedelt Hakennase sogleich abwehrend mit den Händen, „hier ist alles voll!"

„Seit wann bestimmst denn *du* das?" schnauzt sie der Kerl in Blau an.

„Aber wir sind doch schon vier!" beharrt sie, vollkommen das Du überhörend. „Sollen wir vielleicht noch jemanden auf den Schoß nehmen?!"

„Das ist doch mir scheißegal." Und er schiebt zwei weitere junge Frauen kurzerhand in das bereits zum Platzen enge Abteil.

„Das ist mir aber auch noch nicht passiert!" stellt eine der Neuankömmlinge wütend fest und sichert sich sogleich den letzten freien Sitzplatz. „Diese Kerle werden von Jahr zu Jahr mieser. Aber wir müssen es nehmen, wie es kommt. Und um's einfach zu machen, ich bin die Ines, da quatscht es sich besser."

Die zuletzt Hinzugekommene muß sich mit einem Stehplatz begnügen. Durch die ruckartigen Bewegungen des Zuges schwankt sie immer wieder bedrohlich nach allen Seiten.

Nun tauschen sie sich zu viert über ihre einschlägigen Knasterfahrungen aus.

„Ah, du kommst nach Dessau", frohlockt Ines der Hakennase gegenüber. „Da war ich auch schon mal. Aber diesmal haben sie bei mir ganz schön zugelangt. Zwei Jahre haben die mir aufgebrummt."

„Da kommst du diesmal aber nicht nach Dessau", stellt Hakennase nun ihrerseits fest. „Dort sind doch nur Kurzstrafer."

„Ja, ja, ich weiß." Nervös fährt sich Ines mit ihren wurstigen Fingern durch ihren kurzen blonden Haarschopf. „Ich hab' da was läuten hören, daß ich in dieses Hoheneck kommen soll. Bloß das nicht!"

Gerda und ich horchen auf – das Sprungbrett ...

„Dort laufen LLer rum, Kindesmörder und so'n Pack, und die Arbeitsnorm muß schweinisch hoch sein. Dann schlechte Verpflegung, geschlossenene Stationen." Ines redet wie zu sich selbst. Ihr Blick klebt derweil am Boden.

„Was sind denn LLer?" frage ich in meiner Unwissenheit.

„LLer sind lebenslängliche oder lebenslange Haftstrafer“, klärt mich Ines gönnerhaft auf.

„Wieso oder? Gibt es da einen Unterschied?“

„Und ob. Lebenslänglich bedeutet runde 25 Jährchen mit einer gewissen Chance, früher entlassen zu werden. Aber lebenslang heißt nichts anderes, als daß du nur noch mit den Füßen nach vorne aus dem Bau rauskommst, ohne Wenn und Aber.“

„Und von denen soll's dort viele geben?“ frage ich zögernd voll banger Ahnung.

„Das habe ich zumindest gehört. Kriegsverbrecher haben die dort wohl auch noch gebunkert.“

„Kriegsverbrecher?“ ist Gerda fassungslos.

„Eben die früheren Aufseher vom KZ und so.“

Das ist ja die reinste Mördergrube, denke ich voller Entsetzen. Und das soll das viel zitierte Sprungbrett in den Westen sein? O Gott, steh uns bei. Nur nicht unterkriegen lassen, rede ich mir selbst irdischen Mut zu. Laß es auf dich zukommen, und dann werden wir weitersehen. Wichtig ist erst einmal das Heute, das überstanden sein will, Tag für Tag.

Während eines weiteren Halts können wir durch den Fensterschlitz eine Bahnhofsuhr erkennen. Ihre Zeiger lassen uns wissen, daß es 16 Uhr vorbei ist.

Auf dem Gang ist auffallend rege Geschäftigkeit ausgebrochen. Die Krimis zeigen dafür kein Interesse. Doch ich presse meine Ohrmuschel an die Abteiltür in der Hoffnung, irgend etwas aufzuschnappen. Tatsächlich höre ich, wie eine Männerstimme laut Namen und Ortsbezeichnungen ruft. Den Geräuschen nach zu urteilen, verladen sie Pakete.

„Seid doch mal ruhig!“ zische ich Ines und der Hakennase aufgeregt zu.

Sie runzeln zwar die Stirn, halten dann aber doch in ihrer Unterhaltung inne.

Angestrengt lausche ich den draußen fallenden Worten. Da! „Weißer – Hoheneck … Gellert – Hoheneck …“ Ich spüre Erleichterung. Ich komme nach Hoheneck! Und Gerda ebenfalls. An das wenig Verheißungsvolle denke ich in diesem Augenblick nicht.

Der Zug muß proppevoll sein, denn das Verladen scheint kein Ende zu nehmen. Ich will gerade meinen Horchposten verlassen, als jene Männerstimme tönt: „Kohn – Cottbus … Weißer – Cottbus …“

„Ich werd' verrückt", stupse ich Gerda von Freunde beseelt an, „dann sind ja unsere Männer auch im Zug!" In Gedanken sende ich ein Stoßgebet gen Himmel.

Gerdas Augen flackern in unheimlicher Erregung. Erst jetzt bemerke ich, daß meine Hände wie Espenlaub zittern.

Der Zug zuckelt bereits wieder eine geraume Weile über holprige Reichsbahngleise, als eine rauhe Männerstimme wie ein Marktschreier ruft: „Tee! Tee! Wer will Tee?"

„Endlich was zu trinken", stößt Ines erleichtert aus. „Mir klebt schon die Zunge am Gaumen."

Türen rasseln, bis der „Teemensch" auch bei uns angelangt ist. Herein schaut ein Mann von kleinem Wuchs mit kugelrundem Gesicht, das von Altersfalten zerklüftet ist.

„Tag, die Damen, möchten Sie etwas von dieser Köstlichkeit probieren?" Er zeigt auf einen verbeulten Blecheimer in seiner Linken, der mit einer braun schimmernden Flüssigkeit gefüllt ist und in dem drei dunkelblaue Plastebecher schwimmen.

„Mensch, Willi", höre ich Hakennase mit verzogenen Mundwinkeln sagen, „hast du denn nichts Besseres?"

„Tut mir leid, mein Fräulein, aber wir sind hier auf keiner Party." Dabei kratzt er sich an seinem angegrauten Brusthaar, das aus seinem langärmligen Unterhemd quillt.

„Also gut, bevor ich verdurste." Sie angelt sich einen Becher, schöpft ihn fast voll, nimmt einige kräftige Schlucke, um ihn samt Rest wieder zurück in den Eimer gleiten zu lassen – für den Nächsten …

„Alles bedient?" fragt Willi leutselig. „Dann noch eine gute Reise, die Damen." Er zieht die Tür zu, um die nächsten *Damen* mit dem köstlichen Getränk zu beglücken.

Einige Zeit nach Willis Umtrunk macht der Zug einen letzten kräftigen Ruck und kommt zum Stehen.

Türen werden aufgestoßen, Getrampel schwerer Stiefel dröhnt durch den Gang. Auch uns stattet man einen Besuch ab. Zu Gesicht bekommen wir einen Blauen, der einen Stapel von losen Papieren durchblättert.

„Ich brauche Ihre Namen", tut er uns kund. „Sie zuerst, dann geht's reihum." Er sucht entsprechend der ihm gemachten Angaben Zettel aus dem Stapel heraus, unsere Transportscheine.

„Sie drei steigen aus", sagt er und deutet mit seinem Zeigefinger abwechselnd auf Ines, Gerda und mich. Im Zug wimmelt es von Wachpersonal.

Auf der Plattform des Waggons angelangt, werden uns Handschellen angelegt. Gerda und ich bilden auf diese Weise ein aneinandergefesseltes Paar. Jedem drückt man einen Karton in die freie Hand – unsere Transportpakete aus der U-Haft. Auf ihnen steht nun auch die Endstation geschrieben – Hoheneck.

Einige Meter vom Bahngleis entfernt steht ein Fahrzeug in der Größe eines Lkws, dessen Scheinwerfer voll aufgeblendet in die nächtliche Dunkelheit strahlen. Ihr Licht bricht sich gespenstisch an Bäumen und Sträuchern. Kläffendes Hundegebell erfüllt die angebrochene Nacht. Doch mehr als schattenhafte Umrisse der sich hier und da bewegenden Tierkörper sind nicht auszumachen. Ich fühle mich in beklemmender Weise an die Nacht unserer Verhaftung erinnert.

Wir werden aufgefordert, in den bewußten Lkw zu steigen. Sein Inneres ist in der Mitte durch eine massive Trennwand unterteilt. Die so entstandenen zwei Räume sind jeweils durch abschirmende Gitter versehen, die gleichzeitig als Türen dienen.

In einen Teil werden Gerda und ich verfrachtet. Von hier aus können wir zwar den noch immer auf den Gleisen stehenden Zug erkennen, doch viel mehr nicht. Jetzt müßte man die Augen einer Eule haben.

Wie aus dem Nichts kommend, klettern Männer in Zivil die Stufen des Lkws hinauf. Ihre Handgelenke sind von Handschellen umklammert. Derart aneinandergefesselt sind schon einige Paare an unserem Gitter vorbei in den hinteren Raum gelaufen. Plötzlich trifft mich wie ein Blitz aus heiterem Himmel Helmuts Antlitz.

„Petra?" ist er genauso überrascht wie ich, als er mich hinter dem Gitter entdeckt.

„Hannes! Hier bin ich!" raunt Gerda im selben Augenblick leise.

Jener Mann, der mit Helmut aneinandergefesselt ist, nickt Gerda verblüfft zu. Das ist also Gerdas Mann. So plötzlich, wie ihre Gesichter in der Dunkelheit auftauchten, so schnell wurden sie von ihr auch wieder in Bruchteilen von Sekunden verschluckt.

Mein Herz bebt, doch ich zwinge mich zur Ruhe.

Dies will Gerda gar nicht gelingen. Ihre Hände zittern nicht, sie schlagen regelrecht auf und nieder.

„Ich habe eben meinen Mann gesehen. Ich habe eben meinen Mann gesehen", wiederholt sie stereotyp.

„Gerda, ich verstehe ja deine Aufregung. Aber jetzt reiß dich bitte zusammen, und halte deine Hände still. Das macht mich wahnsinnig." Schließlich muß meine Linke jede Bewegung ihrer rechten Hand mit vollführen. Und wie auf Knopfdruck hält sie ihre Hände still.

Durch leises Zurufen versuchen wir Kontakt mit unseren Männern aufzunehmen. Doch der an der Tür postierte Blaue herrscht uns grob an: „Noch einen Ton, dann knallt's!" Erst jetzt stolpert Ines in den Lkw und wird zu uns gesperrt. Durch die Aufschrift auf ihrem Transportpaket hat Ines nun die für sie niederschmetternde Gewißheit, daß sie tatsächlich in Hoheneck ihre Haftstrafe verbüßen muß.

Lange sind wir nicht unterwegs. Am Ende der Fahrt müssen wir Frauen zuerst aussteigen, so daß ich Helmut nicht noch einmal sehen kann. Und wäre es nur für einen kurzen Augenblick gewesen, es hätte mir zumindest für diesen Moment einen Zipfel Glück beschert.

Wir finden uns in einem Gefängnis wieder.

„Wo sind wir hier eigentlich?" wende ich mich an die Wärterin.

„Wieso? Wissen Sie das nicht?" fragt sie ungläubig. „Sie sind in der Strafvollzugseinrichtung Weimar. Sie schlafen hier eine Nacht, und morgen vormittag werden Sie weitertransportiert." Na, das war ja mal eine wirklich präzise Auskunft!

Jaulend ertönt eine Hupe. Ein „Morgengong", der wohl in jedem Gefängnis den Tag einzuläuten scheint. Ächzend erheben wir uns von den quietschenden Bettgestellen.

Ich bin mit Gerda allein in dieser großen Zelle, die für mehrere Personen ausreichend wäre. Wo Ines abgeblieben ist, wissen wir nicht.

Wir frieren erbärmlich, als wir uns mit dem eiskalten Leitungswasser waschen, denn die Zelle ist nicht geheizt.

Kurz nach unserer flüchtigen Morgentoilette betritt eine Wärterin die Zelle. Sie fixiert uns mit verbiestertem Gesichtsausdruck. Wir schauen sie unsererseits erwartungsvoll an.

„Ich höre nichts!" keift sie unerwartet in bissigem Ton.

Irritiert schauen wir uns an. Nach einer kurzen Denkpause begrüßen wir sie schließlich mit einem lockeren höflichen „Guten Morgen". Doch was ernten wir dafür …

„Ist das alles?! Vielleicht bekomme ich jetzt endlich 'ne anständige Meldung! Aber plötzlich!"

„Was denn für 'ne Meldung?" frage ich ehrlich erstaunt.

Sie schnappt nach Luft. „Wollen Sie mich auf den Arm nehmen? Wo kommen Sie denn her?"

„Meinen Sie, aus welcher U-Haft?"

„Ja, was denn sonst!"

„Von Suhl", gebe ich ihr Auskunft, ihren Ärger immer noch nicht verstehend.

„Was heißt hier Suhl", zischt sie nun leiser, doch ihr Tonfall klingt nun um so gefährlicher.

„Na, eben von der Stasi."

„Von der Stasi?" Voller Argwohn durchbohrt sie uns mit Röntgenaugen. „Also", leistet sie eher widerwillig Aufklärungsarbeit, „das heißt: Frau Wachtmeister – je nach Dienstgrad –, Zelle Nummer soundso, belegt mit soundsoviel Strafgefangenen, fertig zum Frühstück. Es meldet Strafgefangene soundso. Ist das klar? Also ich höre."

Aha, Strafgefangene sind wir jetzt, horche ich auf. Da wir beide keinerlei Anstalten machen, eine Meldung zu erstatten, läßt sie ihren Zeigefinger in Gerdas Richtung schnellen.

„Ich weiß ja gar nicht, was das für eine Zellennummer ist", erwidert Gerda mit Schmollmund. „Darf ich an der Tür mal gucken?"

Ich kann mir zwar gerade noch so ein lautes Lachen verkneifen, nicht aber das unwillkürliche Hochzucken meiner Mundwinkel.

„Grinsen Sie nicht noch so unverschämt!" herrscht mich die Wärterin bösartig an. „Na ja, Sie lernen es auch noch, da bin ich mir sicher", prophezeit sie uns düster.

Am späten Vormittag nehmen wir tatsächlich den nächsten Abschnitt unserer *Reise* in Angriff.

Ines ist inzwischen wieder zu uns gestoßen.

Mit einem Gefängnistransporter werden wir zum Weimarer Bahnhof gekarrt.

Ein fahrplanmäßiger D-Zug, an den mehrere Gefängniswaggons angekoppelt sind, bringt uns nach Karl-Marx-Stadt (Chemnitz), wo wir Stunden später eintreffen.

An die 25 Frauen werden aus dem Zug in einen der besagten grauen Lkws umgeladen – auch wir drei.

Ein Gefängnishof ist Zielpunkt der kurzen Fahrt. Beim Verlassen des Gefährts ist ein Sprung von der letzten Stufe nötig, da der Lkw auf einer Rampe steht. Dabei stürzt ein Frauenpaar, gehandikapt durch die Handschellen, zu Boden. Das im Rund stehende Wachpersonal lacht bei diesem Anblick lauthals auf. Es gibt Dinge, an die werde ich mich wohl nie gewöhnen …

Allesamt werden wir in eine Zelle verfrachtet. Die Handschellen hat man uns inzwischen abgenommen. Auch dieser kahle Raum ist ungeheizt. Er ist von einem zusätzlichen Gitter durchzogen, das sich etwa zwei Meter von der ohnehin geschlossenen Tür befindet. Dadurch ist die Zelle in zwei Abschnitte unterteilt. Direkt neben der Tür ist ein eingelassenes Klosettbecken ohne Spülung. Im anderen Raumabschnitt ist eine Pritsche an die Wand geschraubt. Daß es sich hier um eine der berüchtigten Arrestzellen handelt, erfahre ich von den mit dem Metier wohl vertrauten Kriminellen.

Rauchschwaden von den heimlich geschleusten Zigaretten vernebeln das Blickfeld. Es ist überhaupt nicht nötig, daß ich selbst rauche, denn die Luft ist zum Schneiden dick. Hinzu mischt sich der Geruch von Urin und Kot, da die Toilette ausgiebig benutzt wird.

Nach einer guten Stunde beginnt das Wachpersonal mit der Aufteilung. In Abständen werden Frauen namentlich aufgerufen, die dann die Zelle zum Weitertransport verlassen.

Letztendlich sind wir noch zu acht. Dieser verbliebene Rest wird vom Wachpersonal abermals in einen der großen Laster verladen.

„Jetzt geht's auf zum letzten Ritt, ab nach Hoheneck." Mit angstbesetzter Ehrfurcht wird dieser Satz von einer mir noch unbekannten Frau ausgesprochen. Um so bemerkenswerter, da sie mich durch ihr maskulines Aussehen eher an einen Mann erinnert als an eine Frau. Neben diesem grobschlächtigen Hünen wirkt Ines mit ihrer kräftigen sportlichen Figur schon fast wie ein schmales Handtuch.

„Warst du schon mal dort?" will Ines von dieser Frau namens Angelika wissen.

„Ja. Einmal. Das hätte mir eigentlich reichen müssen."

„Erzähl mal", wird sie von Ines aufgefordert.

„Hoheneck ist der schärfste Knast, den ich kenne. So 'ne dunkle, muffige Burg aus'm Mittelalter. Die Verpflegung ist saumäßig, kann ich euch gleich sagen. Dafür mußt du arbeiten wie ein Stier, damit du auf deine Prozente kommst, und außerdem …“ Sie stockt. „Ach, was soll's, ihr werdet es noch früh genug mitkriegen. Ein Zuckerschlecken ist es dort jedenfalls nicht. Zieht euch warm an.“

„Also doch“, seufzt Ines leise.

Der Lkw schlingelt Kurven entlang, ächzt schwerfällig ansteigende Straßen hinauf, bis der Motor verstummt. Mein Herz klopft plötzlich wie wild in der Erwartung, daß ich nun gleich das Zuchthaus betreten werde, in dem sich für lange Zeit mein Leben abspielen soll.

Wir steigen aus. Eiskalter schneidender Wind bläst uns zur Begrüßung ins Gesicht.

Und da steht sie – die Burg Hoheneck. Ein dunkler, klotziger, verwitterter Steinbau, übersät von unzähligen kleinen, vergitterten Fenstern. Sie starrt uns an wie aus tausend Augen.

Eine beängstigende Stille liegt über ihr. Der Novemberwind heult jaulend um die grauen Gemäuer und pfeift ein wenig verheißungsvolles Lied durch die alten Ritzen. Die unheimliche Stille wird jäh durch eindringliches Krähengekrächze unterbrochen. Dunkle Schatten fliegen an den wenigen beleuchteten Fenstern vorüber.

Ich bin in Hoheneck angekommen, dem geheimnisumwitterten angeblichen Sprungbrett in den Westen. Doch als solches muß es sich erst noch erweisen.

3

Von zwei Wärterinnen werden wir in Empfang genommen, und schon hat uns das Ungetüm von Burg verschluckt. Wir müssen unsere Transportpakete in einen langen, mit Linoleum ausgelegten Flur stellen und werden in einen schlauchförmigen Raum geschlossen, in dem ein großer Tisch sowie an die 20 Stühle wirr durcheinanderstehen.

Nach einiger Zeit des Wartens werden die meisten unruhig.

„Wie lange wollen die uns denn noch hier schmoren lassen."

„Ich muß mal aufs Klo!" ruft eine andere Stimme.

„Klopft doch einfach gegen die Tür", schlägt eine Frau vor, „dann muß ja jemand kommen."

Gesagt, getan. Es dauert allerdings seine Zeit, bis jemand vom Wachpersonal auf das heftige Klopfen und Poltern reagiert.

„Was ist denn hier los?!" geifert im breitesten Sächsisch eine Wärterin. „Sie wissen wohl nicht, wo Sie hier sind?! Auf Hoheneck wird nicht so ein Radau gemacht, merken Sie sich das gleich von Anfang an, ansonsten werden wir es euch beibringen. Ist das klar?!"

„Aber wir müssen doch bloß mal aufs Klo", wirft jemand zaghaft dazwischen.

„Dann los, aber zackig, und jede einzeln."

Auch ich mache schließlich von dem Angebot Gebrauch. Zu jenem Räumchen gehört auch ein vergittertes Fenster, durch das zu schauen ich nicht versäume. Der Blick aus dem Fenster ist für mich nach all den Wochen Stasi-Haft, in denen das Tageslicht lediglich durch die Glasbausteine drang, noch eine kleine Sensation.

In einiger Entfernung sehe ich vereinzelt Neubaublocks stehen, deren hell erleuchtete Fenster in der Dunkelheit die Konturen von sanften Hügelketten schemenhaft markieren. Auch einen mächtigen einzeln stehenden Baum erspähe ich auf einem Hügel. Er wirkt sehr würdevoll und stolz, als wolle er sagen: Diesen meinen Platz behaupte ich für alle Zeit. Der von leuchtenden Sternen übersäte Himmel hängt wie ein Teppich über alledem. Ich bin derart hingerissen von diesem nächtlichen Bildnis, daß ich für Sekunden tatsächlich vergesse, wo ich mich befinde.

Lautes Klopfen gegen die Tür katapultiert mich schlagartig in die rauhe Wirklichkeit zurück.

„Wie lange geht denn das noch? Für größere Geschäfte ist jetzt keine Zeit!"

Eine weitere halbe Stunde werden wir nun wohl schon in diesem Hohenecker „Wartesaal“ zugebracht haben, als sich endlich der Sesam für uns öffnet.

Im Halbrund umlaufen wir die Burg, die von ihrer Unheimlichkeit noch nichts eingebüßt hat.

Nach Treppauf-Treppab gelangen wir in einen kellerartigen gekachelten Gang, der zu beiden Seiten von Zellentüren gesäumt ist. Ich fühle mich wie in einem Leichenschauhaus. Es riecht modrig. Auf einer Seite des Ganges liegen dunkle Bündel aneinandergereiht, von denen jeder eines an sich nehmen muß. Zellenaufteilung. So komme ich gemeinsam mit Angelika sowie Ines in eine Zelle. Es ist ein kleiner Raum mit einem Doppelstockbett zur Linken und einem einfachen Bett zur Rechten. Ansonsten das übliche: ein Tisch, zwei Stühle, Wasch-, Toilettenbecken.

„Das hier unten ist der Zugang“, klärt uns Angelika bereitwillig auf. „Von hier aus werden wir in ein paar Tagen auf die verschiedenen Kommandos aufgeteilt.“

„Was gibt’s denn hier für Kommandos?“ wollen wir wissen.

„Da gibt’s ZW I und ZW II, die müssen hauptsächlich aus alten Uniformen Häftlingskleidung machen. Die nennt man auch Lumpenkommandos. Dann Planet I, II und III, die nähen Bettwäsche. Dann gibt’s noch Esda I, II und III, die müssen Perlonstrümpfe und -strumpfhosen machen. Und sonst …“ überlegt sie kurz, „ach ja, das Krankenkommando. Da sind Kranke drin, die wirklich schon fast den Kopf unterm Arm tragen. Was die machen müssen, weiß ich jetzt gar nicht mehr so genau; was eben so anfällt, kleine Näharbeiten und so, jedenfalls keine Akkordarbeit. Das Krankenkommando und ZW müssen keine Nachtschichten schieben. Ja, und dann eben wie in jedem Knast: Küche, Wäscherei, Effekten.“

Während wir Angelika zuhören, haben wir auch unser Bündel aufgeschnürt, das sich als nichts anderes entpuppt als eine Filzdecke, in die Bettwäsche, ein Nachthemd, ein Stück Seife und Zahnputzzeug eingewickelt sind.

„Hier unten sind auch die Arrest- und Absonderungszellen“, gibt Angelika weiteres von ihrem Wissen preis.

„Absonderung?“

„Das ist ’ne Strafe über den Arrest hinaus, kann ein halbes Jahr gehen, eben Absonderung von den Kommandos.“

„Wieso denn das?“ bin ich entsetzt.

„Wenn eine ständig gegen den Strich läuft, den Anweisungen nicht nachkommt, geht sie ab in die Absonderung, damit sie keinen negativen Einfluß auf die anderen ausüben kann, wie das immer so nett heißt. Nun mach dir mal keinen Kopf; so schnell kommt man da nun auch wieder nicht rein. Im Arrest biste da schon schneller. Würde ich aber keinem empfehlen. Arrest ist immer beschissen, aber hier soll sogar systematisch geprügelt werden, heißt es.“

Es schlüsselt. Auf dem Flur stehen bereits all die anderen Frauen, mit denen wir angekommen sind. Allesamt werden wir in eine Zelle am Anfang des Flures geschlossen, in der ein langer schmaler Tisch und ungefähr ein Dutzend Stühle stehen. An der Stirnseite des Tisches sitzt eine Frau Mitte 40, mit blassem Gesicht und großen braunen Augen. Sie stellt sich vor und fügt vollkommen gelassen hinzu, daß sie wegen Mordes zu 25 Jahren verurteilt wurde. Sie sagt dies mit einer solchen Selbstverständlichkeit, als sei es das Normalste überhaupt. Es ist mir unbegreiflich: diese Frau soll eine Mörderin sein? Mörder habe ich mir immer ganz anders vorgestellt! Kühler, reservierter, berechnender. Seit vier Jahren sei sie auf Hoheneck und seit einigen Monaten für die Betreuung der Zugänge verantwortlich, eine klassische *Vertrauensstellung* zum Punktesammeln für eine vorzeitige Haftentlassung …

Wir könnten im Zugang arbeiten, was sie uns empfehlen würde, denn bis zum ersten regulären Verdienst vergingen Wochen, und deshalb könnten wir das jetzt verdiente Geld gut als Überbrückung gebrauchen. Man könne es hier auf der Burg schon aushalten, wenn man tut, was von einem verlangt wird. Dann zeigt sie auf die rechte Wandseite, wo eine Abbildung mit sämtlichen Rangzeichen hängt. Der entsprechende Dienstgrad steht jeweils darunter. Diese sollen wir alle auswendig lernen, damit wir jeden Vollzugsbeamten beim Erstatten der Meldung mit dem richtigen Dienstgrad ansprechen könnten. Darauf würde man großen Wert legen. Die LLerin berichtet weiter, daß wir während des Zugangs im Außenhof Freihof haben werden, später im Innenhof, was immer das bedeuten mag.

„Das soll's mal für heute gewesen sein“, endet sie. „Ihr seid sicherlich ziemlich fertig, und morgen ist ja auch noch ein Tag.“

Wie wahr, meine Aufnahmekapazität ist für heute ohnehin erschöpft.

Am nächsten Morgen werden wir durch lautstarkes Hämmern gegen die Tür geweckt, das wie ein Echo von Zelle zu Zelle fliegt. Keine Hupe?

„Wie spät ist es denn?“ Ines reibt sich den Schlaf aus den Augen.

„Kurz vor sechs, schätze ich“, meint Angelika, die sich bereits am Waschbekken zu schaffen macht. „Jetzt ist bestimmt gleich Zählappell, beeilt euch.“ Stimmt, erinnere ich mich schwach, die LLerin hat gestern abend auch irgendwas von einem Zählappell gefaselt, der jeden Morgen und jeden Abend sein soll.

Im Geiste das Zuchthaus verfluchend, baue ich mein Bett unter Angelikas Anleitung mehr recht als schlecht, bloß nicht vorschriftsmäßig, wasche mich flüchtig mit dem kalten Leitungswasser und ziehe mich fröstelnd an. Es schlüsselt. Das war knapp.

„Rausdräden zum Zählabbell!“ höre ich im feinsten Sächsisch eine Stimme quaken.

Mit dem Rücken zur Wand müssen wir uns in Reih und Glied aufstellen. Angelika erstattet der Frau Wachtmeister eine ordnungsgemäße Meldung, während ihre Begleiterin die Zahl 3 in ein vorgedrucktes Formular einträgt.

„Abdräden!“

„Hoffentlich verzählen sich die *Wachteln* nicht wieder. Dann geht das ganze Theater nochmal von vorne los“, unkt Angelika.

„Die Wachteln?“ lache ich amüsiert.

„Auf Hoheneck gibt es keine Wärter, sondern nur Wachteln.“

Die Bezeichnung gefällt mir …

Noch am gleichen Vormittag werden wir in die Effekten gebracht. Wir laufen verwinkelte Flure entlang und finden uns auf dem schon erwähnten Außenhof wieder. Ein kahler Platz, der mit Stacheldraht abgegrenzt ist und dem sich ein etwa drei Meter breiter beackerter Landstreifen anschließt. Dahinter eine hohe weiße Mauer mit aufgespickten Glasscherben.

Über die Glasscherben hinweg sind in vier aufeinanderfolgenden Reihen Elektrodrähte gespannt. Das alles registriere ich im Vorbeilaufen mehr als Randerscheinung. Was mich auf Anhieb überwältigt, ist der weite Blick, den man von hier über die herrliche Landschaft hat. Leider bietet sich keine Gelegenheit zum Verweilen, um das sich hinter den Befestigungen erstreckende Naturbild zu bestaunen.

„Trödeln Sie nicht rum! Los, los! Laufen Sie mal ein bißchen zu!“ treibt uns die Wachtel an.

Schotter knirscht unter den Schuhsohlen. Rechts die Burg, links große aufgetürmte Kohlehaufen, die das unmittelbare Umfeld noch dreckiger und verwahrloster erscheinen lassen.

Wir klettern ein paar steile Holzstufen hinauf und gelangen über einen hölzernen Steg in einen anderen Gebäudekomplex. Unser Trupp muß in einem düsteren Treppenhaus zig Stufen emporsteigen, um endlich in dem Flur anzukommen, der in die Effektenkammer führt. Eine Glühbirne beleuchtet notdürftig den äußerst schmalen Gang, in dem eine Holzdiele mit der anderen um die Wette knarrt. Es riecht muffig wie bei einem Lumpenhändler. Wir bilden auf Geheiß eine Warteschlange.

Am Ende des Ganges öffnet sich quietschend eine Tür. Die im Türrahmen erscheinende hagere Frauengestalt winkt die Erste der Warteschlange zu sich herein.

Als sie neu ausstaffiert wieder erscheint, bekomme ich vor Staunen große Augen. Das soll ein und dieselbe Person sein?! Statt ihrer Zivilsachen schlabbert nun eine ausgewaschene Hose an ihrem Leib, in die sie mühelos zweimal hineinpassen würde. Ein paar klobige pechschwarze Halbschuhe hängen schwer an ihren Füßen. Eine dunkelfarbige Bluse sowie eine Jacke in undefinierbarem Graugrün, deren Ärmel weit über ihre Hände baumeln, komplettieren den schäbigen Aufzug. Vor sich her schleppt sie schnaufend ein übergroßes Bündel, das sie am anderen Ende des Flures prustend auf den Boden fallen läßt.

Plötzlich sehe ich im Geiste jene erbarmungswürdige Gestalt vor mir, die im Prager Gefängnis kurz meinen Weg kreuzte …

Endlich werde auch ich mit den Worten „Die Nächste!“ hereingerufen. Zwei Schritte von der Tür entfernt befindet sich ein Holztresen wie in einem alten Kaufmannsladen. Einen Teil des Tresens kann man nach oben klappen, so daß ein Durchgang entsteht. Riesige Regale stehen an den Wänden, mit überwiegend dunkelfarbiger Wäsche bestückt.

Jene hagere Person, offensichtlich eine Strafgefangene, macht sich hinter dem Tresen an den Wäscheregalen zu schaffen. Sie mustert mich aus den Augenwinkeln, bevor sie sich mir direkt zuwendet. Ihr stechender Blick aus eiskalten Augen flößt mir sofort Unbehagen ein. Ihre schmal zusammengepreßten Lippen scheinen blutleer und sind von einem milchigen Weiß. Die Farbe ihrer zotteligen halblangen Haare wird von einem dreckigen Gelbstich beherrscht, in das sich weißgraue Strähnen mischen. So habe ich mir Mörder vorgestellt …

Ich bin richtig froh, daß eine Wachtel mit im Raum ist.

Sie wirft mir eine ockerfarbene Decke vor die Füße und fordert mich in gehässigem Tonfall auf: „Da packen Sie Ihre Sachen rein, die Sie jetzt von mir kriegen. Na los, breiten Sie die Decke auf dem Boden aus!"

Stillschweigend gehorche ich, während sie beginnt, die obligatorische Ausstattung zusammenzustellen. Ich staune nicht schlecht, was hier alles zum Standard gehört. Stück für Stück wirft sie auf die am Boden liegende Decke. Als sie ein Paar Perlonstrümpfe und einen vergilbten Hüfthalter in der Hand hält, erlaube ich mir zu sagen: „Das Ding können Sie gleich behalten, so was ziehe ich sowieso nicht an."

„Das ist mir egal. Es gehört zur Kleiderausstattung, und damit basta!", und sie wirft es zu den anderen Sachen.

Ein weiterer Clou ist ein schwarzes Dreiecktuch.

„Was soll denn das sein?" frage ich verwundert.

„Das müssen Sie von Oktober bis März tragen."

„Was denn, den Lappen?"

„Nun bremsen Sie sich mal, ja! Sie werden das Kopftuch aufsetzen wie jede andere auch. Hier gibt es eine Kleiderordnung, und die wird eingehalten. Da werden auch Sie keine Ausnahme machen! Wo kämen wir denn hin, wenn hier jeder rumlaufen würde, wie es ihm in den Kram paßt?!"

Ich bin sprachlos. Die hat ja einen Ton drauf wie das Wachpersonal!

Sie übergibt mir noch eine ausrangierte dunkelblaue Uniformjacke, die, nach alledem, was mir bisher unter die Augen gekommen ist, ganz passabel aussieht.

„So, jetzt haben wir's gleich. Welche Schuhgröße haben Sie? … Hier, probieren Sie die mal." Ich darf sogar probieren, wie nobel.

Sie stellt mir ein Paar schwarze klobige Schuhe hin, in die ich hineinschlüpfe. Was sind denn das für Wunderdinger? Vorne drückt der große Zeh, hinten rutsche ich mit der Ferse heraus.

„Die passen!" stellt die Strafgefangene kategorisch fest.

Vorsichtige Proteste meinerseits würgt sie gleich im Ansatz ab.

Zum Abschluß legt sie einen schweren häßlich grünen Mantel über den Tresen.

„Der muß über die Jacke gezogen werden. Das ist Vorschrift! … Jetzt ziehen Sie sich aus und suchen sich schnell etwas von den Sachen da zum Anziehen aus", wobei sie mit dem Zeigefinger auf den am Boden liegenden Kleiderhaufen zeigt.

Ich wußte ja, daß dieser Moment kommen wird. Dennoch kostet es mich große Überwindung, erneut meine Zivilsachen hergeben zu müssen. Im Gegensatz zur Wachtel betrachtet die Strafgefangene ungeniert und mit einer gewissen Lüsternheit meinen nackten Körper.

Als ich die rauhe Unterwäsche auf meiner Haut spüre, schüttelt es mich fast vor Ekel.

Neu eingekleidet stehe ich mit hängenden Armen da und fühle mich sichtlich unwohl.

„Falls etwas nicht passen sollte", meint die Strafgefangene zynisch, „dann können Sie einiges beim Kleidertausch umwechseln." Falls ist gut …

„Wann ist denn Kleidertausch?"

„Das werden Sie schon noch mitkriegen. Für Sie aber frühestens in drei Monaten. Und nur damit Sie's wissen, es ist strengstens verboten, die Kleidung umzuändern. Wenn Sie es doch tun, wird Ihnen der Wert des betreffenden Kleidungsstückes vom Lohn abgezogen."

In mir brodelt es mächtig. Ich habe jetzt schon die Nase gestrichen voll von diesem Hoheneck.

Das Mittagessen ist eingenommen, als alle Neuzugänge in jenen Raum geschlossen werden, in dem wir am gestrigen Abend bereits mit der LLerin saßen. Auf dem Tisch stehen heute Kartons, die helle Plasteteile zum Inhalt haben. Dies seien vorgefertigte Werkzeugteile, denen wir sozusagen den letzten Schliff im wahrsten Sinne des Wortes geben sollen, nämlich die vom Ausstanzen porösen Stellen glattschleifen. Um diese äußerst anspruchsvolle Arbeit ausüben zu können, überläßt man uns einige Feilen. Damit haben wir die besondere Ehre, bereits im Zugang etwas Sinnvolles zu leisten, wie die Wachtel ausdrücklich betont.

Ich verspüre so gar keine Lust, mich dieser stupiden Beschäftigung zu widmen. Doch die *Krimis* legen sich augenblicklich ins Zeug, daß mir Hören und Sehen vergeht. Hören im ursprünglichen Sinne, denn durch das Gefeile wird der Raum von durch Mark und Bein gehendem Geratsche erfüllt. Plastestaub wirbelt durch die Luft, rieselt auf Haut und Haare und legt sich letztendlich auf die Atemwege. Um nicht gänzlich aus der Rolle zu fallen, nehme ich auch so ein Plastevehikel zur Hand und beginne es lustlos zu bearbeiten. Die anfängliche Arbeitswut hält allerdings bei den meisten nicht allzulange an. Wen wundert's?

Zehn gefeilte Teile werden mit zwei Pfennigen entlohnt …

Am Abend bekommen wir allerdings gehörig unser Fett ab, daß zu wenig Teile fertig geworden seien. Von Freiwilligkeit, um sich etwas zur Überbrückung zu verdienen, ist keine Rede mehr.

Am folgenden Tag kommen wir zum ersten Mal in den Genuß, auf dem Außenhof Luft zu schnappen. So kann ich endlich jenen Landschaftsausschnitt des Erzgebirges bewußt in mich aufnehmen, der sich so wohltuend vor meinen Augen erstreckt. Doch je länger ich die von der Spätherbstsonne überflutete Natur betrachte, desto wehmütiger wird es mir ums Herz. Ich wende mich ab, denn ich kann den Anblick von angeblicher Freiheit plötzlich nicht mehr ertragen. Wie andere Frauen auch laufe ich alleine über den kahlen Platz. Es ist kühl. Die goldenen Strahlen der Sonne besitzen nicht mehr die wärmende Kraft des Sommers. Alles, was mich unmittelbar umgibt, wirkt grau und trostlos. Schwer hängen die Mäntel an unseren Schultern. Die schwarzen Kopftücher lassen selbst mittlerweile bekannte Gesichter fremd aussehen.

Zwei Frauen fallen mir auf, die schweigend an die Burgmauer gelehnt stehen. Gemächlich gehe ich auf sie zu. Sie mustern mich abschätzend. Es ist nicht leicht, mit ihnen ins Gespräch zu kommen. Erst als sie erfahren, daß ich ebenso wie sie wegen Republikflucht inhaftiert bin, werden sie etwas zugänglicher. Man darf nicht vergessen: auf Hoheneck soll es von Spitzeln und ähnlichem Geschmeiß nur so wimmeln. Anfängliche Distanz als Check-up.

Erst einen Tag später, am Sonntag, komme ich mit einer der beiden Frauen, mit Dorothea, näher in Kontakt.

Ines nutzt ihrerseits den Freihof zum „Kippenstechen“, denn ihr Zigarettenvorrat ist erschöpft.

Den aufgesammelten Zigarettenstummeln entnimmt sie in der Zelle die Tabakreste, um sich mittels Toilettenpapier „Tütchen“ zu drehen.

Probeweise ziehe ich an einem dieser abenteuerlichen Tütchen, doch mir wird sofort speiübel.

Die ohnehin gereizte Stimmung wird im Laufe des Sonntags immer knisternder.

Ich ziehe mein Bündel unterm Bett hervor, um meine Sachen zu ordnen.

„Muß das ausgerechnet jetzt sein?!“ faucht mich Ines an. Sie sitzt auf einem kleinen Hocker und zieht sich schon ihr zweites Tütchen in Folge rein. „Ich will jetzt meine Ruhe haben. Kannst dich ja solange auf dein Bett verziehen.“ Bei mir läuten alle Glocken Sturm.

„Du tust ja gerade so, als ob du hier was zu melden hättest! Mir reicht es schon vollauf, daß uns die Wachteln herumkommandieren.“

Sie springt auf, daß der Hocker umfällt. Böse funkelt sie mich an: „Was bildest du dir denn ein, dich so aufzuspielen?!“

„Wer sich hier aufspielt, bist ja wohl du!“

„Du fängst dir gleich eine ein!“ Drohend erhebt sie die Faust.

„Komm doch her, wenn du was von mir willst!“ brülle ich sie, auf alles gefaßt, an.

Sie macht einen Schritt auf mich zu und schubst mich derb an der Schulter.

„Du glaubst wohl, weil du ’ne Politische bist, kannst du dir alles rausnehmen, was?!“

„*Du* scheinst doch zu glauben, hier Privilegien zu genießen, nur weil du schon ein paarmal gesessen hast!“

Zornerfüllt packt sie mich an der Jacke.

„Nimm die Pfoten weg.“ Mit einem Ruck befreie ich mich aus ihrem Griff.

„Pah, an dir mach’ ich mir doch nicht die Hände dreckig.“ Und mit einer großspurigen Bewegung fährt sie mit ihrer Rechten durch die Luft.

„Hört doch endlich auf mit dem Quatsch“, wirft Angelika nun zaghaft ein.

Ines hebt den Hocker auf, setzt sich wieder und steckt sich mit zitternden Fingern ein neues Tütchen an, ihr letztes.

Ich schnüre mein Bündel wieder zusammen, denn mir ist jegliche Lust zum Ordnungschaffen vergangen, und klettere auf meine Pritsche. Im Grunde tue ich genau das, was sie so herrisch von mir verlangt hat. Aber nicht die Spur von Genugtuung liegt auf ihrem Gesicht. Mit leerem Blick starrt sie vor sich hin. Ich vergrabe mich unter meine Filzdecke und falle in einen unruhigen Schlaf …

„Petra, Petra!“ höre ich eine Stimme wie aus weiter Ferne rufen. Ich werde gerüttelt und sehe wie durch einen Schleier ein Gesicht. „Schnell, mach dich fertig. Zählappell. Draußen schlüsselt es schon.“

Wie elektrisiert fahre ich hoch, knalle mit dem Kopf gegen den Rost des Bettes über mir und lasse mich mit schmerzendem Schädel wieder zurückfallen.

„Oh, wie ich diesen elenden Knast satt habe!“ entfährt es mir fluchend.

Mit Ach und Krach schaffe ich es gerade noch so, mich vorschriftsmäßig anzuziehen, damit die Wachteln ihre Schäfchen in der Abendstunde zählen können.

Danach krieche ich wieder unter meine kratzige Filzdecke. Ich bin alles so unendlich leid …

Am Montag vormittag sehe ich während des heißgeliebten Feilens Dorothea zum ersten Mal ohne dieses so scheußlich entstellende Kopftuch. Ihr Gesicht wirkt um Jahre jünger und vor allem offener. Halbherzig widmen wir uns der stupiden Raspelei.

Von *Dorle* („Sag bloß nicht mehr Dorothea zu mir …“), die wie ich Anfang 20 ist, weiß ich inzwischen, daß sie an der bulgarischen Grenze versucht hatte, nach Griechenland zu flüchten. Wohlgemerkt allein! Ihr Strafmaß ist mit eins/sechs ungewöhnlich niedrig.

Ich mag ihre temperamentvolle Art, ihre lebensbejahende Ausstrahlung. Sie trägt das Herz auf der Zunge – ein Naturell, das mir sehr liegt.

In der zweiten Tageshälfte werden einige der Zugänge nochmals in die Effektenkammer gebracht, um den Inhalt der Transportpakete zu orten sowie einige Formalitäten zu klären.

So stehe auch ich abermals vor der Strafgefangenen mit den eiskalten stechenden Augen.

Wie ich erfahren habe, ist sie tatsächlich wegen Mordes – wegen Kindesmordes – zu lebenslänglicher Haft verurteilt worden und seit zwölf Jahren auf der Burg.

Sie nimmt im Beisein einer Wachtel meine Personalien auf und fragt mich unter anderem nach meinem Entlassungstermin.

„Da muß ich erst mal nachdenken“, bin ich irritiert, denn ich habe mich bisher nie auch nur annähernd mit diesem Datum auseinandergesetzt – keimt doch die unauslöschliche Hoffnung auf vorzeitigen Abschub in mir.

„Sie werden ja wohl wissen, wann Sie entlassen werden?!“

„Ende August ’84, glaub ich.“ Doch sie will es natürlich auf den Tag genau wissen …

Die Vorstellung über diese Zeitspanne schockiert mich. Wir sind in der zweiten Novemberwoche des Jahres ’82, und ich fühle mich schon jetzt psychisch am Ende.

Die Wachtel, welche mich in die Zelle zurückbringt, nimmt auf dem Rückweg eine andere Route, die über den Innenhof. Er hat seinen Namen vollkommen zu Recht, ist er doch von den verschiedenen Gebäudekomplexen regelrecht eingekesselt. Eine erdrückende Atmosphäre geht von ihm aus. Ich nehme nur von Gittern übersäte steinerne Gebäude wahr. Hier wirkt der wolkenverhangene triste Novembertag um noch einiges düsterer. Die Luft ist erfüllt vom Motorenlärm brummender Maschinen – die Werkstätten. Zwei geduckte Gestalten mit verhärmten Gesichtern huschen wie Schatten an mir vorüber. *Wie Häftlinge aus einem Lager*, durchblitzt es mich für einen Schreckmoment.

Erst auf Zelle wird mir bewußt, daß ich mich rein äußerlich, mit den Anstaltsklamotten und meinem blassen Gesicht, aus dem inzwischen selbst dunkel umrandete Augen blicken, von den beiden Gestalten kaum noch unterscheide. Ich bin ein Teil der grauen Masse geworden, in der der einzelne nichts zählt.

Die Erledigung einer weiteren Formalität wird an diesem Tag von mir verlangt. Zu diesem Anlaß werde ich in eine leere Zelle geschlossen. Auf dem Tisch liegen drei Blatt Papier und ein Schreibgerät.

„Strafgefangene! Auf den Zetteln da steht, was man von Ihnen wissen will, und Sie schreiben das, was von Ihnen verlangt wird“, sagt eine Wachtel barsch zu mir. „In einer halben Stunde hole ich Sie wieder ab, dann sind Sie fertig! Und kommen Sie nicht auf die Idee, nichts aufzuschreiben. Dann können Sie gleich mit dem Arrest Bekanntschaft machen!“ Spricht's und verrammelt von außen die Tür.

Ich lese die jeweils vorgegebenen Überschriften: Persönliche Selbsteinschätzung – Wie verhalte ich mich in der Strafvollzugsanstalt? –Wie stehe ich zu meiner Straftat?

Letzteres nutze ich, um einen formlosen *Übersiedlungsantrag* zu stellen, denn nach alledem, was mir bisher zu Ohren gekommen ist, habe man ansonsten keine Gelegenheit mehr dazu. Die zwei anderen Pamphlete bekritzele ich nach dem Grundsatz „Papier ist geduldig“.

Wir schreiben den 11.11. Die Nachmittagsstunden dieses Tages sind bereits angebrochen, als ich von einer Wachtel aufgefordert werde, mein Bündel zu packen.

Sie zeigt auf eine Tür. „Da rein!“ Eine uniformierte Frau, die in den Fünfzigern sein dürfte, sitzt hinter einem kleinen schäbigen Schreibtisch.

„Tag", sage ich gedankenlos beim Eintreten.

„Was heißt hier Tag?! Ich erwarte eine anständige Meldung von Ihnen! Sie vergessen wohl, wo Sie sind?!"

„Wie könnte ich", rutscht es mir eher ungewollt heraus.

„Ich rate Ihnen gut, überlegen Sie sich, was Sie sagen. Und jetzt gehen Sie noch mal raus, klopfen an und erstatten Meldung, wie sich das gehört!" Ich werfe ihr einen giftigen Blick zu und füge mich den gegebenen Umständen.

Nachdem ich mir die verlangte Meldung abgerungen habe, meint sie etwas versöhnlicher gestimmt: „Ich bin Frau Oberleutnant Dietzel, und das nächste Mal sprechen Sie mich mit meinem Dienstgrad an." Sie macht eine kurze Kunstpause. „Ich habe hier Ihre Stellungnahme zur Straftat. Ich kann gar nicht verstehen, daß Sie so uneinsichtig sind. Sie machen es sich doch nur unnötig schwer."

Ich schweige. Sie hat es schriftlich. Was braucht sie es noch aus meinem Munde zu hören?

„Sie werden sowieso wieder in die DDR entlassen", redet sie, sich mit einem Mal leutselig gebend, weiter. „Alles Gegenteilige, was Sie hier hören werden, sind Gerüchte, davon ist kein Wort wahr. Wenn Sie vernünftig sind und einsehen, daß Sie eine Dummheit begangen haben, jung, wie Sie sind, kann es schon mal passieren, daß man die Übersicht verliert, dann können Sie mit Sicherheit mit vorzeitiger Haftentlassung rechnen. Sie sehen also, unser Staat gibt Ihnen selbst in Ihrer Lage, in die Sie sich durch Ihr eigenes Verschulden gebracht haben, noch eine faire Chance." Wie lange muß ich mir dieses salbungsvolle Gelaber eigentlich noch anhören?

„Dieser Staat, von dem Sie da sprechen, hat mich durch seine Gesetze in die Lage gebracht, in der ich mich jetzt befinde. Und wenn ich wieder in diesen Staat entlassen werden sollte, wird meine erste Handlung das Stellen eines offiziellen Ausreiseantrages sein."

„Was heißt denn *wenn*? Sie werden in die DDR entlassen, so wahr ich hier sitze."

„Warum machen Sie sich dann eigentlich die Mühe, mich umzustimmen?"

„Hören Sie! Wir haben eine steigende Kriminalitätsquote zu verzeichnen. Was meinen Sie, was das unseren Staat kostet? Glauben Sie, wir sind erpicht darauf, die Leute einzusperren?"

„Warum tun sie es dann? Warum lassen Sie uns nicht einfach in Frieden ziehen?"

„Sie sind verhaftet worden, weil Sie eine Straftat begangen haben …"

„Was ich als solches nicht akzeptieren kann", falle ich ihr ins Wort, „und genau das steht dort auf dem Blatt Papier, das vor Ihnen liegt."

„Ich sehe schon, Sie wollen keine Einsicht zeigen. Nun gut, dann müssen Sie eben die Konsequenzen tragen. Wäre noch die Höhe Ihrer Rücklage zu klären."

„Was denn für eine Rücklage?"

„Hierbei handelt es sich um einen Geldbetrag, der Ihnen jeden Monat vom Lohn abgezogen wird. Dieser wird Ihnen nach Ihrer Entlassung aus dem Vollzug als Startkapital ausgezahlt."

„Ich brauche kein Startkapital! Ich habe Ihnen doch gesagt, daß ich …"

„Sie brauchen überhaupt nicht mit mir zu diskutieren! Das ist Vorschrift, und daran werden *Sie* nichts ändern! Und laut werde hier nur ich, merken Sie sich das! Die Höhe der Rücklage lege ich mit 50 Mark pro Monat fest. Alles weitere besprechen Sie mit Ihrer *Erzieherin*! Ihre Häftlingsnummer ist die 9941, merken Sie sich die. Und jetzt kommen Sie mit!"

Während Sie die Tür von außen abschließt, stelle ich mich gemäß den uns eingetrichterten Gepflogenheiten mit dem Gesicht zur Wand.

„Wo haben Sie denn das her?" ist sie ehrlich verwundert.

„Von der Stasi. Woher sonst?"

„Das brauchen Sie hier nicht. In Hoheneck werden Sie behandelt wie ein Mensch."

Im obersten der vier Stockwerke bleibt sie vor der Zelle 73 stehen: „Ab sofort gehören Sie zum Kommando Planet III. Sie können sich abmelden."

Ich betrete die Zelle. Ein Schritt, der an sich schnell getan ist, doch für mich symbolträchtig, denn nun liegt der Zugang hinter mir und vor mir das Leben als Strafgefangene 9941.

Wider Erwarten ist außer mir niemand in der Zelle. Ich lasse meinen Blick ins Rund schweifen, beginnend mit den braun gebohnerten Holzdielen, über die sechs in Reihe stehenden eisernen Doppelstockbetten, deren Federungen erbärmlich durchhängen. Hin zu den mit weißer Kalkfarbe gestrichenen Wänden, die an unzähligen Stellen abblättert. Vier hohe schmale Schränke gehören zum spärlichen Mobiliar. Zu beiden Längsseiten der Zellentür hängen Vorhänge mit blumigem Muster. Dahinter verbergen sich, auf langen schmalen Brettern liegend, diverse Lebensmittel. Auf den beiden rechteckigen Tischen, zu denen je sechs Hocker gehören, liegen zu meiner Verblüffung Tischdecken, fein ordentlich glattgestrichen. Was mich jedoch noch mehr überrascht, ist eine an der Wand hängende Grünpflanze. Ich muß sie anfassen, um mich zu vergewissern, daß sie wirklich echt ist.

An jedem Bett baumelt, mit einem Strickchen provisorisch befestigt, ein aus Pappe gefertigtes Namensschild. Kerstin ... Jutta ... Monika ... lese ich – die Namen meiner künftigen Zellengefährten. Nur drei Betten belegt in einer 12-Mann-Zelle? Dann habe ich ja noch reichlich Auswahl.

Neugierig klettere ich auf eines der jämmerlich quietschenden Bettgestelle, um einen Blick aus den hoch gelegenen Fenstern zu werfen. Und was erstreckt sich vor meinen Augen?

Jener mich faszinierende Landschaftsausschnitt, der mich bereits auf dem Außenhof in seinen Bann gezogen hatte. Es erscheint mir wie ein Begrüßungsgeschenk. Selbst heute an diesem trüben Novembertag läßt die vor meinem Auge sich erstreckende Weite meinen Puls schneller schlagen, und ich frage mich, wann und wo ich wohl wieder über Wiesen und Felder laufen und Wälder durchstreifen werde.

Ich klettere von meinem Ausguck hinunter. Eine Seitentür hat meine Aufmerksamkeit geweckt. Nicht nur die Dielen stöhnen empfindlich unter jedem meiner Schritte, auch jene Tür knarrt ächzend. Alles, aber auch alles verrät das hohe Alter der Burg. Ich stehe in einem Waschraum. Es riecht muffig. Was mir sofort ins Auge springt, ist eine weitere Tür – direkt gegenüber. Leise schleiche ich mich an, lausche. Nichts. Behutsam öffne ich auch diese Tür und finde mich in einer Zelle wieder, die der 73 fast aufs Haar gleicht. Eine Doppelzelle also.

Das heißt aber auch, daß dieser kleine Waschraum bei voller Belegung für 24 Personen ausreichen muß! Zwei offene Toiletten für die Notdurft. An den Seitenwänden jeweils drei Waschbecken, über denen an der Wand eine schmale Konsole verläuft. Darauf stehen Zahnputzbecher und Seifenschalen in Reih und Glied. Die Köpfe der Zahnbürsten ragen pedantisch genau wie Rekruten in eine Richtung. Ich bin bestimmt ein recht ordentlicher Mensch, aber *diese Ordnung* weckt großes Unbehagen in mir. Der graue poröse Steinfußboden ist eiskalt. Ebenso wie in der Zelle selbst sind die wenigen kläglichen Heizungsrippen hoffnungslos überfordert, die Räume auch nur annähernd auf Normaltemperatur zu erwärmen.

Plötzlich dringt das Schlurfen zahlreicher bleiern schwerer Schritte an mein Ohr, begleitet von verhaltenem Murmeln. Das Kommando rückt an. Flugs gehe ich in die Zelle zurück.

In regelmäßigen Abständen ist Geschlüssel und das Krachen von zugeschlagenen Türen zu hören, das immer näher kommt und meinen Puls schneller schlagen läßt. Die Tür der Zelle wird geöffnet. Eine mädchenhafte Stimme leiert routinemäßig eine Meldung herunter, und dann betreten drei Frauen die Zelle.

Zuerst erblickt mich die Jüngste, und in einer ihresgleichen suchenden Verächtlichkeit stößt sie mit hängendem Unterkiefer aus: „Äh, Zugang!“, läuft an mir vorbei dem Waschraum entgegen. Die Zweite erbarmt sich meiner gar keines Wortes, hat nur ein arrogantes Naserümpfen für mich übrig. Lediglich die Dritte, klein und zierlich von Wuchs, schaut mich aus dunkel umschatteten Augen müde an. „Hallo, bist du schon lange hier?“

„Ein Weilchen.“

„Ich bin die Monika.“

Und schon belfert die Zweite los: „Das kann ich leiden, wenn ’ne Neue allein auf Zelle ist. Hoffentlich hat die nicht in unseren Sachen herumgeschnüffelt.“

„Was soll denn das heißen?“ bin ich empört. Als Antwort ernte ich böse Blicke.

Ich schnappe mein Bündel und will das mittlere Bettgestell in Beschlag nehmen.

„Komm mal nicht zu sehr in meine Nähe! Je weiter du weg bist, um so besser. Ich brauche meine Ruhe!“

„Okay, okay, reg dich bloß nicht auf. Ich werde mich keinem aufdrängen.“

„Ist auch besser für dich.“ Sie macht sich an dem Bett mit dem Schild „Jutta“ zu schaffen. Alles klar. Dann ist die im Waschraum Kerstin.

Frustriert verziehe ich mich auf das obere Bett der äußerst rechten Ecke und fühle mich ziemlich isoliert. Enttäuscht über die herrschende giftige Atmosphäre beginne ich meinen Kram auszupacken.

Kerstin kommt aus dem Waschraum zurück. Schnurstracks kommt sie auf mich zu. „Daß du das Bett auch ja ordentlich baust!“

„Ach, hast du hier was zu sagen?“

„Und ob! Ich bin Verwahrraumälteste und sorge hier für Ordnung und Sauberkeit.“ Ein lächerlich wirkender Stolz schwingt in ihrer Stimme.

Nach außen gelangweilt, aber mit unübersehbarer Selbstherrlichkeit weist sie mich in die Alltäglichkeiten des Zusammenlebens ein. Sie ist eigentlich ein hübsches junges Mädchen mit langen braunen Haaren und einer niedlichen Stupsnase, wenn sie nur nicht so gehässig wäre.

Ein zufälliger Blick auf ihr ausgestrecktes Handgelenk läßt mich überrascht ausrufen: „Du hast ja ’ne Armbanduhr? Wie denn das?“

„Tja, nur die Besten …“ Während Kerstin mir noch eine ganze Litanei an Regeln herunterbetet, sehe ich Monika im Waschraum verschwinden.

„Ich glaub’, das reicht fürs erste“, kommt Kerstin endlich zum Schluß.

Kurzerhand schnappe ich mein Waschzeug und begebe mich ebenfalls ins Naßteil.

„Störe ich?“ frage ich vorsichtshalber Monika, die ich dort allein antreffe. „Wo kann ich denn mal die Sachen hier hinstellen?“

„Das bleibt sich gleich.“ Sie fährt sich mit nassen Fingerspitzen durch ihr raspelkurz geschnittenes Haar, das gut mit ihrem etwas rundlichen Gesicht harmoniert.

„Welche Schicht habt ihr diese Woche denn?“ beginne ich so belanglos wie möglich ein Gespräch, von dem ich mir einige Informationen erhoffe.

„Frühschicht. Nächste Woche ist Spät-, dann Nachtschicht, in der Regel immer in diesem Rhythmus.“

„Wann geht’s denn morgen los?“

„Gegen vier Uhr ist Wecken, manchmal auch schon früher.“ Sie spült das von ihr benutzte Waschbecken aus und ordnet ihre Waschutensilien.

„Bist du eigentlich hier so grau geworden?“ frage ich ahnungsvoll.

„Nein, nein. Ich habe die Veranlagung dazu, auch wenn ich erst Anfang 30 bin.“

„Du bist doch eine Politische?“ frage ich sie geradeheraus.

„Eine gefährliche Frage auf Hoheneck“, meint sie schmunzelnd. „Ja. Ich bin Antragsteller. Mein Verlobter sitzt in Cottbus.“

„Meiner wahrscheinlich auch. Wir wollten über die grüne Grenze.“

„Aha, also RFler.“

„RFler?“

„RF steht für Republikflucht analog § 213.“

„Wieviel habt ihr denn bekommen?“ möchte ich von ihr wissen.

„Er drei Jahre, ich zwei/vier. Im Mai ist mein offizieller Entlassungstermin.“

„Im Mai ’84?“ „Nein. Nächstes Jahr.“

„Nächstes Jahr? Aber … aber wieso?“ stottere ich. „Ich meine, wegen der Hälfte, stimmt das etwa nicht?“

„Nun bekomm mal keinen Schreck. Mit der Hälfte, da ist schon was dran. Aber ich habe draußen bei Carl-Zeiss gearbeitet, nichts Besonderes, nur eine Stelle in der Endkontrolle, aber das reicht offensichtlich für zwei Jahre Karenzzeit. Unser Untervertreter von Dr. Vogel hat mich nach der Verhandlung zwar sachte darauf vorbereitet, doch ich wollte es einfach nicht wahrhaben.“

Sie ist im Begriff, in die Zelle zurückzugehen, doch ich möchte noch etwas von ihr wissen. Leicht halte ich sie am Ärmel fest und flüstere: „Jutta und Kerstin sind doch Kriminelle?“

„Versteh mich nicht falsch, aber es haben hier viele nicht gerne, wenn man sie nach dem Grund ihres Hierseins fragt. Nur damit du im Bilde bist: Jutta ist eine Politische, versuchte Schleusung im Pkw, Kerstin ist angeblich wegen Arbeitsbummelei hier, aber dafür fünf Jahre … Aber wie gesagt, du bekommst noch vieles im Laufe der Zeit ganz automatisch mit. Und bitte, fixiere dich nicht so auf mich. Es ist nicht böse gemeint, aber ich habe genug mit mir selbst zu tun; für andere fehlt mir inzwischen einfach die Kraft.“

Allein bleibe ich im Waschraum zurück. Jutta ist eine Politische? Was wird hier eigentlich gespielt? Ich war naiv genug zu glauben, daß sich alle Politischen grundsätzlich miteinander solidarisch erklären – zumal an diesem Ort, an dem wir mit Verbrechern der übelsten Sorte zusammengepfercht werden. Ich stütze mich mit beiden Handballen auf den Rand eines Waschbeckens und starre auf die weiße Emaille. Da mußt du einfach durch, du schaffst das schon – mit Gottes Hilfe …

Tief durchschnaufend kehre ich in die Zelle zurück. Es herrscht tödliche Stille. Ein lautes Knacksen läßt mich unwillkürlich zusammenzucken. Es kommt aus dem Lautsprecher über der Zellentür, aus dem eine Stimme quakt: „Frühschichten fertigmachen zum Abendbrot!“

Mürrisch rekeln sich die drei Gestalten unter ihren Decken.

„Ach, es hilft ja nichts, Scheißknast!“ höre ich Jutta fluchen. Schnell fährt sie noch mit dem Kamm durch ihr schulterlanges kastanienbraunes Haar. Sie hat eine ausgesprochen feminine Ausstrahlung, um die sie sehr wohl weiß.

„Raustreten zum Abendbrot!“ ist auch schon hinter geöffneter Tür zu vernehmen.

Doch keine Wachtel erteilt diese Anordnung. Es ist eine Strafgefangene mit unförmig aufgeschwemmtem Gesicht, in dem zwei lasche Hamsterbacken hängen. Die Schatten unter ihren Augen sind fast schwarz, ihre Gesichtshaut ist fahl wie Asche. Und aus diesem Gesicht prangen ein grell leuchtender türkisfarbener Lidschatten sowie ein knallrot angemalter Mund. Eine makabre Maskerade.

„Aufrücken!“ kommandiert sie.

Die vor den einzelnen Zellen stehenden Grüppchen verschmelzen zu einer grauen Masse von etwa 40 Häftlingen. Meldungsgeplänkel. Das Kommando nimmt den Weg über den Innenhof.

Dieses fortwährende Aufgeschließe, Stehengebleibe, Türenzugerammle, Weitergelaufe ist mir furchtbar zuwider, wird jedoch vom Großteil des Kommandos gleich einer abgestumpften Hammelherde regungslos hingenommen.

„Wer ist denn eigentlich die Frau, die ständig mit der Wachtel vorneweg läuft?“ frage ich flüsternd Monika.

„Das ist unsere EBÄ, unsere Erziehungsbereichsälteste. Wir nennen sie alle Manni.“

Endlich sind wir im Speiseraum angelangt. *Fleischerhalle* würde das Ambiente besser beschreiben, allein schon wegen der gekachelten Wände. Zu beiden Längsseiten sind sechs Tische aufgereiht mit jeweils fünf Stühlen. Zielstrebig suchen alle ihren angestammten Platz.

Der Tisch, auf den Monika zusteuert, ist zu meinem Leidwesen bereits komplett besetzt. Dort, wo noch freie Stühle sind, werde ich mit groben, unflätigen Worten fortgejagt wie ein räudiger Hund. Schließlich kann ich einen Platz behaupten. Noch steht das gesamte Kommando.

„Setzen!“ ruft die Stimme der EBÄ, die einfach nur schrecklich ist – durchdringend, gellend, mit einem Anflug von Hysterie.

Das Kommando setzt sich. Der Raum ist erfüllt vom Scharren der Stuhlbeine.

„Geht das nicht leiser?!“ geifert Manni. „Ansonsten können wir das ja gleich mal üben!“ Strafgefangene als verlängerter Arm des Wachpersonals! Ich hätte es wissen müssen, Hoheneck ist ein Mikrokosmos.

Auf den vergilbten Plastetellern liegen, für jeden proportioniert, zwei kleine Wurststückchen, fette Leberwurst und Sülze, durch deren üppige Gelatine hell die Fettbrocken leuchten.

In der Mitte des Tisches stehen ein unansehnlicher Napf mit Margarine sowie ein Teller mit einigen Scheiben Mischbrot. Drei der mit mir am Tisch sitzenden

Frauen würdigen das Hohenecker Abendmahl keines Blickes. Lediglich eine der Frauen am Tisch schmiert sich ungerührt ein Leberwurstbrot. Von ihrer äußeren Erscheinung her erinnert sie mich an ein Mädchen vom Lande, frische rosige Gesichtsfarbe, langer blonder Haarzopf, kräftige Figur.

Mein Magen knurrt. Ich greife nach einer Scheibe Brot. Doch angewidert lasse ich es wieder auf den Teller zurückfallen.

„Wieso ist denn das Brot so feucht?"

„Das saugt Wasser auf wie ein Schwamm", erhalte ich zur Antwort. „Und weißt du, warum? Was nicht gegessen wird, kommt wieder zurück in den Kessel da vorne und wird mit feuchten Tüchern abgedeckt, damit es nicht austrocknet – raus, rein, raus, rein – bis es schimmelt."

„Was eßt ihr denn?" frage ich in die Tischrunde.

„Wir haben so unsere Reserven. Wir essen nachher in Ruhe oben auf Zelle, auch wenn's verboten ist."

„Antreten!" Manni hat wieder ihren Auftritt.

Keine fünf Minuten sind vergangen. Das Landmädel schlingt noch während des Aufstehens die letzten Bissen hastig hinunter. Doch soweit ich es beobachten konnte, hat eh kaum einer etwas gegessen.

„Ablaufen!" Wie ich das hasse – diesen Kommandoton, diesen Drill wie auf dem Kasernenhof. Und dies gehört nun für mich zum Alltag.

Schrilles Quaken aus dem Lautsprecher beendet jäh die Nachtruhe. Würde Kerstins Uhr nicht kurz vor vier anzeigen, so würde ich jede Wette eingehen, daß es erst kurz nach Mitternacht ist, dermaßen aus dem Schlaf gerissen fühle ich mich.

Nachdem Monika mit ihrer Morgenwäsche fertig ist, trabe ich als Waschbeckenablösung ins Naßteil. Nackte Leiber drängen sich vor den Becken. Außer dem einsamen Plätschern von Wasser macht nichts die räumliche Geräuschkulisse aus. Morgenmuffelstimmung.

Auf dem Flur schlüsselt es bereits. Allgemeine Hektik ist angesagt.

In dem trostlosen Speiseraum sitzend, beschmiere ich mir eine feuchte Brotscheibe mit einer undefinierbaren Marmeladenmasse; etwas muß der Mensch ja essen. Vereinzelte Gesprächsfetzen flackern kurz auf. Es hat den Anschein, als schlafe das halbe Kommando noch.

„Antreten!" kräht Manni. Daß der noch keiner den Hals umgedreht hat …

Brummelig erheben sich die Gestalten und bilden eine wohlgeformte Zweierreihe.

Wir steigen hinauf in den zweiten Stock und gelangen in die Werkstätten der Näherei.

Zwei große Säle, getrennt durch einen kleinen, schmalen Flur, bilden die Arbeitsstätten.

Manni schickt mich in den ersten Nähsaal. Dort soll ich mich bei den *Zivilkräften* melden, Frauen, die von draußen kommen und als Fachkräfte die Arbeit anleiten. Jene Zivilkräfte ausfindig zu machen, ist wahrlich nicht schwer, leuchten sie doch mit ihren bunten Kittelschürzen schon von weitem wie exotische Vögel im Einheitsgrau der Gefangenenkluft.

Eine zeigt mir schließlich anhand eines Bettlakens das Umnähen eines Saumes und überläßt mich mit den Worten: „Wenn Sie nicht klarkommen, müssen Sie sich eben noch mal melden", dieser mir vollkommen fremden Beschäftigung.

Wenn die das unter Einarbeitung verstehen, mir soll's gleich sein. Ich habe ohnehin nicht den Ehrgeiz, die Arbeitsproduktivität in diesem *sozialistischen Betrieb* zu steigern.

Gegen 6 Uhr wird die Arbeit kurz durch den Zählappell unterbrochen, um im Anschluß mit der gleichen Monotonie fortgesetzt zu werden. Jeder konzentriert sich auf den ihm zugewiesenen Arbeitsgang.

Zwar hat mir die Zivilkraft verkündet, daß man in den ersten Wochen schrittweise an die zu leistende Norm herangeführt würde, beginnend bei 50 Prozent des Normsolls. Doch selbst daran gemessen ist es ein Witz, was ich bis Schichtschluß zustande bringe. Und das soll sich in den nächsten Tagen auch nicht wesentlich ändern.

Nie habe ich eine solch systematische Ausbeutung erlebt wie im Zuchthaus Hoheneck!

100 Prozent erreichte Norm entsprechen einem Monatsverdienst von 100 Mark, 90 Prozent gleich 90 Mark und so fort – eine simple Rechnung. Allerdings jeweils abzüglich der festgelegten Rücklage. „Spitzenverdienste" um die 100 Mark besitzen Seltenheitswert, weil die Norm unglaublich hoch angesiedelt ist.

Ausgezahlt wird der Verdienst in verschiedenfarbigen Spielgeldscheinen.

Es ist kurz vor 13 Uhr. Meine erste Schicht ist zu Ende. Als Mittagessen erwartet uns Eintopfpampe. Wie bei allen Mahlzeiten werden wir gnadenlos zur Eile angetrieben.

Nach dem Essen tritt das Kommando geschlossen zum Freihof an. Im Kreis herumlaufen, wie ich es vermutet habe, bleibt uns erspart. Dafür hat man eine andere Kuriosität auf Lager: Sport – zumindest hat man dem Gehampel diese weithergeholte Bezeichnung gegeben.

Teils durch die Lustlosigkeit der Häftlinge, aber auch durch die meist zu großen schlabberigen Mäntel geben wir ein groteskes Bild ab, wenn wir halbherzig Körperdrehungen und Rumpfbeugen vollführen, wie Clowns im Zirkus.

Nach zehn Minuten „Sport" heißt es: „Wegtreten!" Und als wäre der Startschuß aus einer Pistole gefallen, stürzt der Großteil des Kommandos wie eine losgelassene Meute in zwei Richtungen davon, entweder dem Teestand oder dem Kiosk entgegen.

Für einen Zehnpfennigschein erhält man seinen Plastebecher mit schwarzem Tee gefüllt. Dieser Tee scheint für viele seiner Abnehmer das reinste Lebenselixier zu sein.

Verloren stehe ich auf dem kahlen Platz des Innenhofes im tristen Novembergrau. Ziellos beginne ich herumzulaufen. Das Schuhwerk an meinen Füßen ist eine Strafe für sich. Doch sobald ich stehenbleibe, überkommt mich fröstelnde Kälte, die Luft ist von Sprühregen erfüllt. Das schwarze Kopftuch klebt klamm an meinem Haar. Gedankenversunken bleibt mein Blick an einer mächtigen Akazie hängen, die unmittelbar hinter der Gefängnismauer steht. Ihr Laub hat sie längst abgeworfen. Was wird wohl sein, wenn sie wieder frisches Grün trägt?

Inzwischen hat sich die Schlange vor dem Kiosk gelichtet. Interessehalber – Kaufkraft besitze ich ja noch keine – begebe ich mich in das Allerheiligste. Das Feilgebotene hinter der Glasscheibe ist nicht nur dürftig, sondern paradox zugleich: Kekse, Waffeln, Zwieback, Bonbons. Lediglich einige Gläser Apfelmus und Pflaumenkompott machen das Vitaminangebot aus. Das einzige, was ausreichend angeboten wird, sind teure Schminkprodukte. Ist man finanzkräftig genug, kann man auch etwas Dauerwurst erwerben.

Ich schlendere wieder hinaus. Auf dem Hof haben sich inzwischen kleine Grüppchen gebildet, die in angeregter oder aber auch gedämpfter Unterhaltung ihren Tee schlürfen. Manche holen sich bereits den zweiten Pott. Doch wem ich mich auch zuwende, ich werde abgewiesen, oder man gibt mir bestenfalls reserviert zu verstehen, daß man unter sich sein will. Hab' ich etwa die Krätze oder was? Monika meinte noch, was wohl eher zu ihrer eigenen Rechtfertigung dienen sollte: „Im Laufe der Zeit wirst du auch noch deine Leute finden." Mindestens ein Drittel des Kommandos muß aus politischen Häftlingen bestehen. Ich bin zutiefst enttäuscht von meinen „Gesinnungsgenossen". Nicht genug, daß ich schon auf Zelle geschnitten werde, nein, die anderen scheinen auch nicht umgänglicher zu sein.

Zugänge werden offensichtlich als etwas ausgesprochen Lästiges empfunden, das man sich besser vom Leibe hält. Dabei war doch jede einzelne von ihnen auch einmal Zugang! Haben sie das vergessen?

Eine gute Woche bin ich mittlerweile auf Kommando.

Was mir das Leben noch immer zusätzlich schwermacht, ist die anhaltende Gehässigkeit, welche Kerstin und Jutta wie Gift versprühen: „Mach dein Bett richtig, sonst bekommen wir weniger Ordnungspunkte!"

„Räum deinen Schrank auf, und zwar alles auf Kante!"

„Knarre nicht so auf den Dielen, da kann man auch drumherumlaufen!"

„Deine Zahnbürste hat wieder nicht ordentlich im Becher gestanden!"

„Das ist mein Hocker! Verschwinde!"

Ständig bin ich gezwungen, mich zur Wehr zu setzen. Von Monika habe ich keinerlei Unterstützung zu erwarten. Also ziehe ich mich in *mein Reich* zurück, das sich auf mein Bett und einen Hocker beschränkt.

Ich komme mir schon sehr verloren vor. Wie gut würde es tun, sich wenigstens einmal aussprechen zu können. Doch da ist keiner, der mir zuhören würde.

Die nun bald zu Ende gehende Woche hat mich auch den Rhythmus der Spätschicht kennenlernen lassen, in der der Tag um 6 Uhr mit dem Zählappell beginnt. Zwischen eins und neun Uhr abends ist Malochen angesagt.

Müde schleicht das Kommando nach Schichtschluß durch die Zuchthausflure. Nur noch waschen, selbst das kalte Wasser vermag uns nicht mehr munter zu machen, und dann nichts wie in die Koje.

Der folgende Samstag ist gleichzeitig der letzte Schreibtag des Monats, da die festgelegten Schreibtage jeweils auf den 1., 10. und 20. fallen. An diesen Tagen darf man zwei Seiten an die genehmigte Schreibadresse richten. In der Annahme, nichts Ungenehmigtes zu tun, nehme auch ich die Gelegenheit wahr und schreibe auf von Monika geborgtem Papier meiner Mutter einen Brief. Sie weiß ja noch nicht einmal, wo ich gelandet bin. Am Abend sammelt Manni – begleitet von einer

Wachtel – sämtliche Post ein, um sie unserer *Erzieherin*, einer Frau Oberleutnant Sutterer, zu übergeben. Zu Gesicht habe ich diese bisher noch nicht bekommen. Ihrer Willkür obliegt es nun, ob das Geschriebene weitergeleitet wird.

Ein neuer Morgen kündigt sich an. Es ist Montag. Nachtschichtwoche. Zaghafte Sonnenstrahlen durchbrechen die dicke Wolkendecke. Seit Tagen die erste vage Wetterbesserung.

Heute vormittag soll Kino sein. Toll, da sieht man wenigstens mal ein bißchen Farbe.

Viele der Politischen sind heute übernervös und aufgekratzt. Dies liegt im Wochentag selbst begründet. Montag sei ein fast eingespielter Transporttag, wird hinter vorgehaltener Hand gemunkelt, und *Transport* heißt auf Hoheneck nur eines: Abschiebung gen Westen! Der Inbegriff allen Sinnens und Trachtens der politisch Inhaftierten. Beschwörend und voller Inbrunst ausgesprochen, gerät es in diesen Mauern zum Zauberwort.

Vor drei Wochen war der letzte Transport, sagt man. Auch an einem Montag.

Eher zufällig höre ich ein Gespräch zwischen Monika und einer Frau aus der Nachbarzelle.

„Weihnachten im Westen", sagt Monika verträumt, „das wär's. Aber meine zwei Jahre Karenzzeit sind ja noch nicht um; und von daher …"

„Ich werde wohl auch wieder kein Glück haben", seufzt Monikas Gesprächspartnerin.

Sie war mir vom ersten Tag an durch ihre unverhältnismäßigen Proportionen aufgefallen: der Körper gertenschlank, das Gesicht aufgeschwemmt wie ein Ballon. Ihre vierjährige Haftstrafe für eine mißglückte Schleusung ist in zwei Wochen um!

„Ich habe mich schon damit abgefunden, daß ich in die *Zone* entlassen werde. Wir müssen es eben von draußen weiter versuchen. Ich tröste mich damit, daß ich diese Weihnachten mit meinen Kindern verbringen kann." Ihre Stimme wird tonlos. „Für sie werde ich wie eine Fremde sein. Sie haben mich die ganzen vier Jahre nicht einmal gesehen. Für meine Kinder ist die Oma die Mutti. Sie waren damals ja auch noch so klein … jetzt sind sie schon fünf und sieben …"

„Mensch, Geli", wird sie von Monika unterbrochen, „vielleicht schafft ihr es ja doch noch vom Zuchthaus aus."

„Ach was, warum sollte ich mir was vormachen – mein Mann hat ja noch ein halbes Jahr abzusitzen. Die entlassen uns in die Zone und fertig. Menschenleben zu zerstören, kostet die Brut doch nur ein kaltes Lächeln!"

Ihre Worte gehen mir unter die Haut. Das ist nicht nur abgrundtiefer Haß, das ist auch das Wissen um verlorene Jahre, die nicht mehr einzuholen sind ...

Gegen 10 Uhr ist schließlich Kino-Time. Der Vorführraum ist recht groß und bietet genügend Sitzplätze, die aus etlichen Reihen Klappstühlen bestehen. Für die meisten ist dieser Kinobesuch vor allem Gelegenheit, sich mit Freunden zu treffen, die in anderen Kommandos sind. Durch den Schichtwechsel treffen manche Kommandos gar nicht oder nur alle paar Wochen auf dem Freihof zusammen. Von daher ist der heutige Vormittag eine willkommene Kontakt- und Informationsbörse.

Nachdem also alle „Kino-Interessierten" eingetrudelt sind, wird der Raum verschlossen.

Nach halbwegs eingekehrter Ruhe öffnet sich der schwarze Vorhang und gibt die Leinwand frei. Der Film mit dem Titel „Pharao" zeigt als Einstiegsszene per Großaufnahme, wie ein Käfer sich redlich abmüht, eine Mistkugel durch den heißen Wüstensand zu rollen. Gebannt starre ich auf die sich vor meinen Augen bewegenden Bilder. Wie in Trance schaue ich mich im Halbdunkel des Kinoraumes um. Heiße und kalte Schauer jagen gleichzeitig durch meinen Körper. Mir ist, als bin ich meiner selbst entrückt. Alles geschieht in Sekundenschnelle. Und plötzlich dringt es glasklar in mein Bewußtsein: Genau das habe ich schon einmal geträumt!

Es ist nicht das erste Mal, daß mir derartiges widerfährt; aber nie zuvor habe ich es in einer solchen Intensität gespürt wie in diesem Augenblick.

Als ich an jenem Morgen vor etwa zwei Jahren erwachte und mich des merkwürdigen Traums entsann, wunderte ich mich zwar, wieso die Kinobesucher – all die dunklen Gestalten mit den verhärmten Gesichtern – ausschließlich Frauen waren, maß dem aber keine weitere Bedeutung bei – wie sollte ich damals auch.

Nun hatte mich diese schicksalhafte Traumszene in der Realität eingeholt. Der Film huscht nur in Form von farbigen Bildern an meinen Augen vorüber. Unvermutet schlüsselt es, was sofort Unruhe unter den Anwesenden auslöst. Drei Wachteln erscheinen und begeben sich im Halbdunkel auf Erkundungspirsch nach einigen Häftlingen.

„Transport, Transport", höre ich es auch schon ehrfurchtsvoll raunen.

Eine Handvoll Frauen wird aus den Sitzreihen gewunken und zum Mitkommen aufgefordert. Unter ihnen auch das Landmädel sowie jene Geli, die sich vor einer knappen Stunde mit Monika unterhalten hat. Apathisch wandelt sie aus der Reihe. Ihre Bewegungen sind staksig und steif. Mit auf den Weg gegebene Wünsche wie „Viel Glück im Westen“ und das Bitten „Vergeßt uns nicht“ weist sie behutsam zurück.

„Ist bestimmt nur ’ne Razzia“, höre ich sie mit bebender Stimme sagen.

Das Landmädel dagegen verabschiedet sich strahlend, als würde nun das eintreten, womit sie ohnehin gerechnet hat.

Obwohl die Wachteln bemüht waren, möglichst diskret und ohne Aufhebens vorzugehen, ist es mit der Ruhe natürlich aus und vorbei.

Das Gesprächsthema Numero eins unter den Politischen hat somit taufrische Nahrung erhalten und macht lautstark und unverhohlen die Runde.

„Ruhe! Wir wollen den Film sehen!“ protestieren einige der Kriminellen, von denen die Mehrzahl Transporte haßt, wird ihnen doch dadurch immer wieder vor Augen geführt, daß die Politischen nicht wie sie Straftäter im eigentlichen Sinne, sondern Opfer des Regimes geworden sind.

Als wir am Ende des Films zurück auf Zelle geschlossen werden, ruft mich eine kleinwüchsige Frau des Ranges Oberleutnant aus dem Trupp. *Die Alte* gibt sich die Ehre. Sie dürfte in den Fünfzigern sein. Vielleicht läßt ihre biedere, spießige Art sie auch älter wirken. Sie schwankt beim Laufen wie ein Schiff bei schwerem Wellengang von einer Seite auf die andere, was ganz offensichtlich durch einen Hüftschaden bedingt ist. In ihren braungefärbten Haaren sitzt eine herkömmliche Dauerwelle.

Sie nimmt mich mit in ihr Dienstzimmer, das sich am Anfang des Flures unweit meiner Zelle befindet. Vorschriftsmäßig erstatte ich Meldung: „Frau Oberleutnant, Strafgefangene 9941 meldet sich an. Es meldet Strafgefangene Gellert.“ Es kostet mich immer wieder Überwindung, diese gedrillten Sätze herunterzuleiern.

Sie mustert mich mit ihren Argusaugen. Ihre Lippen sind ein schmaler Strich. Sie geht um den Schreibtisch herum, setzt sich, während sie mich mit voller Absicht stehenläßt, und beginnt im astreinen Sächsisch: „Ich führe mit Ihnen jetzt das Einführungsgespräch, um Sie besser kennenzulernen. Aus Ihrer Akte geht ja schon einiges hervor. Ich werde während Ihrer Haftzeit auf Hoheneck Ihre Erzieherin sein. Ich habe mich auf Arbeit nach Ihnen erkundigt. Ihre Leistungen sind nicht gerade berauschend. In Ihrem eigenen Interesse rate ich Ihnen sehr, daß sich das bald ändert. Sie wissen ja, daß Arbeitsverweigerung Arrest zur Folge hat."

„Aber ich verweigere die Arbeit ja gar nicht."

„Auch eine niedrige Arbeitsleistung ist gleichzusetzen mit Arbeitsverweigerung, damit wir uns gleich richtig verstehen."

„Mal abgesehen davon, daß ich noch in der Anlernphase bin, muß ich Ihnen auch sagen, daß die Nähmaschinen nichts taugen, alle naselang sind die defekt."

„Mit solchen Ausflüchten brauchen Sie mir gar nicht erst zu kommen. Geben Sie sich Mühe, dann wird es nicht Ihr Schaden sein. Ihre Arbeitsleistung und Ihr Verhalten im Vollzug sind Grundvoraussetzung, ob Sie eine Sprech- und Schreiberlaubnis erhalten, ob Ihnen monatlich Paketscheine zugestanden werden und so weiter."

„Sprech- und Schreiberlaubnis mit Angehörigen ist mein gutes Recht!"

„Hier ist *das* Ihr Recht, was *ich* Ihnen zubillige."

Wie oft muß ich diesen Satz wohl noch hören …?

„Den Brief, den Sie an Ihre Mutter geschrieben haben, werde ich weiterleiten, obwohl Sie noch keine ausdrückliche Schreiberlaubnis von mir erhalten haben. Sie können das als großzügiges Entgegenkommen meinerseits betrachten."

Noch unter dem Eindruck meines ersten Transporterlebnisses stehend, sind meine Emotionen kurz vor dem Überschwappen, und es kostet mich enorm viel Selbstbeherrschung sachlich zu bleiben.

„Tun Sie, was von Ihnen verlangt wird, dann werden Sie keine Scherereien haben." Mit diesen Worten beendet sie das Gespräch und bringt mich höchstpersönlich in die Zelle zurück.

Dort ist eine heftige Diskussion über den heutigen Transport entbrannt. Jutta ist darüber in Rage geraten, daß das Landmädel nach nur zwei Monaten auf Hoheneck auf Transport gegangen ist.

„Bei der war doch von Anfang an was faul! Keine U-Haft, dafür Vernehmungen zu Hause, Inhaftierung erst nach abgeschlossener Verhandlung, und nach zwei Monaten macht die schon 'ne Fliege! Unsereins brütet hier schon zwei Jahre, und kein Ende ist abzusehen!" Wie wild fuchtelt Jutta dabei mit den Armen um sich. In diesem Moment tut sie mir tatsächlich leid, denn ich kann ihre Verbitterung nur zu gut verstehen.

Fast einhellig ist man der Ansicht, daß das heute der letzte Transport in diesem Jahr gewesen sein wird und nun die lange, an der Substanz zehrende Winterpause vor der Tür steht.

Das war's dann wohl, Petra, denke ich im stillen, nichts mit Weihnachten im Westen. Aber im Grunde habe ich ohnehin nicht mehr daran glauben können. Es war wohl mehr ein letzter vager Hoffnungsschimmer.

Erfahrungsgemäß gehen die ersten Transporte wieder ab März des kommenden Jahres. Und genau diese Ahnung spiegelt die momentane Verfassung der Zurückgebliebenen wider – eine über der Burg schwebende, fast greifbare Traurigkeit und Resignation mit der Gefährlichkeit eines Damoklesschwertes.

Am Nachmittag zur Freihofzeit entdecke ich zwei neue Gesichter im Kommando – Zugang?

Vorsichtig, auf eine Abfuhr gefaßt, spreche ich eine von beiden an, da sie ebenfalls alleine ihre einsamen Runden dreht. Doch keine Spur von Abwehr – im Gegenteil! Bereitwillig, ohne jegliche Aufwärmphase erzählt sie mir, daß sie eine Politische ist, Antragsteller, sich seit diesem Sommer auf der Burg befindet und heute aus dem dreiwöchigen Arrest entlassen wurde. Dort war sie gelandet, weil sie – wie die andere mir noch unbekannte Frau auch – die Teilnahme an einer Sonderschicht verweigert hat. Sie heißt Beate und ist so ganz anders als jene Politischen, mit denen ich bisher in Berührung gekommen bin. Es tut mir unendlich gut, mich wieder mit jemandem austauschen zu können. Allerdings entgehen mir dabei nicht die verstohlenen Blicke der Umstehenden. Beates Freund, mit dem sie gemeinsam den Ausreiseantrag gestellt hatte, sitzt in Cottbus ein.

Halblange dunkle Haare umrahmen ihr attraktives, ausdrucksstarkes Gesicht. Die schwarzen dichten Augenbrauen verleihen ihr fast einen rassigen Einschlag. Unter ihrem Mantel verbirgt sich eine kräftige Statur.

„Als ich hier angekommen bin, war ich gertenschlank", erzählt sie mir. „Aber die vielen feuchten Marmeladenbrote … diese roten Schweine versauen einem sogar die Figur." Sie lacht lauthals auf bei diesem Satz. „Aber das kriegen wir wieder hin, alles zu seiner Zeit."

Auch sie hat als Zugang im hiesigen Kommando zunächst sehr frustrierende Erfahrungen machen müssen. „Aber es sind nicht alle so", tröstet sie mich. „Ich habe hier auch schon ganz tolle Menschen kennengelernt. Aber die meisten von ihnen sind mittlerweile im Westen oder in andere Kommandos verlegt worden. Man sieht es nämlich nicht gerne, wenn sich Freundschaften bilden, die zusammen durchs Feuer gehen würden. Den Wachteln paßt die Stimmung, wie sie jetzt ist, viel besser in den Kram. Das Schlimme hier ist, daß die Politischen allgemein nicht zusammenhalten. Dann könnten die uns nicht so ausbluten lassen. Wenn alle Politischen die Sonderschicht verweigern würden, gäbe es dafür auch keinen Arrest. Die Norm könnte man drücken, die Arbeit an sich boykottieren, wenn sie nur zusammenhalten würden."

„So einfach dürfte das aber nicht sein, Beate, Arrest ist nur ein Mittel von vielen …"

„Ach was", macht sie eine wegwerfende Handbewegung, „hier ist sich doch fast jeder nur selbst der nächste, diese Schlappschwänze. Ideale zählen für die nicht. Aber wenn *ich* auf Transport gehen sollte, dann will ich sagen können, ich habe diese Schweinereien nicht mitgemacht, ich bin meiner Überzeugung treu geblieben."

Ich bin noch nicht lange genug auf Hoheneck, um die ganze Tragweite ihrer Worte ermessen zu können. Ihre klare idealistische Einstellung imponiert mir; allerdings spüre ich auch den Hauch von Märtyrertum, der Beate umgibt.

„Vor allem die Mißgunst ist furchtbar. Gerade an Transporttagen kommt sie ganz deutlich hoch. Dann werden sie zu Hyänen."

„Urteilst du jetzt nicht doch zu hart?" gebe ich zu bedenken.

„Du kennst sie noch nicht. Eines Tages wirst du mir recht geben." Während sie diese Worte spricht, wird ihr Blick kalt und starr, und ich spüre deutlich, wie es mir unwohl wird, als sich unsere Augen treffen …

Dieses Gespräch mit Beate beschäftigt mich über den Freihof hinaus. Einerseits bewundere ich sie. Andererseits frage ich mich: Wem nützt es, wenn ich mir nach meiner Entlassung heroisch vor die Brust klopfen kann, meinen Prinzipien in jeder Faser meines Herzens treu geblieben zu sein um den Preis, daß ich an Leib und Seele zerstört bin?

Zu denken gibt mir auch Monikas Äußerung: „Wenn ich dir einen guten Rat geben darf, dann distanziere dich lieber von Beate, denn wenn du Eintracht mit ihr zur Schau stellst, stehst du bereits mit einem Bein im Arrest."

Wer ist diese Beate? Die Begegnung mit ihr wird mir auf längere Sicht gesehen eine Entscheidung abverlangen. Das spüre ich.

Gegen 20.30 Uhr müssen wir uns zur Nachtschicht aufraffen. Eine Dreiviertelstunde später ist Schichtbeginn. „Die Nachtschicht ist die schlimmste Woche von allen drei Schichten", hat Monika behauptet. „Da passiert auch das meiste, Arbeitsunfälle, Auseinandersetzungen, Leute, die einfach durchdrehen."

Gegen Mitternacht haben die meisten ihren ersten großen Hänger. Meiner stellt sich gegen 2 Uhr ein. Mein Körper verlangt energisch nach Schlaf. Am Tag war keine Ruhe zu finden, und unter den hiesigen Gefängnisbedingungen schlaucht der Wechsel von der Spät- zur Nachtschicht mordsmäßig.

Beate ist wie ich zum Säumen von Laken eingeteilt. Sie schlägt auffallend provozierend die Zeit tot, indem sie ein, zwei Laken näht, pausiert, sich irgendwelche Notizen macht, ihren Mithäftlingen bei der Arbeit zuschaut, sich wieder eines Lakens erbarmt, um dann für eine halbe Stunde auf der Toilette zu verschwinden. Das ist also ihre Art von Arbeitsverweigerung.

Und ich fange an zu begreifen, was die Alte meinte, als sie davon sprach, daß zu niedrige Arbeitsleistung mit Arbeitsverweigerung gleichzusetzen sei.

Auch ich suche ab und an die Toilette auf, um eine Zigarette zu rauchen. Dort treffe ich auch auf jene junge Frau, die heute ebenfalls aus dem Arrest entlassen wurde. Mit erhobenem Kopf steht sie am vergitterten Fenster und schaut verloren in den nächtlichen Sternenhimmel. Ihr blondes Haar reicht ihr bis zu den Schulterblättern. Ich spreche sie an. Sie reagiert zurückhaltend, aber nicht unfreundlich. Ich erfahre, daß sie Susanne heißt und RFler ist, vielmehr noch nicht. Sie strahlt eine angenehme wohltuende Ruhe aus, fast eine gewisse Weisheit, obwohl sie noch sehr jung an Jahren ist.

Viertel nach fünf – Schichtschluß. Unser Weg führt uns nicht direkt zurück in die Zellen, sondern zunächst in den Speiseraum – das Abendbrot morgens um halb sechs … Keine der Mahlzeiten während aller drei Schichten wird so verschmäht wie diese. Alle haben nur noch einen Wunsch: nichts mehr hören und sehen von diesem vermaledeiten Knast. Manche der Krimis, die wieder wie wild die ganze Nacht geracker haben, schlafen bereits am Tisch ein.

Endlich fällt die Zellentür ins Schloß …

Doch durch die plärrenden Lautsprecherdurchsagen, die den anderen Kommandos gelten, werden wir ständig aus dem Schlaf gerissen. Es ist zum Auf- und Davonlaufen.

So vergeht die Zeit. Der letzte Monat des Jahres ist angebrochen. Der Gefängnistrott ist zur häßlichen Gewohnheit geworden. Es gibt inzwischen Phasen, in denen ich mir vorstellen kann, dies zwei Jahre aushalten zu können. Doch dann wird es mir wieder von einem zum anderen Augenblick so schwer ums Herz, daß ich glaube, nicht den nächsten Tag zu überstehen.

Die Atmosphäre auf Zelle ist unverändert frostig. Der einzige Lichtblick für mich ist noch immer Beate. Ich spüre wohl, daß dieser Kontakt nicht von Vorteil für mich ist, doch nach diesem suche ich auch nicht. Die Gespräche mit ihr während des Freihofs sind für mich wie ein tiefes Atemholen, bevor ich wieder in den Nebel der Gehässigkeit eintauche.

Monika habe ich entlocken können, daß Beate und Susanne noch vor kurzem dicke Freunde waren. Doch seit der Arrest hinter Susanne liegt, distanziert sie sich stringent von Beate. Diese ist darüber sehr verbittert und unterstellt ihrer früheren Gesinnungsgefährtin mangelndes Durchhaltevermögen.

Beate wurde während ihrer gesamten Zeit auf Hoheneck noch nicht eine Zeile von ihrem ja ebenfalls inhaftierten Freund ausgehändigt. Sie selbst darf ihm nicht schreiben, sie hat auch keinerlei Aussicht auf einen Sprecher mit ihm. Und sie ist stolz darauf, daß man sie trotzdem nicht kleinkriege, wie sie es nennt. Meine Einwände, daß ihr Freund womöglich alles unternimmt, um wenigstens ein Lebenszeichen von ihr zu erhalten, und sie mit ihrer Einstellung all sein Bemühen von vornherein zunichte macht, stoßen bei ihr auf taube Ohren.

Ich habe inzwischen meine Grenzen gezogen, wozu ich im Gefängnisalltag bereit bin und wozu nicht. Was gäbe ich dafür zu wissen, daß es Helmut soweit gut geht, daß er gesund ist, denn wer liebt, der sorgt sich auch …

Ein Arbeitstag in der Frühschicht liegt hinter mir. Heute ist ein außergewöhnlich freundlicher Dezembertag. Unser Kommando befindet sich im Speiseraum und wird im Anschluß daran Freihof haben. Doch ich sitze in einer Wartezelle des *GW*s, dem Krankenrevier, zwecks einer Routineuntersuchung. Mit mir warten noch einige andere Häftlinge.

Eine reichlich tätowierte Frau zeigt stolz eine breite entzündete Narbe, die sich wulstig über ihre Bauchdecke zieht.

Um ihrer erkrankten lesbischen Freundin ins GW folgen zu können, hat sie kurzerhand mehrere Nähnadeln verschluckt.

Derartige Vorfälle sind keine Seltenheit, meist jedoch stehen dahinter Selbstmordabsichten.

Die anwesenden Häftlinge fühlen sich nun animiert, ihrerseits „aus dem Nähkästchen zu plaudern“. Dabei fällt mir auf, daß sich eine Frau – ich schätze sie vom Alter her so um die Mitte 50 – demonstrativ, fast angeekelt abwendet. Ihr Haar ist schlohweiß, ihr Gesicht wirkt eingefallen. Als sie merkt, daß auch ich mich nicht an dem zur Märchenstunde ausartenden Gewäsch beteilige, fragt sie frei heraus, ob ich eine Politische sei. Wir kommen ins Gespräch. Seit einem guten Jahr ist sie auf der Burg. Auch ihr Mann ist in Cottbus. Ihre minderjährigen Kinder sind in einem staatlichen Heim untergebracht, wo sie im sozialistischen Sinne erzogen werden.

Minderjährige Kinder? Nun bin ich auf ihr Alter neugierig geworden, das sie mit Ende 30 angibt! Sie sieht mir meine Fassungslosigkeit unschwer an und spürt, wie ich nach passenden Worten suche.

„Du brauchst dich nicht um Takt bemühen. Ich weiß, daß ich in den vergangenen Monaten um zehn Jahre gealtert bin.“ Sie erzählt, daß sie sich nach ihrer Ankunft auf Hoheneck dermaßen hineinsteigerte, bald gen Westen abgeschoben zu werden, daß sie nach jedem Transport psychische Zusammenbrüche erlitt.

„Innerlich bin ich total ausgeblutet. Aber ich habe lernen müssen umzudenken, sonst hätten mich meine übersteigerten Hoffnungen in den Wahnsinn getrieben.“ Ich will gerade noch etwas erwidern, da wird sie zur Untersuchung abgeholt …

Wieder auf Zelle, das Kommando befindet sich noch auf dem Freihof, schlüsselt es. Eigentlich müßte ich augenblicklich von meinem Bett herunterschießen, auf dem ich verbotenerweise liege, aber meine Reaktionsfähigkeit ist gleich Null. Die in der Tür stehende Wachtel übersieht geflissentlich meinen Regelverstoß und schickt eine Frau herein, die ein Bündel vor sich herschleppt – ZUGANG!

Mit zurückhaltender Freundlichkeit begrüße ich sie, spüre aber sofort, daß sie am liebsten allein sein möchte. Nur zu gut ist es mir in Erinnerung, wie ich mich an jenem Tag gefühlt habe.

Ihre weichen Gesichtszüge wirken sehr natürlich. Vorsichtig taste ich mich heran, versuche Vertrauen zu vermitteln und erfahre, daß sie Politische ist und Sabine heißt. Ihr Mann ist ebenfalls inhaftiert, sie weiß jedoch noch nicht, in welches Zuchthaus er verlegt wurde.

„Er ist bestimmt auch in Cottbus“, vermute ich. „Die meisten unserer Männer sind dort.“

Sabine fällt das Reden schwer. Tränen steigen ihr immer wieder in die Augen. Sie läßt sich auf die Dielen sinken und kauert sich an die kalten Heizungsrippen. Ich setze mich zu ihr auf den Boden.

„Ich bin mit Gott und der Welt fertig“, sagt sie schließlich mit einer solchen Endgültigkeit, daß es mich erschreckt.

„Für mich gab es auch eine Zeit, in der ich verzweifeln wollte. Aber gerade im Unglück muß man nach dem Sinn suchen. Wie soll man es sonst ertragen? Ich habe vor unserer Flucht auch gedacht, die dürfen uns auf gar keinen Fall erwischen – Zuchthaus, das halte ich nicht aus, daran zerbreche ich. Heute sage ich mir: Hätten wir es wirklich geschafft, könnte ich auf unbestimmte Zeit meine Familie nicht wiedersehen. So haben wir zumindest die Chance, uns später mal im Ostblock zu treffen.“

„Das ist doch Augenwischerei. Wie kann Gott es wollen, daß wir dieses Leid ertragen müssen, all diesen Schmerz und die tausendfach vergossenen Tränen?“

„Ich habe durch diese Zeit erst zu Gott gefunden.“

„Ach, hör doch auf. Wo ist denn Gott?“ Wieder schießen ihr Tränen in die Augen. „Ich will gar nicht weinen … das sind nur die Nerven.“

„Das kenne ich.“ Und aus einer menschlichen Regung heraus wiege ich sie sacht in den Armen. In diesem Moment werde ich kein Argument der Welt finden, das ihre Verbitterung zu lindern vermag, aber ich kann einfach dasein.

Die stille Hoffnung keimt in mir, in Sabine einen einfühlsamen Menschen gefunden zu haben.

Auf dem Flur ist Getrampel zu hören. Unser Kommando rückt ein. Kerstin betritt als erste die Zelle. Bei Sabines Anblick stößt sie ein verächtliches „Bäh, Zugang!“ aus, das mich so verletzt, als hätte es mir selbst gegolten. Jutta brabbelt etwas von „Nun wird die Zelle ja bald wieder voll sein, dann ist es vorbei mit der Ruhe“. Nur Monika hat ein begrüßendes Lächeln übrig, wenn es auch wie bei mir damals reichlich müde wirkt.

Kerstin wirft sich alsbald ins Zeug und nimmt ihre *Pflichten* als Verwahrraumälteste wahr. Kommandiert, wo Sabine ihre Sachen zu verstauen habe, immer das gleiche Spielchen …

„Das Bett kannst du dir aussuchen“, gibt sie sich großspurig. „Aber besser ist, du bleibst gleich da drüben“, wobei sie unmißverständlich in Richtung meines *Reiches* deutet.

So schlägt Sabine ihr Quartier im oberen Stockwerk des mir gegenüberliegenden Doppelstockbettes auf.

Als der Tag sich neigt, sage ich nach langer Zeit einem Menschen wieder „gute Nacht“ und schlafe mit einem Gefühl der Dankbarkeit ein.

Nach einigen Tagen hat sich Sabine gefangen und beginnt sich „einzuleben“. Worunter sie sehr leidet, ist auch die Trennung von ihren zwei Kindern, die im jugendlichen Alter sind. „Auf der einen Seite bin ich froh, daß sie alt genug sind, um zu verstehen, warum wir inhaftiert sind. Aber gerade in diesem schwierigen Alter, auf dem Weg zum Erwachsenwerden, brauchen Kinder ihre Eltern. Aber ich will mich nicht beschweren. Wir wußten ja, was wir taten, als wir den Ausreiseantrag stellten.“ Inzwischen hat sie auch Beate kennengelernt, findet sie recht sympathisch, ihre Auffassung jedoch gefährlich und selbstzerstörerisch.

Als ich zum ersten Mal mit Sabine auf dem Freihof stehe, zeige ich ihr natürlich auch die wichtigsten Fenster auf ganz Hoheneck – die nur zeitweise benutzten Büroräume der Staatssicherheit im Verwaltungsgebäude. Dort werden die organisatorischen Vorbereitungen für die jeweils anstehenden Transporte getroffen, wird gemunkelt. Wehe, wenn dort mal die Gardine wackelt oder sogar die Fenster geöffnet werden, dann kochen sofort die Emotionen über, und es heißt: James und Daisy arbeiten! Es muß bald ein Transport gehen! James und Daisy sind im Hohenecker Jargon niemand anders als jene Mitarbeiter der Staatssicherheit, die für diesen Verwaltungsbereich zuständig sind, nachdem die Entscheidung auf der politischen Drehscheibe bereits gefallen ist.

An diesen Fenstern kleben die Hoffnungen der politisch Inhaftierten, und sie strahlen einen ungeheuer mystisches Flair aus.

Was mich hingegen so gar nicht fasziniert, ist meine erste Lohnabrechnung. Da ich mit Ach und Krach auf 40 Prozent der geforderten Arbeitsleistung gekommen bin, ist mein Verdienst, bedingt durch die Rücklage von 50 Mark, null und nichtig. Der Arbeitslohn für das Feilen im Zugang schlägt als Betrag mit glorreichen 2,50 Mark zu Buche, der ebenfalls von der Rücklage aufgefressen wird.

Meine von der U-Haft mitgebrachten Reserven an Zigaretten und Hautcreme neigen sich erbarmungslos ihrem Ende entgegen. So bleibt es auch Illusion, daß ich mir auf dem Freihof bei der kalten Witterung mal einen heißen Tee leisten könnte. Die Situation verlangt nach Taten! Noch am gleichen Tag setze ich ein Schreiben an unsere Alte auf, in dem ich um Kürzung meiner Rücklage bitte …

Und wieder sitze ich nach einer Untersuchung in der Zelle des GWs und warte mutterseelenallein, bis mich irgendwann eine Wachtel auf Kommando schließt.

Ich lasse schon eine geraume Weile, auf dem Fensterbrett sitzend, die Beine baumeln, als eine kleine, zierliche Frau hereingeschickt wird.

Recht schnell kommen wir ins Gespräch, und da sich immer noch keine Wachtel blicken läßt, haben wir genügend Zeit zu reden. Sie ist ebenfalls RFler, allerdings noch im Zugang.

Sie wirkt auf mich wie ein verängstigtes Mäuschen. Ihre Wißbegierde über die hiesigen Verhältnisse ist aber weitaus größer als ihre anfängliche Schüchternheit. Ich versuche ihr einige nützliche Tips zu geben, die ihr das Zurechtkommen im Hohenecker Gefängnisalltag erleichtern sollen. Dabei komme ich mir schon fast vor wie ein alter Hase, obwohl ich selbst *erst* seit gut einem Monat auf der düsteren Burg bin.

„Ich heiße Monika, kannst aber gerne Moni zu mir sagen“, stellt sie sich nun namentlich vor und erzählt mir ein wenig von sich. Gemeinsam mit ihrer Familie, ihrem Mann und zwei minderjährigen Töchtern, hatten sie einen Fluchtversuch über die ungarische Grenze nach Österreich geplant, sie wurden jedoch bereits im Vorfeld verhaftet. Ihre Kinder leben nun bei der Großmutter, was ihr eine enorme Beruhigung ist.

Während sie so erzählt, betrachte ich ihr blasses Gesicht, das von glatten dunklen Haaren umrahmt wird. Die Enden ihrer Haarspitzen fallen in der Höhe ihres Kinns leicht gewellt nach innen. Mittlerweile finde ich sie gar nicht mehr so schüchtern, sondern es kommt nun eher eine spitzbübische Art zum Vorschein.

Ich bedaure es direkt, als ich das Schlüsselgeräusch an der Tür höre. Gerne hätte ich mich noch länger mit Moni unterhalten. Mit den Worten „Vielleicht sieht man sich ja mal wieder in den Gemäuern“ und einem aufmunternden Lächeln trennen sich unsere Wege.

Drei schlauchende Arbeitsnächte liegen hinter uns. Unser Kommando kehrt vom Freihof zurück. Beim Betreten der Zelle sichte ich ein in der Ecke liegendes Bündel – wieder Zugang!

Jutta und Kerstin verschwinden mit muffeligen Bemerkungen im Naßteil. Sie verleihen ihrer Mißbilligung über den Zellenzuwachs aber lange nicht mehr so unverhohlen Ausdruck.

Ich glaube meinen Augen nicht zu trauen. Da steht doch tatsächlich mit einem verschmitzten Lächeln im Gesicht die kleine Moni. Spontan umarmt sie mich.

„Ist das nicht ein Zufall?! Als ich erfahren habe, daß ich auf Planet III komme, habe ich mich schon mal mächtig gefreut. Als ich dann aber auch noch genau vor der Zelle 73 stehenbleiben mußte, konnte ich es selbst kaum glauben."

Sabine und Moni entdecken auch schnell ihre Sympathien füreinander und mich durchblitzt der Gedanke: die Dritte im Bunde.

Das sich nun auf Zelle bietende Bild hat sich gegenüber meiner Zugangszeit drastisch verändert, denn nun sitzen an *jedem (!)* Tisch drei. Jutta zieht sich merklich zurück. Kerstin motzt nur noch zeitweise. Monika fühlt sich offenbar zwischen zwei Fronten.

Das Eis der kalten Atmosphäre ist im Brechen begriffen, erste Risse sind schon sichtbar.

Allmählich beginne ich auch, mich von Beate abzunabeln. Zugegeben, ich habe dabei das ungute Gefühl, als würde ich sie im Stich lassen, nachdem sie mir über die schwere Anfangsphase hinweggeholfen hat. Aber durch ihre das Wachpersonal provozierende Art und ihre extrem anarchistische Ader läßt sie mir im Grunde keine andere Wahl. Sabine versucht mir diesen Schritt zu erleichtern, indem sie mir zuredet: „Letztendlich ist jeder für sich und sein Tun selbst verantwortlich. Jeder muß für sich die Entscheidung treffen, was er für richtig und notwendig hält, um gesund und aufrecht hier rausgehen zu können." Susanne bringt das, was aus ihrer Sicht zum Bruch mit Beate geführt hat, so auf den Punkt: „Sie verlangt einfach zuviel von sich und anderen. Das ist kein Spiel hier. Mir hat es fast das Genick gebrochen." Susannes scharfer Intellekt und ihr Hang zum Philosophieren imponieren mir sehr, eine inspirierende Mischung. Gemeinsam mit drei Kommilitonen hatte sie im vorletzten Sommer versucht, die tschechische Grenze in Richtung Österreich zu überwinden. Alle vier Flüchtlinge wurden gefaßt. Susanne erhielt mit zwei/sechs das geringste Strafmaß. Sie befürchtet, in die *Zone* entlassen zu werden, da sie ja Studentin war und den Staat somit auch in rein finanzieller Hinsicht besonders geschädigt habe.

Die folgende Frühschicht beschert mir endlich ein Wiedersehen mit Dorle, die ich seit dem Zugang nicht mehr gesehen habe. Bedingt durch den Schichtrhythmus treffen unsere Kommandos nur alle vier bis sechs Wochen auf dem Freihof zusammen. Da ihr Strafmaß ja unter zwei Jahren liegt, ist sie im erleichterten Vollzug gelandet.

Nach der ersten Wiedersehensfreude schimpft sie sogleich in ihrer temperamentvollen Art los wie ein Rohrspatz: „Erleichterter Vollzug? Daß ich nicht lache. Der reinste Hohn ist das! Die Zellentüren sind zwar tagsüber offen, das ist aber auch schon alles. Mir wäre es sowieso lieber, sie wären zu, dann hätte man wenigstens mal seine Ruhe. So latscht alles rein und raus, wie es denen gerade paßt. Die Krimis sind bei uns absolut in der Überzahl und machen einem das Leben schwer. Die sorgen für eine regelrechte Hackordnung." Dorle zeigt mir ihre Hände, die mit Brandwunden übersät sind.

„Sind die von den Krimis?" werde ich vor Schreck ganz bleich.

„Ach was, Petra, da weiß ich mich schon zu wehren. Das ist alles von der verfluchten Schufterei bei Esda. Wir müssen die Strümpfe über heiße Former ziehen, und bevor man den Bogen raus hat ... Die Fingerabdrücke bei der Stasi haben sie jedenfalls bei mir umsonst gemacht. Immer alles hübsch positiv sehen." Jetzt kann sie wieder lachen, nachdem sie ihrem Herzen Luft gemacht hat.

Das ist also der erleichterte Vollzug, für den unser Rechtsanwalt während der Verhandlung plädiert hat. Worum er da gebeten hat, war ihm wohl selbst nicht klar.

Der Heilige Abend rückt immer näher. Seit einigen Tagen schon steht auf jeder Etage der Gefängnisflure ein Tannenbaum, der dürftig mit Selbstgebasteltem und ein paar silbernen Lamettafäden behangen ist. Der unsrige ist ziemlich schief und sieht bereits recht zerfleddert aus, da im Vorübergehen viele Häftlinge klammheimlich daran herumzupfen – ein stiller Protest, der ausdrücken soll: Wir wollen keinen Weihnachtsbaum, der uns ständig das bevorstehende Fest ins Gedächtnis ruft. Wer sich darüber ereifert, sind die LLer. Sie freuen sich auf die Feiertage, gibt es für sie doch nie mehr ein Draußen.

Allein in unserem Kommando gibt es etliche Langstrafer zwischen 15 und 25 Jahren, und mit drei ehemaligen KZ-Aufseherinnen haben wir für Hohenecker Maßstäbe eine durchschnittlich hohe Quote. Ihr Leben spielt sich hier ab – ohne jede Alternative.

Wenn ich nachts in meinem quietschenden Bett liege, der Körper zur Ruhe kommt, erwachen die am Tage verdrängten Gedanken. Mit ist bange vor dem Heiligen Abend, befürchte ich doch, in ein gefährliches Stimmungstief zu rutschen.

Völlig unerwartet bekommt unsere Zelle einen Tag vor Heiligabend noch Zugang. Eine Frau mittleren Alters stößt zu uns. Es handelt sich um eine Verlegung innerhalb des Zuchthauses. Unsere neue Zellengefährtin namens Margot ist todunglücklich darüber. Sie kommt aus einem ZW-Kommando, die besagten *Lumpenkommandos*.

„Wir sind dort unter den Politischen zu einer verschworenen Gemeinschaft zusammengewachsen", erzählt sie stockend. „Das war denen schon lange ein Dorn im Auge. Jetzt haben sie uns rigoros auseinandergerissen und auf verschiedene Kommandos aufgeteilt. Die haben den Zeitpunkt vor Weihnachten bestimmt ganz bewußt gewählt …" Mühsam zurückgehaltene Tränen rollen ihr nun doch über die Wangen. Sie trauert regelrecht um die verlorene Kameradschaft, die sie während ihrer einjährigen Haftzeit auf Hoheneck erfahren durfte. Mit den Händen verdeckt sie ihr weinendes Gesicht.

Kurz und bündig umreißt sie den Grund ihres Hierseins. So erfahren wir, daß sie Antragsteller ist. Nach gut zwei Jahren Wartezeit wurde sie samt Ehemann und ihren beiden volljährigen Kindern unter fadenscheinigen Vorwänden inhaftiert. Ihr Mann und Sohn befinden sich in Cottbus, ihre Tochter in Hohenleuben, einem Jugendgefängnis.

Wir nehmen uns ihrer an, und so wird aus unserem „dreiblättrigen Kleeblatt" ein *Glücksklee*.

Der 24. Dezember – Heiligabend im Zuchthaus. Ich wünschte, dieser Tag wäre schon vorbei.

Er beginnt zunächst ganz normal mit der Frühschicht. Ab dem Nachmittag werden wir per Lautsprecher mit Weihnachtsliedern berieselt.

Als unser Kommando zum Abendbrot herausgeschlossen wird und wir über den Freihof laufen, beginnt es doch tatsächlich zu schneien. Der erste Schnee dieses Winters. Die Krimis freuen sich wie kleine Kinder: „Guckt mal! Schnee!“ Sie lassen die Zunge heraushängen, um ein paar Flocken zu erhaschen, die sie dann genüßlich im Mund zerschmelzen lassen.

Ich empfinde es vielmehr als eine üble Laune des Himmels, ausgerechnet am Heiligen Abend *hier* auch noch die entsprechende Kulisse zu liefern.

Im Speiseraum angekommen, steht auf den Tischen für jede Strafgefangene ein Weihnachtsteller – genauer gesagt, verblichene Plasteteller, auf denen je ein Apfel, eine Orange und zwei schmale Streifen Stollen liegen. Ich bin perplex, finde es vor allen Dingen vollkommen unangebracht; über das Obst freue ich mich dann aber doch.

Ausnahmsweise dürfen wir heute offiziell Essen mit auf Zelle nehmen. Laut Reglement ist es ja strengstens untersagt, Eßbares aus der Allgemeinverpflegung mit auf Zelle zu nehmen.

Aber heute ist ja Weihnachten …

Die Stimmung ist gedrückt. Selbst der Heilige Abend vermag es nicht, so etwas wie friedliche Versöhnung unter den Zelleninsassen einkehren zu lassen. Wie jeden anderen Tag auch sitzt jedes Grüppchen in seinem „Revier“. Im Laufe des Abends fließen dann doch noch einige Tränen, und so ziehen wir uns bald in unsere Kojen zurück, bevor der große Jammer über uns kommt …

Ich muß in einen bleiernen Schlaf gefallen sein. Selbst lautes Schlüsseln an unserer Zellentür läßt mich nur allmählich erwachen. Ich schlage die Augen auf. Es ist bereits hell. Wäre heute nicht der erste Weihnachtsfeiertag, so würden wir jetzt wie jeden Samstag in der Frühschichtwoche arbeiten müssen.

Erst jetzt beginne ich mich zu wundern, daß man uns nicht augenblicklich von den Betten gescheucht hat. Da kommt Moni an mein Bett und zupft sachte an meiner Decke.

„Petra, bist du wach?“

„Hm …“

„Post für dich.“

Verschlafen klettere ich von meinem Doppelstockbett herunter, sehe auf dem Tisch mehrere Briefe liegen. Und obenauf entdecke ich Helmuts vertraute Handschrift! Spielt mir meine Phantasie jetzt einen üblen Streich? Ich habe doch gar keine Schreiberlaubnis mit ihm. Doch es ist keine Sinnestäuschung! Mit bebenden Händen greife ich nach dem für mich so wertvollen Brief. Schon nach den ersten gelesenen Worten verschwimmen mir unwillkürlich die Augen, und dicke Tränen tropfen auf das Blatt Papier. Helmuts Worte sind wie Labsal für mein geschundenes Gemüt. Endlich weiß ich, daß es ihm gut geht. Immer und immer wieder lese ich seine Zeilen, die mit dem Satz enden: Vor meiner Seele Quelle liegt ein großer Stein.

Erst jetzt nehme ich wahr, daß auch von meiner Mutter ein Brief angekommen ist. Ihm liegt – meine Freude kennt kaum Grenzen – ein Foto von Helmut bei. Das nenne ich wahrlich eine weihnachtliche Bescherung.

Auch Moni und Sabine sind glückliche Empfänger von Briefen ihrer Ehemänner. So bestätigt sich auch, daß Monis Mann in Cottbus einsitzt. Sabines Mann allerdings ist wider Erwarten in Büsow gelandet. Ist das ein schlechtes Zeichen? Wir wissen es nicht.

Weihnachten liegt hinter uns. Alles in allem war es für mich nicht so belastend, wie ich befürchtet hatte.

Wohlwollend hat mir die Alte nach den Feiertagen einen Termin für einen Sprecher mit meiner Mutter zugebilligt, nämlich am 28. Januar. Ein Ziel, das mir als zeitliche Etappe dient, auch wenn es nur eine kurze Stunde sein wird.

Wohl um ihren „Tag der Humanität“ zu krönen, teilte mir die Alte fast im gleichen Atemzug mit, daß ich ab sofort meinem „Verlobten“ schreiben darf.

Am Freitagmorgen, dem letzten Tag des zu Ende gehenden Jahres, fallen wir hundemüde und kreuzlahm in unsere Kojen. Die schlauchende Nachtschichtwoche ist geschafft.

Im Gegensatz zu Heiligabend bleibt der Zellenlautsprecher heute stumm, keine Radiomusik jault. Mir ist's recht, spüre ich doch zunehmend, daß mir der Ausklang des Jahres emotional viel mehr zu schaffen macht als die vergangenen Weihnachtsfeiertage.

Silvester – der Tag, an dem ich in mich gekehrt immer auch ein Resümee des hinter mir liegenden Jahres ziehe und meine Gedanken um das kreisen, was die Zukunft wohl bereithält.

Heute nun ist banges Hoffen auf ein vorzeitiges Ende der Haft durch das Erreichen unseres Sehnsuchtsziels eng verknüpft mit der Befürchtung, ein zweites Mal die Jahreswende im Zuchthaus verbringen zu müssen.

In seltener Eintracht verkriecht sich unsere gesamte Zellenbesatzung beizeiten unter die Decken, um unbeschadet ins neue Jahr hinüberzuschlafen.

Unser Vorsatz ist das eine. Doch wir haben die Rechnung ohne das Wachpersonal gemacht.

Schlag Mitternacht ertönt über den Lautsprecher das Neujahrsläuten in einer Lautstärke, daß selbst ein in Tiefschlaf Versunkener aus dem Bett fallen muß. Ich öffne die Augen und sehe durch die Gitterstäbe leuchtende Raketen in den Himmel aufsteigen. Im Geiste sehe ich sich zuprostende, tanzende, lachende Menschen. Und bei der Vorstellung, wie es jetzt auch Helmut ums Herz sein muß und all denen, die mit uns leiden, überkommt mich eine solche Traurigkeit, daß ich, von Weinkrämpfen geschüttelt, mein Gesicht tief in die Filzdecke grabe …

Das neue Jahr ist eingeläutet. Vorsätze wie auch Wünsche sind ausgesprochen.

Nun ist die hiesige Zuchthausatmosphäre ein unsagbar guter Nährboden für alles, was mit Zukunftsdeutung einhergeht. Kartenlegen beispielsweise steht hoch im Kurs, mehr jedoch noch das Orakeln. Sowohl das Kartenlegen als auch das Orakeln sind bei Androhung von drei Wochen Arrest strengstens untersagt. Doch immer wieder gelingt es Häftlingen, Karten einzuschleusen, von denen dann auch lebhaft Gebrauch gemacht wird.

Beim Orakeln hingegen benötigt man als Utensilien lediglich ein Buch, einen Bindfaden sowie eine Schere. Schere ist Organisationssache. Weitere Voraussetzung ist eine Vollmondnacht. Ohne Vollmond läuft gar nichts, und der wird erst gegen Ende des Monats am Himmel erscheinen.

Dann will auch ich das Orakel befragen, denn Margot hat mir von den *Zwölf Nächten* erzählt.

„Heiligabend beginnend, steht jede Nacht für den jeweiligen Monat des kommenden Jahres. Und was du in dieser Nacht träumst, ist höhere Bestimmung und wird sich erfüllen."

In der achten Nacht schließlich hatte ich einen wirklich bemerkenswerten Traum: Eng umschlungen stehe ich mit Helmut auf mittelalterlich anmutendem Kopfsteinpflaster. Zu unseren Füßen schlängelt sich eine aus grobem Stein angelegte

Wasserstraße, ein kleiner künstlicher Kanal. Das Wasser des Kanals plätschert friedlich vor sich hin und wird jäh erleuchtet von den Strahlen der aufgehenden Sonne, daß es nur so glitzert und golden funkelt.

Gebannt schauen wir dem Feuerball entgegen, der in einem satten Rot und intensiven gelben und orangefarbenen Tönen erstrahlt. Ohne sichtbare Konturen fließen die warmen Farbtöne ineinander über. Ganz allmählich und ohne jede Eile steigt die Sonne am zum Greifen nahen Horizont empor, ohne von ihrer leuchtenden Farbenpracht einzubüßen. Das Szenario verbreitet eine solch unbeschreibliche Harmonie, daß wir überwältigt von dieser fast greifbaren Übereinstimmung zwischen Himmel und Erde in Glückseligkeit schwelgen.

Selbst als ich schon erwacht bin, wirkt dieses enorm starke Glücksgefühl noch lange in mir nach.

Dieser Traum weckt in mir große Hoffnungen, daß wir unsere Freiheit im August dieses Jahres erlangen könnten. Allein der Gedanke daran verleiht meiner Seele Flügel …

Rein rechnerisch hätten wir zu diesem Zeitpunkt die Hälfte des uns auferlegten Strafmaßes hinter uns. Die von Häftlingen angelegten Statistiken belegen, daß man in der Regel etwa „ab der Hälfte“ mit Abschiebung rechnen könne.

Vom Orakel ersehne ich mir nun in irgendeiner Form eine Bestätigung meines verheißungsvollen Traumes.

In der ersten Januarwoche verzeichnet unser Kommando vermehrt Neuzugänge.

In unserer Nachbarzelle ist ein „ungewöhnliches Gespann“ eingetroffen – eine Mutter mit Tochter! Beide hatten nicht ohne Grund befürchtet, innerhalb der Mauern von Hoheneck in verschiedene Kommandos aufgeteilt zu werden. Daß sie nun sogar gemeinsam in einer Zelle sind, hätten sie selbst nicht zu hoffen gewagt.

Mutter Gretel sowie ihre etwa 20jährige Tochter Beate sind RFler. Gemeinsam mit den drei erwachsenen Söhnen unternahmen sie zu fünft, aufgeteilt in zwei Schlauchboote, einen waghalsigen Fluchtversuch über die Ostsee mit Ziel Dänemark. Doch ihr Unterfangen war zum Scheitern verurteilt. Das war im Sommer letzten Jahres.

Beate ist ein aufgewecktes Mädchen, das eine wohltuende frische Natürlichkeit ausstrahlt.

Auch ihre Mutter wirkt äußerst sympathisch in ihrer herzlichen, optimistischen

Art. Gerade bei ihr habe ich das Gefühl, als trotze sie gegen alle Stürme des Lebens wie ein Fels in der Brandung.

Unsere Zelle wurde ebenfalls mit Zuwachs bedacht durch eine junge Frau, die den Namen Loni trägt. Sie ist Antragsteller „ohne Anhang“. Mit gut 1,80 Meter ist sie auffallend groß, ein sportlicher Typ mit maskulinem Einschlag. Ihr kurzes hellblondes Haar weist eine gewisse Extravaganz auf, nämlich einen superlangen Pony, der ihr bis über die Nasenspitze reicht. Durch wegwerfende Kopfbewegungen versucht sie ihn zu bändigen, abschneiden kommt nicht in Frage. Ihr burschikoses, unangepaßtes Verhalten stößt anfangs nicht bei allen auf Gegenliebe.

Zwischen Loni und der grauhaarigen Monika entwickelt sich in rasantem Tempo ein überaus herzliches, inniges Verhältnis. Monika lebt durch Lonis Zuwendung zusehends auf. Sie turteln miteinander wie Jungverliebte, daß wir schon auf Gedanken kommen könnten ... Dieser Eindruck wird – zumal durch das rein äußerlich sehr ungleich wirkende Paar – immer wieder aufs neue durch unverhohlen ausgetauschte Zärtlichkeiten geweckt. Pure Provokation oder echte Zuneigung? Es war keine Frage, die uns nachhaltig beschäftigt hätte. Lesbische Paare gab es mehr als genug ...

Der Januar ist bitter kalt. Kein Krümel Schnee fällt vom Himmel. Nie zuvor habe ich so erbärmlich gefroren wie in diesem Hoheneck. Es gibt Phasen, da wird mein Körper tagelang nicht richtig warm.

Mitte Januar, einen Tag vor meinem Geburtstag, werde ich von unserer Alten nach dem Freihof in deren Büro zitiert. Auf dem Schreibtisch steht ein Päckchen. Es ist von meiner Mutter. Hat die Alte ihr also tatsächlich einen Paketschein geschickt. Freudestrahlend will ich es an mich nehmen.

„Halt! Halt!“ ruft sie ungehalten.

Für einen kurzen Moment habe ich doch glatt vergessen, daß im Zuchthaus Pakete kontrolliert werden.

Mit einem spitzen Messer öffnet sie den verschnürten Karton. Sie wühlt mit ihren Griffeln wahllos darin herum, fördert einen Stollen, eine Tüte Plätzchen, eine Salami sowie einige Kosmetikartikel zutage, reißt vom liebevoll Eingepackten Schleifchen und Geschenkpapier herunter, zersäbelt mit dem Messer Stollen und Wurst, schüttet die Plätzchen aus der Tüte, rührt mit selbigem Messer die Creme durch, durchforstet auf diese Art und Weise den gesamten Inhalt des Päckchens, während sich mir mehr und mehr das Herz zusammenkrampft. Letztendlich wirft sie das von ihr geschaffene heillose Durcheinander zurück in den Karton, um ihn mir zu übergeben. Ich stehe wie angewurzelt da.

„Nun nehmen Sie schon!"

„Das war das erste und letzte Päckchen, das ich von Ihnen entgegengenommen habe."

„Sie hätten von mir sowieso keinen zweiten Paketschein mehr bekommen!"

„Dann sind wir uns wenigstens *das eine Mal* einig." Ich drehe mich auf dem Absatz um und will das Büro verlassen.

„Ihre Meldung!" keift sie außer sich. „Sie verlassen dieses Büro nicht ohne Meldung!"

Wenn ich nicht im Arrest landen will, muß ich meinen Spruch notgedrungen herunter leiern, was ich schließlich mit eisiger Miene tue.

„Ich weiß, daß ich an Ihrer Sorte nichts mehr herumerziehen kann, aber die Regeln werden Sie einhalten lernen, verlassen Sie sich darauf."

Mein Geburtstag – er fällt auf einen Samstag in der Frühschicht, also ein Arbeitstag. Alle Zelleninsassen – außer Kerstin und Jutta – gratulieren mir zwar, aber ansonsten ist es ein Tag wie jeder andere auch.

Nun muß man wissen, daß dieser Tag für mich immer ein ganz besonderer war. Weniger der Geschenke wegen. Vielmehr habe ich das Mehr an Zuwendung und Aufmerksamkeit genossen und fand es einfach spannend, wer wohl an diesem Tag an mich denkt.

Heute nun bin ich wie alle anderen Hoheneck-Insassen nur eine Nummer, nämlich Strafgefangene 9941. Irgendwie geht mir das schon unter die Haut.

Mißmutig sitze ich an meiner alten ratternden Nähmaschine und bin froh, als die stupide Arbeit endlich durch eine kurze Pause, das zweite Frühstück, eine Unterbrechung erfährt.

Wie es der Zufall will, laufe ich heute in den ersten Reihen des Kommandos. Welch Wunder, auf den Tischen, wo sonst die Kübel mit dem schwammigen Mischbrot stehen, liegen Weißbrote, richtige Weißbrote. Hyänen gleich haben sich die vor mir laufenden Häftlinge bereits daraufgestürzt, und in Blitzeschnelle ist es auch mir gelungen, einen halben Laib zu ergattern.

Strahlend über meinen Besitz begebe ich mich an unseren Tisch, auf dem in der Mitte ein Teller mit fünf kleinen Weißbrotstücken steht. Mir entgeht nicht der mißgünstige Blick meiner Tischnachbarin, als sie in meinem Netz den ergatterten Laib baumeln sieht.

„Heute habe ich mal Glück gehabt", sage ich frohgemut zu ihr. „Liegt vielleicht daran, daß ich Geburtstag habe." Gerade will ich mir meinen Anteil Brot vom Gemeinschaftsteller nehmen, als sie mich anzischt: „Laß das liegen."

„Wie bitte?"

„Du sollst das liegenlassen. Hast du nicht im Netz genug davon, daß du noch von unserem Teller nehmen mußt?! Wie kann man nur so egoistisch und habgierig sein!"

„Ich … habgierig und egoistisch?"

„Ja habgierig! Von der Sache her hättest du teilen müssen."

„Mit dir vielleicht, was? Dich wurmt es doch nur, weil du nichts abgekriegt hast, und anderen gönnst du es nicht!"

Mein angekratztes Nervenkostüm läßt einen weiteren Wortwechsel nicht zu. Tränen steigen mir unwillkürlich in die Augen. Eine Mitgefangene am Tisch unternimmt den zaghaften Versuch, mich zu verteidigen: „Nun laß sie doch, wo sie doch heute Geburtstag hat. So ein Theater wegen einem Stückchen Brot."

„Ich lass' sie überhaupt nicht! Hier geht es ums Prinzip!"

Mir laufen die Tränen die Wangen hinunter, ohne daß ich es verhindern könnte, und jeglicher Appetit auf irgend etwas ist mir vergangen. Den halben Laib Brot, den ich unterdessen auf den Gemeinschaftsteller gelegt habe, will nun niemand mehr …

Nach beendeter Schicht wieder auf Zelle, verkrümele ich mich gekränkt und beschämt auf mein Bett.

Nach einem Weilchen höre ich aus den Kehlen unseres Kleeblattes doch tatsächlich „Happy Birthday" erschallen. Ein Hocker dient als Geburtstagstisch, auf dem Selbstgebasteltes liegt, eine Dose Creme, zwei Filterzigaretten, Kuchen – für hiesige Verhältnisse echte Luxusartikel. Ich bin zutiefst gerührt. Es wird noch ein schöner Abend, und so war es zu meiner großen Genugtuung doch kein Tag wie jeder andere auch …

Nachdem einige Tage ins Land gezogen sind, leuchtet endlich der ersehnte Vollmond am nächtlichen Himmelszelt. Es ist bereits nach 22 Uhr, und normalerweise würden die meisten von uns schlafend in den Kojen liegen. Doch heute ist an Schlaf nicht zu denken.

Wir sind in angespannter Erwartung und hoffen, von dem Wachpersonal bei unserem Vorhaben nicht entdeckt zu werden – dem Orakeln.

Ich kann nicht mit Bestimmtheit sagen, was es ist, was mich treibt. Neugier, Hoffnung oder Glaube? Jeder Mensch braucht in einer ausweglos erscheinenden Situation etwas, woran er sich festhalten kann.

Wir legen die nötigen Utensilien bereit. Die grauhaarige Monika hat ein Buch organisiert, dessen Autor verstorben ist – eine Grundvoraussetzung für das Orakeln, denn dessen Geist wollen wir herbeirufen. Die Aktion findet auf meinem Bett statt, da es in der äußersten Ecke der Zelle steht und vom Türspion aus ungünstig einzusehen ist. Monika, Sabine, Margot und die kleine Moni sind mit von der Partie. Erwartung und Skepsis halten sich die Waage.

Monika, die nicht zum ersten Mal orakelt, schlägt das Buch genau in der Mitte auf. Der Bindfaden wird so eingelegt, daß das Buch zusammengeklappt an ihm in der Schwebe baumelt.

Die Enden des Fadens werden am Scheitelpunkt der Schere befestigt, und zwei Personen – in diesem Fall Monika und ich – halten mit ausgestrecktem Zeigefinger je einen Scherengriff an seinen abgerundeten Enden. Das Buch hängt nun ohne jeden äußeren Einfluß an diesem Faden in der Luft. Die geringste Bewegung wird vermieden. Das Buch verharrt in absoluter Ruhestellung. Der ins Zellenfenster scheinende Mond spendet der unheimlich anmutenden Szene ausreichend Licht.

Monika murmelt eine Begrüßungsformel und fragt: „Hörst du mich?“

Nichts geschieht. Ich spüre, wie Enttäuschung in mir emporkriecht. Wie konnte ich mich bloß auf diesen Nonsens einlassen?

Monika wiederholt andächtig und ruhig ihre Worte, und siehe da, das Buch beginnt sich zu bewegen. Mir stockt fast der Atem. Mein Finger hält das eine Ende der Schere, und ich kann beschwören, daß sich in mir keine einzige Faser gerührt hat, und dennoch dreht sich das Buch eindeutig um etwa ein Viertel seiner Achse!

„Bist du bereit, uns einige Fragen zu beantworten?“ flüstert Monika ehrfurchtsvoll.

Das Buch vollzieht eine exakte Drehung nach links, was *ja* heißt, rechts entspricht *nein*.

Monika erzählt dem herbeigerufenen Geist, was uns bewegt, um schließlich konkret zu werden.

„Wir möchten wissen, ob wir mit einem Häftlingstransport nach Westdeutschland gelangen werden …"

Seine Antworten sind eindeutig: Wir gehen alle fünf! Aber wann? Und so fragt Monika für jeden einzelnen von uns quasi die Termine ab. Margots Augen leuchten, als ihr der Geist den Monat März dieses Jahres voraussagt. Sabine und Monika wird als Transporttermin der Herbst des gleichen Jahres in Aussicht gestellt.

Das Buch schlägt inzwischen heftig aus, als habe *er* seine anfängliche Trägheit überwunden. *Er* scheint nun mitten unter uns zu weilen, *seine* Nähe ist direkt spürbar …

Nach einiger Zeit wechseln wir die Besetzung. Sabine und Margot halten nun die Scherengriffe. Monika hat nämlich zu bedenken gegeben, daß die Macht des eigenen Denkens und Wünschens zu stark einfließen und womöglich die Antworten verfälschen könnte.

Plötzlich wackelt mehrmals der Spion an der Zellentür. Wir kuscheln uns eng aneinander.

Sollen die da draußen doch denken, wir veranstalten einen *flotten Fünfer*, das würden sie allemal eher dulden als unser Orakeln. Auf dem Gang kehrt wieder Ruhe ein.

Monika stellt nun dem Geist die Fragen zu meiner Person. Mir rast das Blut wie wild durch die Adern, meine Schläfen pulsieren.

Nach den Monaten befragt, schlägt das Buch heftig im August dieses Jahres aus. Wir machen wie bei jedem zuvor auch die Gegenprobe, bei der die Fragen nach den verbleibenden elf Monaten jeweils mit einer Rechtsdrehung beantwortet werden.

August! Mein Traum! Die achte Nacht! Mir wird vor Erregung schwindelig.

Zum Schluß befrage ich *ihn* im erprobten Stil nach Monikas Schicksal. Es ist ein irres Gefühl.

Monika könne im Mai, ihrem Entlassungsmonat, mit Abschub rechnen, lautet die Antwort.

Wir versäumen nicht, uns bei unserem so auskunftsfreudigen Geist zu bedanken, der nun am Ende der Befragung doch müde geworden zu sein scheint, denn das Ausschlagen des Buches ließ zum Schluß hin doch merklich nach.

Nach unserer Verabschiedung rührt und ruckt sich nichts mehr, und in hohem Maße tief beeindruckt legen wir das Buch andächtig beiseite.

In dieser Vollmondnacht liege ich noch lange wach. Das Orakeln hat meine kühnsten Erwartungen übertroffen. Es war ein einschneidendes, faszinierendes Erlebnis, und dies auf lange Sicht.

Nun gibt es eine feste Größe, auf die ich bewußt hinlebe, auch wenn es noch gut sieben Monate sind. Ich spüre ein tiefes inneres Wissen voll Zuversicht und Dankbarkeit. Zwar sagt mir mein Verstand: Versteife dich nicht zu sehr auf den August, denn Gnade dir Gott, wenn du länger auf der Burg ausharren mußt, dann wärst du nicht die erste, die ins Bodenlose stürzt und die aufgeputschten Hoffnungen mit dem psychischen Zusammenbruch bezahlt. Doch Hoffnung dieser Natur hat mit Verstand und Vernunft nichts im Sinne, sind es doch verheißungsvolle Zeichen aus einer anderen Welt …

Anderentags gehe ich kurz vor Schichtbeginn ins Naßteil, um mich noch ein wenig frisch zu machen. Eine junge Frau mit dunklem Wuschelkopf ist gerade damit beschäftigt, ihre Waschsachen auf die Konsole abzustellen. Ach, denke ich beim flüchtigen Hinschauen, die Nachbarzelle hat wieder Zugang bekommen. Ich sage freundlich, aber kurz „Hallo“, denn so aufregend finde ich mittlerweile Zugang doch nicht mehr, und bin schon wieder fast an der Tür …

Plötzlich durchzuckt es mich. Ich drehe mich um und schaue der jungen Frau noch einmal ins Gesicht. Der ergeht es ebenso.

„Petra?“ fragt sie ungläubig.

„Iris?“ Und schon liegen wir uns in den Armen. Es ist tatsächlich Iris. Iris, mit der ich die Zelle im Prager Staatsgefängnis geteilt hatte. Wir können es kaum fassen. Verstohlen wischen wir uns die kullernden Tränen von den Wangen.

„Wie ist es dir denn so ergangen?“ möchte ich von ihr wissen. Mit dieser Frage löse ich einen regelrechten Redeschwall aus, der jäh durch die Lautsprecherdurchsage gebremst wird.

Erst am Abend nach Arbeitsschluß haben wir Gelegenheit, uns ausführlicher auszutauschen.

Auch sie wurde zu über zwei Jahren verurteilt. Von ihrem Freund Micha, der mit ihr auf der Flucht war, hat sie sich *losgesagt.* Er hat sich entschieden, in der DDR zu bleiben.

„Anfangs hat es mir ganz schön zugesetzt, aber inzwischen bin ich drüber weg. Ich werde mir im Westen ein ganz neues Leben aufbauen und werde schon jemanden finden, der zu mir paßt."

Der letzte Tag der Spätschichtwoche steht für mich im Zeichen des ersehnten Sprechers mit meiner Mutter. Sie ist im Prinzip die einzige „Kontaktperson", durch die ich Verbindung zur Außenwelt habe.

Der Situation angepaßt, führen wir unter Aufsicht der Alten ein anfangs stokkendes, dann hinlänglich oberflächliches Gespräch. Klären ein paar persönliche Dinge ab, immer bemüht, unsere Emotionen bedeckt zu halten. Ständig werden wir von der Alten durch Maßregelungen unterbrochen, bis sie für uns überraschend schnell verkündet: „Die Zeit ist um. Der Sprecher ist beendet."

„Das soll eine Stunde gewesen sein?!" Zwar habe ich keine Uhr, dafür ein gutes Zeitgefühl.

Meine Mutter hat eine Uhr und stellt fest: „Das war keine Stunde, eine gute halbe vielleicht."

„Wenn ich sage, der Sprecher ist beendet, dann ist er beendet!"

„So ist es immer, Mutti. Hier werden die Mörder besser behandelt als die Politischen."

„Die Mörder?" fragt sie erschrocken.

„Hier gibt es keine Politischen!" reagiert die Alte aufgebracht. „Das sind alles Kriminelle, die gegen das Strafrecht der DDR verstoßen haben!"

„Da ist die Stasi in ihrer Definition aber schon weiter als Sie. Die bezeichnen uns zumindest als Kriminelle mit politischem Motiv."

Sie schnappt nach Luft. „Verabschieden Sie sich! Sofort!"

Wohl oder übel müssen wir uns Lebewohl sagen. Was mag jetzt in meiner Mutter vorgehen?

Eine Bahnreise von zwei Tagen für so eine halbe Stunde? Wie gern würde ich sie an mein Herz drücken. Doch ich muß sie einfach so ziehen lassen.

Die Frage drängt sich mir auf, was wohl schmerzlicher ist: einen nahestehenden Menschen lange Zeit nicht zu sehen *oder aber* ihn zu sehen und seine Gefühle in einem aufgezwungenen Rahmen vergewaltigen zu müssen? Aber vielleicht würde ich mir diese Frage gar nicht stellen, wäre der Sprecher anders verlaufen.

Der beginnende Februar bringt für mich eine Veränderung im Arbeitsbereich mit sich.

Endlich werde ich von diesen maroden, ewig kaputten Nähmaschinen erlöst und im gleichen Nähsaal den *Legern* zugeteilt – der Lohn meiner diesbezüglichen Bemühungen. Als Leger werden jene Arbeitskräfte bezeichnet, welche die fertiggestellten Bettbezüge zusammenlegen. Neben jedem Legertisch ist zu diesem Zweck eine etwa ein Meter hohe Stangenvorrichtung in den Boden gelassen, über welche die linksseitigen Bezüge gezogen werden. Zu zweit streift man sie wieder herunter, und mit ein paar routinierten Handgriffen wird der Bezug synchron auf Kante gelegt. Bei den Legern zu arbeiten, sind die begehrtesten Jobs in den Nähsälen. Man arbeitet zu zweit und ist nicht von Maschinen abhängig. Stupide ist hier ohnehin jeder Arbeitsgang, egal was man tun muß.

Ich arbeite mit der grauhaarigen Monika zusammen. Schnell sind wir ein eingespieltes Team.

Zwischen Monika und mir gibt es eine stillschweigende Vereinbarung: Mehr als 80 Prozent Monatsleistung kommt nicht in die Tüte. 80 Prozent bei den Legern ist die Leistungsgrenze, welche gerade noch so ohne Arrestandrohung geduldet wird.

80 Prozent gleich 80 Mark, abzüglich Rücklage, bleiben 30 Mark. Das wäre für mein „Haushaltsbudget" eine nennenswerte Aufbesserung.

Eines Tages – unser Kommando hat gerade Freihof – kreuzt unseren Weg das Kommando von Planet II.

Aus sich über Wochen eingeschlichener Gewohnheit laufe ich dem Kommando entgegen, um in die Gesichter zu blicken. Das unvermutete Auftauchen von Iris hat gezeigt, daß es nicht auszuschließen ist, im Hohenecker Sammelbecken für Politische doch noch ein bekanntes Antlitz zu entdecken.

Eine Frau löst sich aus der grauen Masse und steuert schnurstracks auf mich zu.

„Mensch, Petra!" ruft sie schon von weitem. „Endlich treff' ich dich."

Nachdenklich lege ich meine Stirn in Falten. Irgendwoher kenne ich diese Frau. Aber wer ist sie?

„Erkennst du mich denn nicht? Ich bin doch Rosel." Ich bin wie vom Donner gerührt. Rosel aus der U-Haft.

„Seit wann bist du denn hier?"

„Kurz vor Weihnachten bin ich aufs Kommando gekommen. Ausgerechnet Gerda ist mit mir auf einer Zelle. Von ihr weiß ich auch, daß du hier bist."

Wir können uns nur noch in Windeseile ausmachen, uns eventuell am Wochenende beim Fernsehen zu treffen. Doch dies ist eine vage Verabredung, denn die Politischen unserer Zelle unterliegen schon seit Wochen dem Fernsehverbot. Sie muß sich beeilen, den Anschluß an ihre Truppe nicht zu verpassen. Eine Wachtel ist auch schon auf uns aufmerksam geworden.

Solche unkontrollierten Kontaktaufnahmen mit Häftlingen anderer Kommandos sind nicht gern gesehen.

Gedankenverloren drehe ich auf dem Gefängnishof meine Runden. Rosel liegt schon seit acht Wochen ein Stockwerk unter mir, und ich hatte keinen blassen Schimmer davon. Die Abschirmung der Kommandos funktioniert demnach richtig gut. Wie fremd sie aussah in diesen Anstaltsklamotten, mit dem schwarzen Kopftuch und so blaß … Trotzdem, ich hätte sie sofort erkennen müssen. Verändert Hoheneck derart Gesichter?

Der Februarwind peitscht mir mit Eiseskälte ins Gesicht. Ich schlage den Mantelkragen hoch und vergrabe meine bloßen, frierenden Hände tief in die Manteltaschen.

„Strafgefangene Gellert! Sie wissen doch ganz genau, daß das Hochschlagen des Kragens gegen die Kleiderordnung verstößt!"

Das war doch die keifende Stimme der Alten. Was macht die denn hier unten? Ich drehe mich um und sehe ihn stehen, diesen uniformierten Giftzwerg, den mit Lammfell besetzten Mantelkragen hochgeschlagen …

Ich gehe auf sie zu, bleibe unmittelbar vor ihr stehen und schaue ihr geradewegs in ihre wässrigen, gefühllosen Augen. Die beginnen zu zucken. Wortlos schlage ich betont langsam meinen Mantelkragen herunter und drehe ihr weglaufend den Rücken zu. Oh, wie ich diese Frau verfluche! Es gibt Momente, da könnte ich mich glatt vergessen. Und welch Wunder, sie pfeift mich nicht zurück …

Am Wochenende klappt es tatsächlich mit dem Fernsehtreff. So erfahre ich von Rosel, daß sie tatsächlich am 11.11. (!) Verhandlung hatte und zu zwei/drei verurteilt wurde.

„Das mußt du dir mal vorstellen", empört sie sich noch immer, „zwei Jahre und drei Monate, weil ich einen Durchschlag meines Ausreiseantrages an meinen Verlobten in den Westen geschickt habe!"

Auch Rosel war anfangs entsetzt über die Zustände und die Hackordnung, die sie bei ihrem Eintreffen auf der Burg vorgefunden hat. Doch auch sie hat für sich einen Weg gefunden, sich mit den gegebenen Unzulänglichkeiten zu arrangieren.

Erneut werden unserer Zelle zwei neue Häftlinge zugeteilt, so daß unsere Besetzung auf zehn Frauen angewachsen ist. Bei diesen Neuzugängen, beides RFler, handelt es sich um zwei Frauen, die nicht unterschiedlicher sein könnten.

Zum einen ist Romi zu uns gestoßen. Mit 19 Jahren noch blutjung, hat sie ganz offenbar die gesamte Tragweite ihres Hierseins noch gar nicht begriffen. Sie gebärdet sich, als wäre das alles ein großes Abenteuer. Die Realität holt sie allerdings verdammt schnell ein, und sie muß zu ihrem Leidwesen begreifen, daß sich ihre zwei/drei als lange Zeitspanne entpuppen.

Zum anderen ist Marlies zu uns gekommen, eine robuste, pfiffige Natur mit viel Witz und Galgenhumor. Erst einige Zeit später stellt sich heraus, daß ihr Schicksal besonders viel Tragik enthält, was wir nie vermutet hätten. Fassade als Selbstschutz. Ihre 20jährige Tochter, mit der sie auf der Flucht nach Österreich war, ist an der ungarischen Grenze umgekommen. Darauf angesprochen, antwortet Marlies einsilbig: „Kopfschuß. Sie war sofort tot." Mehr mag sie nicht sagen, und wir bedrängen sie auch nicht weiter.

Kopfschuß – das klang wie aus einem hohlen Faß heraus, völlig entseelt. Noch lange behalte ich es im Ohr, dieses tonlose „Kopfschuß" …

Die zwei letzten freien Betten unserer Zelle werden Ende Februar belegt. Der Verwahrraum nebenan ist nun ebenfalls komplett, so daß sich im Naßteil zu den Stoßzeiten 24 nackte Leiber auf engstem Raum im Wechsel drängen.

Das Kommando an sich ist auf 68 Strafgefangene angewachsen. Davon sind etwa die Hälfte Politische.

Unsere vorerst letzten „Neulinge" sind eine Verlegung innerhalb der Burg. Sie kommen aus Planet II. Der Hintergrund ist im Prinzip der gleiche wie bei Margots Verlegung, nämlich den entstandenen Zusammenhalt unter den Politischen, den es eben doch gibt, zu zerschlagen.

Diese zwei Frauen – Astrid und Doris – entwickeln sich mit der Zeit zu einem harmonischen Gespann, das sich gegenseitig stützt und miteinander durch dick und dünn geht.

Bei Astrid handelt es sich um eine Frau Anfang 40, die per Schleusung versuchte, von Ost- nach Westberlin zu gelangen, um mit ihrem westdeutschen Freund zusammenleben zu können.

Doris, Mutter von zwei kleinen Kindern, deren Mann in Cottbus einsitzt, ist etwa Mitte 20. Ihr Verbrechen besteht darin, vor etwa zwei Jahren einen Ausreiseantrag gestellt und diesem immer wieder den nötigen Nachdruck verliehen zu haben.

Astrid kennt Marlies bereits aus der Stasi-U-Haft Berlin. Sie bestätigt jene Tragödie.

„Sie hat in Berlin mehrere Selbstmordversuche unternommen", erzählt sie bewegt. „Ich hätte nie geglaubt, daß sie wieder so gut auf die Beine kommt. Aber ich denke, in ihrem tiefsten Inneren sieht es anders aus."

Marlies hat im Prinzip keine Chance auf „Abschiebung". Es ist ein offenes Geheimnis, daß bei gescheiterten Versuchen, bei denen Flüchtlinge zu Tode gekommen sind, die an der Flucht Beteiligten auch nach Strafverbüßung „im Lande" bleiben müssen.

Gleiches gilt für Flüchtlinge, die durch Selbstschußanlagen, Minen oder gezielte Schüsse Verletzungen davongetragen haben. Man liefert dem Klassenfeind nicht gern lebende Beweise frei Haus, die die Unmenschlichkeit des Regimes belegen.

Am 5. März steht mir gegen die Mittagszeit der nächste Sprecher mit meiner Mutter ins Haus. Heute befinden wir uns in einem wesentlich größeren Raum und sind auch nicht allein. Mehrere Sprecherpaare haben sich bereits an einem langen Tisch eingefunden. Die Alte ist wieder als Horch- und Lauschposten anwesend und sitzt unglücklicherweise ausgerechnet neben mir. Erst nach einiger Zeit erhebt sie sich, schlendert am Tisch entlang, um stichprobenhaft auch in die anderen Gespräche hineinzuhören.

Sofort nutze ich die Gunst der Stunde, breche mitten im Satz ab, um meiner Mutter flüsternd vom Häftlingsfreikauf zu berichten. Mit großen staunenden Augen hört sie mir zu und meint dann kopfschüttelnd: „Das glaube ich einfach nicht." Die Alte ist aufmerksam geworden, kehrt unverzüglich an ihren Platz neben mir zurück, den sie bis zum Ende der Sprecherzeit nicht mehr verläßt. Doch sie hat nicht verhindern können, daß ich nach über sieben Monaten Haft meiner Mutter endlich begreiflich machen konnte, was der Quell meiner Hoffnung ist, woraus ich Kraft schöpfe. Dieser Silberstreifen am Horizont soll nun auch sie befähigen, optimistischer in die Zukunft zu blicken, auch wenn sie es im ersten Moment nicht glauben konnte.

Die Tage vergehen …

„Die Winterpause", meint Monika, „macht uns noch alle fix und fertig. Das war schon letztes Jahr so. Nach dem ersten Transport wird es besser. Dann hat man zumindest das Gefühl, es läuft wieder was, wir sind nicht vergessen worden." Da ich mein Augenmerk ohnehin auf den August richte, schlage ich mich derzeit viel mehr mit den Alltäglichkeiten des Burglebens herum. Ein Lichtblick hat sich für mich insofern ergeben, als die Alte nun doch meine Rücklage auf 30 Mark gekürzt hat – unter Vorbehalt, wie sie das nennt. Ein Fakt, der mir bei enormster Sparsamkeit ermöglicht, Zigaretten vom billigsten Tabak zu drehen, jeden Tag einen Becher Tee auf dem Freihof zu schlürfen, und noch ein Rest für den Erwerb von Hautcreme, Äpfeln und Milchprodukten bleibt. Wenn es zum Beispiel Quark im Kiosk zu kaufen gibt, dann ist das ein echtes Highlight.

Nicht anders, als der März endete, ist auch der April geprägt vom Herbeisehnen des ersten Transportes des Jahres. Es herrscht eine Hochspannung, die explosiven Charakter trägt. Als wäre die Burg aufgefüllt mit Zündstoff, und wehe, wenn jemand ein Streichholz daranhält.

Es fällt mir schwer, mich von dieser Stimmung nicht anstecken zu lassen. Einige der Langstrafer zeigen sogar Verständnis für die angespannte Situation und bestätigen, *so* habe sich die Winterpause schon lange nicht mehr hingezogen. Die wüstesten Vermutungen werden angestellt, bis hin zu der Befürchtung, ob wohl der Häftlingsfreikauf eingestellt worden sei? Immerhin gab es im Oktober vergangenen Jahres einschneidende Veränderungen auf bundesdeutscher Regierungsebene. Helmut Schmidt mußte gehen …

Monika hat inzwischen ihr „Wiedereingliederungs-Pamphlet" erhalten, das sie zwangsläufig gegenzeichnen mußte. Natürlich hat sie sich mit der Tatsache auseinandergesetzt, in die *Zone* entlassen zu werden, doch die konkrete Kenntnis darüber durch dieses Papier macht ihr schwer zu schaffen. Loni versucht, so gut sie eben kann, ihr Trost zu spenden. Jede Politische unserer Zelle fühlt auf ihre Weise mit Monika, wohl auch in der bangen Ahnung, daß jedem einzelnen von uns gleiches widerfahren könnte.

Der unglaublich zäh dahinfließende April erfährt endlich seine Ablösung durch den Mai.

Auch heute, an einem Montag in der zweiten Maiwoche, hoffen alle Politischen, wie so viele Montage zuvor, daß endlich „etwas geht". Und Nudeln hat es heute Mittag auch gegeben. Und wenn es Nudeln gibt, kann auch ein Transport gehen! Wobei es wohl bisher eher so war, daß es Nudeln gab, wenn ein Transport ging … Paradox, woran man sich in seiner Hoffnung alles klammert. Doch die „Hohenecker Transportnudeln" sind tatsächlich legendär.

Die Effekten arbeiten, hört man. Doch das haben sie schon oft getan, und kein Transport ging.

Wenn die Effekten arbeiten, ist darunter nichts anderes als das Zusammenstellen von Transportpaketen zu verstehen. Man ist schnell dabei, Vermutungen anzustellen.

Die Stimmung ist aufgeheizt, schaukelt sich heute besonders hoch. Um am Abend erneut der immer größer werdenden Enttäuschung Platz zu machen?

Unser Kommando hat bereits die Arbeit im Spätschichtrhythmus aufgenommen. Ich ziehe gerade einen Bezug über die Stange, als zwei Wachteln im Nähsaal erscheinen. Alles hebt augenblicklich die Köpfe. Sie wechseln ein paar Worte mit den Zivilkräften, schauen in unsere Richtung, kommen auf unseren Arbeitsplatz zu. Ich werde unruhig. Da ist was im Busch.

„Sie sind Monika Lauritz? … Ihre Häftlingsnummer? … Dann kommen Sie mal kurz mit."

Wir schauen uns an. Haben beide den gleichen Gedanken. Kein Wort ist nötig. Nie zuvor sind wir uns so nah gewesen wie in diesem flüchtigen Augenblick. Loni kommt angestürzt.

Sie umarmt Monika unter fließenden Tränen. Wünscht ihr einen guten Start im Westen.

„Wir sehen uns wieder", ist sich Loni sicher.

„Das ist bloß 'ne Razzia", wehrt Monika ab.

Selbstschutz aus Angst vor dem freien Fall ins Leere. Doch wir glauben es alle besser zu wissen. Heute geht der erste Transport des Jahres! Und Monika ist dabei!

Sie ist kreidebleich. Die Frage: „Bin ich wirklich bald am Ziel meiner Träume?“ steht ihr auf der Stirn geschrieben. Sie geht – nicht aufrecht, eher voller Zweifel, nicht begreifen könnend, was da mit ihr geschieht.

Kaum ist sie fort, gleicht unser Nähsaal einer aufgescheuchten Hühnerschar. Erst als mir eine der Zivilkräfte mitteilt, daß ich ab sofort mit Camilla die Bezüge zu legen habe, wird mir klar, daß Monikas Gehen auch für mich ganz persönlich Konsequenzen hat. Und keine guten, wie ich finde. Camilla ist eine Kriminelle, die sich eine Zeitlang als Politische ausgab, bis der Schwindel aufflog. Sie gehört zu jener Sorte von Häftlingen, die durch extrem hohe Arbeitsleistung auf sich aufmerksam zu machen wissen und auch ansonsten keinerlei Schamgrenzen kennen, um ihre vorzeitige Haftentlassung voranzutreiben.

Von Anfang an will sie mir einschärfen, daß bei ihr unter hundert Prozent nichts läuft.

„Ich arbeite, wie ich kann“, gebe ich ihr nur lakonisch zur Antwort.

Und schon legt sie los. Sie rackert wie ein Stier. Für meine Versuche, ihre Arbeitswut zu bremsen, ernte ich böse Blicke und unflätige Bemerkungen.

„Wir haben schon genug Zeit verloren wegen diesem blöden Transport“, meint sie zwischendurch prustend, während ihre blonden Stoppelhaare zu Berge stehen.

„Sag mal, von welchem Stern kommst du eigentlich?“ reagiere ich ungehalten. „Ich bin aus einem anderen Grund hier gelandet als du. Vergiß das nicht!“ Verdutzt schaut sie mich mit zusammengezogenen Augenbrauen an und zischt mir dann zu: „Wir haben jetzt keine Zeit für Diskussionen. Los, weiter!“

Am Ende der Schicht meint sie, mich noch einmal mit ihrer tiefen Baßstimme anherrschen zu müssen: „Ab morgen will ich mehr Arbeitsleistung sehen! Klaro?“

„Weißt du was, du kannst mich mal.“ Und unmißverständlich hebe ich den Mittelfinger meiner rechten Hand.

Für mich steht fest, daß ich dem Umstand, mit dieser Camilla zusammenarbeiten zu müssen, so schnell wie möglich Abhilfe schaffen muß.

Wieder auf Zelle, wird es für uns zur unumstößlichen Gewißheit – Monika ist fort. Auf ihrem Bett liegen nur noch die kahlen Matratzen. Ihr Namensschild ist entfernt.

Wer nun Trost braucht, ist Loni.

Jutta, deren Hoheneck-Dasein sich längst gejährt hat, ist sehr verbittert darüber, wieder nicht zu den „Auserwählten“ gehört zu haben.

„Bevor die geht, hätte ich längst weg sein müssen."

Loni verteidigt Monika auch in ihrer Abwesenheit gegen giftige und niveaulose Bemerkungen, die nicht nur aus Juttas Mund stammen.

Dieser erste Transport geht wie ein großes Aufatmen durch die Insassen der Burg. Der schöne milde Mai tut das seinige. Monika hatte recht, als sie sagte, nach dem ersten Transport wird es besser. Als wäre es ein kleines Vermächtnis, erinnere ich mich ihrer Worte.

Als wolle man diesem Stimmungshoch bewußt einen Dämpfer versetzen, taucht ausgerechnet in dieser Woche das verhaßte und gleichermaßen gefürchtete *Rollkommando* auf. Auf die fast wöchentlichen Razzien haben wir uns mittlerweile eingestellt. Das Rollkommando stellt jedoch jede alltägliche Razzia in den Schatten.

Gespornt und gestiefelt erscheint ein Teil des Korps, bestehend aus zwei Männern und vier Frauen, in unserem Nähsaal. Alle Häftlinge werden schulmäßig abgetastet. Dieser Kontrolle fallen Helmuts Briefe sowie mein selbstgefertigter Brustbeutel zum Opfer, auf den ich andächtig „Freedom for H + P" gestickt habe. Wahre Verluste für mich.

Anschließend werden unsere Arbeitsplätze aufs gründlichste inspiziert.

An Lonis Platz entdecken sie ein gezeichnetes Landschaftsbild, eine Erinnerung an Monika. „Wem gehört das?!" ruft eine der Wachteln vom Rollkommando zu uns herüber.

„Mir", sagt Loni laut. Ein gewisses Maß an Stolz schwingt in ihrer Stimme mit.

Die Wachtel bewegt sich auf Loni zu. „Sie haben eine Malerlaubnis?"

„Nein, habe ich nicht. Ich kann sowieso nicht so gut zeichnen."

„Wer hat das also gemacht?"

„Die singt nicht mehr. Die ist schon dort, wo ich auch hin will – im Westen."

„Wenn Sie sich da mal nicht irren." Demonstrativ zerreißt sie Stück für Stück das für Loni so wertvolle Blatt Papier und läßt die Schnipsel mit spitzen Fingern auf den Boden rieseln.

Loni schlägt sich mit der Faust vor die Brust. „Ich hab's hier drin. Da können Sie's mir nicht wegnehmen. Und ob ich rüberkomme, bestimmen nicht Sie!"

Die Augen der Wachtel sprühen Funken. „Sie nennen mir sofort Ihre Häftlingsnummer. Das hat ein Nachspiel."

Als das Rollkommando davongestiefelt ist, bückt sich Loni, um die Schnipsel des zerrissenen Bildes aufzuheben. Verstohlen wischt sie sich ein paar Tränen aus dem Gesicht.

Nach der Schicht wieder auf Zelle, empfängt uns das eigentliche Ausmaß des Wütens des Rollkommandos. Der gesamte Inhalt der Schränke liegt auf dem Boden verteilt, die Matratzen sind aus den Betten geworfen. Das Chaos ist perfekt. Keiner, dem nicht irgend etwas fehlt.

So ist unserem Frust wieder einmal mehr Tür und Tor geöffnet.

Ein Frust ganz anderer Art liegt in der Tatsache begründet, daß ich weiterhin mit Camilla zusammenarbeiten muß. Alle meine Bemühungen gegenzusteuern blieben bisher erfolglos.

Richtig prekär wird die Situation in der Mitte Mai angesetzten Sonderschicht, einem Samstag in der Spätschichtwoche.

Sonderschichten, die schon fast regelmäßig an die Spätschichtwochen angehangen werden, haben für die Mehrzahl der Politischen ihre eigene Gesetzmäßigkeit. Mit Monika hieß dies maximal 40 bis 50 Prozent. Die strikte Verweigerung hieße ohne Wenn und Aber drei Wochen Arrest.

Zähneknirschend beschwert sich Camilla bei den Zivilkräften, daß ich heute ganz besonders ihre Arbeit boykottiere und sie es endgültig mit mir satt hätte. Ich meinerseits flüchte mich in die Behauptung, es ginge mir heute gesundheitlich gar nicht gut, wohl wissend, daß mir dies kaum abgenommen wird. Die Stimmung zwischen uns ist somit auf den absoluten Nullpunkt gesunken.

Beate, der Sonderschichten regelrecht verhaßt sind, offenbart mir während einer Rauchpause auf Toilette: „Soviel ist sicher, die nächste Sonderschicht läuft ohne mich. Ich kann das nicht länger mit meinem Gewissen vereinbaren."

„Mensch, Beate, mach doch keinen Mist", versuche ich sie zu beschwichtigen. „Das bringt doch nichts. Die spielen dich doch bloß kaputt."

„Ach was, der letzte Arrest war im Winter. Jetzt haben wir bald Sommer, dann ist es da unten nicht mehr ganz so lausig kalt."

„Du machst dir doch bloß selbst was vor. Wem nützt denn das?"

„Wenn ich mal drüben bin, dann will ich sagen können: Ich habe solche Schweinereien wie Sonderschichten nicht mitgemacht. Und wenn du ein Kerl bist, dann war das heute auch deine letzte."

„Nee, nee, Beate, so läuft das nicht. Daß du immer glauben mußt, du hast das einzig richtige Patentrezept. Die Meinung der anderen zählt für dich nicht. Mit Susanne war's damals doch genauso."

„Erwähne bitte nicht mehr diesen Namen in meiner Gegenwart", sagt sie spitz.

„Nun mach es dir doch nicht noch schwerer, als es eh schon ist. Nimm doch Vernunft an."

„Ihr macht es euch zu leicht! Das ist es! Die nächste Sonderschicht läuft jedenfalls ohne mich. Und wenn ich im Arrest bin, dann habe ich wenigstens meine Ruhe und brauch' mich nicht mehr mit diesen Idioten um mich herum abzugeben."

Erhobenen Hauptes verläßt sie den Toilettenraum. Es bleibt dahingestellt, ob sie mittlerweile auch mich zu „diesen Idioten" zählt. Richtungsweisend war dieses Gespräch jedoch für uns beide allemal.

Genau eine Woche ist seit dem ersten Transport des Jahres verstrichen. Unsere Nerven sind abermals wie Drahtseile gespannt.

Unser Kommando hat seine Arbeit in der Frühschicht bereits aufgenommen. Das zweite Frühstück liegt hinter uns. Einige der Politischen werden augenscheinlich immer nervöser, da nichts geschieht, was auf einen Transport hinweisen könnte.

Da ich zu den Skeptikern zähle, die nicht glauben können, daß nun jeden Montag in Folge ein Transport gehen soll, fühle ich mich in meiner Annahme bestätigt.

Da dringt ein Schrei aus dem Nähsaal nebenan: Transport! Transport!

Stehenden Fußes folgt die Nachricht: Sie haben Margot und Jutta geholt!

Wie versteinert stehe ich da und könnte auf der Stelle losheulen. Gedanken unterschiedlichster Natur jagen wie Torpedos durch mein Hirn.

Der Freihof bietet uns Gelegenheit zum Austausch mit dem Esda-Kommando; wer die glücklichen Transportgänger sind, welche politischen Paragraphen sie hatten, wieviel sie von ihrem Strafmaß prozentual haben absitzen müssen – Hochkonjunktur für die Statistiker.

Dorle, die ich heute auch wieder antreffe, strahlt einen ungeheuren Optimismus aus und ist überzeugt, in absehbarer Zeit ebenfalls die Burgmauern hinter sich zu lassen.

Als wir den Verwahrraum betreten, sind die Namensschilder von Margot und Jutta entfernt …

Jutta ist nun wirklich kein Verlust für die Verwahrraumbesetzung. So gut, wie sie aussah, so berechnend war sie auch und egozentrisch obendrein.

Kerstin hat nun ohne Juttas Unterstützung einen schweren Stand. Interessiert beobachte ich ihre Versuche, sich jetzt mit jedem Zelleninsassen zu arrangieren. Auffallend dabei ist, daß sie mehr und mehr kindliche Verhaltensweisen annimmt. Besonders Marlies versucht sie in der Rolle als Mutter für sich zu gewinnen. Marlies ihrerseits läßt sich zum Großteil auf dieses makabre Spielchen ein, das bei allen anderen Unbehagen auslöst.

„Bitte, bitte, Märchen vorlesen“, bettelt Kerstin im Tonfall eines Kleinkindes und klatscht dabei in beide Hände.

„Ja, mein Kleines, ich komme gleich“, antwortet Marlies mit mütterlicher Wärme.

Das Gute-Nacht-Sagen ist ein Ritual für sich, ohne das Kerstin angeblich schon gar nicht mehr einschlafen kann. Futter für die Psychiatrie.

Zwei transportlose Montage liegen hinter uns. Damit sehe ich mich nun endgültig in meiner Skepsis bestätigt – von wegen jeden Montag ein Transport.

Im Grunde haben wir diese Woche für uns bereits abgehakt, als wir am Mittwoch – dem ersten Tag im Juni – eines Besseren belehrt werden. Noch bevor unser Kommando die Spätschicht antritt, wird eine Politische aus der Nachbarzelle abgeholt. Sie wird nie wieder gesehen …

Für mich erfährt dieser Tag seine Krönung durch einen Brief von Helmut, den ich spätabends nach der Schicht auf dem Zellentisch liegend vorfinde. Es sind die ersten Zeilen von ihm nach der Razzia durch das Rollkommando, die ich fortan wieder bei mir trage. Jedes seiner Worte sauge ich tief in mich hinein. Mögen sie für einen Außenstehenden noch so banal klingen, sind diese zensierten Briefe doch das einzige, was uns geblieben ist.

Noch in der gleichen Woche kann ich mich endlich von Camilla als Legepartner loseisen.

Hilde, eine Strafgefangene aus der Nachbarzelle, ist jetzt mein Gegenüber beim Bettwäschelegen. Sie stellt das dar, was man hinlänglich eine „Knast-Mutter“ nennt. Ihre angegrauten rotblonden Haare fallen ihr bis auf die Schultern und wirken wie ein Überbleibsel aus ihrer einstigen Jugend. Sie umrahmen ein vom Alter her schwer einschätzbares Gesicht, das gezeichnet ist von Entbehrungen und Leid, dem aber dennoch eine Spur Wärme geblieben ist.

Ihre Delikte sind für Hohenecker Maßstäbe geradezu harmlos: Unterschlagungen, Arbeitsbummelei; dies allerdings in ständiger Wiederholung. Sowohl ihre Nerven als auch ihre eigentliche Gesundheit sind schon arg in Mitleidenschaft gezogen. Schon von daher ist Normerfüllung für sie nichts Erstrebenswertes.

Doch nachdem wir mehrfach von den Zivilkräften ermahnt wurden, daß unsere durchschnittlichen 50 Prozent eine Meldung bei der Erzieherin wegen Arbeitsverweigerung zur Folge haben werden, glaube ich eher, daß ich vom Regen in die Traufe gekommen bin, denn ich stehe im Prinzip schon wieder mit einem Bein im Arrest.

Dachten wir, daß am Freitagabend die Arbeitswoche geschafft ist, so hatten wir uns gründlich verrechnet: Samstag ist Sonderschicht. Selbst die arbeitswütigen Kriminellen beginnen zu murren. Wer nicht zur Sonderschicht geht, ist Beate! Gefangene aus ihrer Zelle berichten, daß sie sofort in den Arrest verfrachtet wurde. Gab es wirklich nur diesen Weg für sie?

In der Nachtschicht vom 16. zum 17. Juni treffe ich mich mit Susanne nach Mitternacht im Toilettenraum. Mit unserem Nachtschichttee stoßen wir auf den „Tag der Einheit“ an. Susanne hat sogar ein paar Kekse organisiert, die wir andächtig knabbern.

Wir haben ein vertrautes Verhältnis zueinander entwickelt, wenn auch kein inniges. Wir reden über vieles, aber nicht über alles. Susanne möchte keine zu engen emotionalen Bindungen eingehen. Behutsam, aber dennoch bestimmt versucht sie mir zu erklären: „Wenn ich eines Tages Hoheneck verlasse – so oder so –, dann muß ich innerlich frei sein, damit ich einen dicken Strich unter all das hier ziehen kann.“

„Ich denke anders darüber. Wenn sich hinter mir das Tor schließt, dann kann ich Hoheneck nicht einfach abhaken, zumal ich dort Menschen weiß, die meiner Hilfe bedürfen. Wenn es an der Zeit ist, werde ich mir alles von der Seele schreiben, damit ich es verarbeiten kann, vergessen werde ich diese Zeit wohl nie …“

Morgens um halb vier stehe ich mit Susanne verträumt am Fenster des Nähsaals.

Von den Zivilkräften ist weit und breit keine Spur. Gemeinsam betrachten wir einen dieser wunderschönen Sonnenaufgänge des Erzgebirges. Ganz sachte klettert die Sonne rötlich schimmernd die letzte Hügelkette am Horizont hinauf, um den neuen Tag zu begrüßen.

„Heute Abend ist sie dort, wo wir schon so lange hin wollen", seufzt Susanne aus tiefstem Herzen.

Loni, die in Fensternähe arbeitet und Susannes Stoßseufzer gehört hat, ruft uns augenzwinkernd zu: „Sogar die Sonne scheint dort heller, und das Gras ist grüner. Werdet ihr alles noch sehen, wenn's erst vollbracht ist." Wir müssen alle drei gleichzeitig loslachen. Aber wer weiß, vielleicht scheint an dem Tag, wo alles sich erfüllt, die Sonne wirklich heller denn je …

In der Folgezeit gehen sporadisch Transporte, wobei sich tatsächlich der Montag als *der* Transporttag herauskristallisiert. Da diese Transporte jedoch nicht einen einzigen Häftling unseres Kommandos betreffen, haben sie auch keinen unmittelbaren Einfluß auf unser derzeitiges Burgleben. Unser Kleeblatt ist wie die anderen Politischen auch beruhigt, daß immer wieder *etwas geht,* und wir trösten uns damit, daß wir ausgehend von der Hälfte unserer Strafmaße ohnehin noch nicht an der Reihe sind. So versuchen wir die Achterbahn der Hoffnungen und Enttäuschungen unter Kontrolle zu halten, um nicht aus der Bahn geworfen zu werden.

Derweil erleben wir eine Aufregung ganz anderer Art. Moni ist krank. Ernsthaft krank!

Sie liegt im Bett und krümmt sich wie ein Wurm vor Schmerzen. Unsere Versuche, eine Wachtel aufzutreiben, sind vergeblich. Selbst donnernde Schläge gegen die Zellentür bleiben ohne Erfolg. Sabine versucht Moni zu trösten: „Spätestens wenn die uns heute abend zur Schicht rausschließen, muß ja jemand kommen." Und so ist es dann auch.

„Machen Sie mal nicht so'n Zirkus, Strafgefangene!" wird Moni allerdings von der Wachtel zusammengestaucht. „Sie woll'n sich doch bloß vor der Arbeit drükken. Kennen wir alles. Das gibt's hier aber nicht!"

„Ich kann heute wirklich nicht", wimmert Moni leise. „Ich würde weiß Gott lieber arbeiten gehen, als diese Schmerzen aushalten zu müssen."

Sabine schaltet sich ein: „Sehen Sie denn nicht, daß es der Frau wirklich schlecht geht? Sie muß zumindest untersucht werden. Womöglich ist es noch der Blinddarm."

„Ach was, Blinddarm. Eure Sorte kenne ich. Ihr habt doch alle naselang was anderes." Mein Adrenalinspiegel ist stetig im Steigen begriffen, und aufgebracht mische ich mich ein: „Also wenn Sie einen Kranken nicht von einem Simulanten unterscheiden können, dann sollten Sie dieses Urteil einem Arzt überlassen. Wir sind zwar Strafgefangene, aber trotzdem auch noch Menschen. Und dieser Mensch dort ist krank!"

„Und wenn Sie keinem Arzt vorgeführt wird", meldet sich erneut Sabine zu Wort, „dann werde auch ich nicht zur Arbeit raustreten."

„Du meine Güte, so ein Zirkus wegen ein paar Bauchschmerzen. Nichts als Ärger hat man. Jetzt treten Sie mal raus, ich werde später jemanden aus dem GW holen."

Auf ihr Wort vertrauend gehen wir zur Schicht. Moni bleibt allein in der Zelle zurück.

Als wir nach der Arbeitsnacht die Zelle wieder betreten, ist Moni fort.

Die letzten Tage des Juni sind gezählt. Nach etwa zwei Wochen – und zwei Wochen GW auf Hoheneck sprechen für sich – ist Moni wieder auf dem Kommando. Nicht der Blinddarm war Ursache für ihre Schmerzen, sie hatte sich eine akute Unterleibsentzündung zugezogen.

„Bin ich froh, wieder bei euch zu sein. Hab' ich denn was verpaßt?"

„Nee, nee, außer Deckenschütteln ist nichts weiter gewesen."

Schmunzelnd erzählen wir Moni von jenem Sonntag, an dem uns die Alte zum Ausschütteln der Schlafdecken aufforderte. Das Besondere daran war, daß die Aktion auf dem Außenhof über die Bühne ging. Als ich da so stand, fühlte ich mich ganz stark an die Zeit erinnert, als ich noch mit Dorle als Zugang meine Runden drehte und der November zunehmend ungemütlicher wurde. Jetzt war das Land wieder grün, so weit das Auge blickte. Die Sonne strahlte prächtig vom Himmel und versprach einen wunderschönen Sommer. Und mir wollte partout nicht in den Schädel, daß ich *erst* acht Monate auf der Burg bin. An diesem Tag wurde mir bewußt, daß man die Zeit auf Hoheneck nicht nach Kalendertagen messen kann, sondern nach den sich ereignenden Geschehnissen …

„Ich habe übrigens eine Neuigkeit aus dem GW mitgebracht. Stellt euch vor, ich habe eine Nachricht von meinem Mann erhalten. Er wird im Juli hierher zum Sprecher kommen!“

„Nein!“ rufen Sabine und ich wie aus einem Munde.

„Doch! Er kommt!“ Moni strahlt übers ganze Gesicht. „Vielleicht kommt dein Helmut ja auch mit.“

„Ja, das wäre wunderbar …“

Am nächsten Tag steckt mir eine Strafgefangene auf dem Freihof einen Kassiber zu.

„Von Beate“, quetscht sie kaum hörbar zwischen den Zähnen hervor und läuft, Teilnahmslosigkeit vortäuschend, weiter.

Im ersten Moment dachte ich schon, es wäre wieder einer dieser „Liebes-Kassiber“, von denen ich schon einige erhalten habe. Leider immer viel zu plump und vulgär verfaßt, ohne jede Romantik. Gegen lesenswerte „Lektüre“ hätte ich ja nichts einzuwenden.

Nun, mit Beates Kassiber in der Tasche fühle ich mich von allen ins Rund blickenden Wachtelaugen ins Visier genommen. Am liebsten würde ich ihn sofort lesen, doch es bietet sich keine Gelegenheit. Wenn heute bloß keine Razzia ist. Denn findet man das heiße Stück Papier bei mir, ist das eine sichere Fahrtkarte in den Arrest.

Die drei Wochen, welche Beate wegen der verweigerten Sonderschicht absitzen mußte, sind bereits abgelaufen. Doch Beate ist nicht aufs Kommando zurückgekehrt. Wir haben schon die unterschiedlichsten Vermutungen angestellt.

Auf Zelle verkrümele ich mich sofort auf mein Bett und lese … Samt Zettel sinken meine Hände langsam in den Schoß, wo sie liegenbleiben. Ich starre ins Leere.

„Was ist denn los, Petra?“ möchte Sabine wissen.

Wortlos, mit Tränen in den Augen reiche ich ihr den Kassiber. Nun liest ihn Sabine …

Beate teilt mir kurz und knapp mit, daß sie direkt vom Arrest in die Absonderung verlegt wurde, da sie nun grundsätzlich jegliche Arbeit verweigert. Den meisten Raum nehmen allerdings üble Beschimpfungen ein. „Nie hätte ich gedacht, daß du auch so ein Schwein bist, ein Schwein, das Sonderschichten mitmacht.

Deine Sorte ist noch viel schlimmer als die roten Socken. Die stehen wenigstens zu ihrer miesen Überzeugung, aber du …"

„Die hat se ja wohl nicht mehr alle!" ist Sabine empört.

„Irgendwie hat sie ja recht."

„Sie hat überhaupt nicht recht! Jetzt zieh dir den Schuh auch noch an, das fehlte gerade noch. Wenn du ein Schwein bist, dann sind wir alle Schweine, und zwar ohne Ausnahme. Wenn's nicht so riskant wäre, würde ich ihr am liebsten zurückschreiben, daß es ihre Entscheidung ist, wenn sie sich unbedingt kaputtmachen will. Aber sie soll gefälligst nicht noch andere in ihren gefährlichen Dunstkreis mit hineinziehen!"

Ich habe Sabine selten so emotional aufgebracht erlebt wie nach diesem Kassiber.

Es geht mir noch eine gewisse Zeit nach, doch dann komme ich mit mir wieder ins reine.

Der Juli hat mit hochsommerlichen Temperaturen Einzug gehalten. Die allgemeine Stimmung verliert an Anspannung.

„Hoffentlich muß ich nicht wieder diesen ollen schweren Wintermantel im Herbst abholen. Ich hasse das Ding wie die Pest." Es ist Sabines Art, ihrer Hoffnung Ausdruck zu verleihen.

Als wir im April laut Stichtag (nicht entsprechend der herrschenden Witterung) die Mäntel in der Kleiderkammer der Effekten abgeben mußten, hat das wohl mehr oder weniger jede Politische im stillen gehofft.

Moni hat mittlerweile tatsächlich ihren Mann sehen können. Doch die Freude über das Wiedersehen ist im nachhinein überschattet von der Sorge um ihn.

„Ich hatte mich so auf den Sprecher gefreut, und dann hat es nur weh getan. Vielleicht wäre es besser gewesen, wenn ich ihn unter diesen Umständen gar nicht zu Gesicht bekommen hätte. Er ist schrecklich abgemagert und war so deprimiert. Jetzt mache ich mir um ihn mehr Sorgen als vorher."

Er kam mit dem zweiten Sprechertrupp der Cottbus-Männer im Rahmen eines Sammeltransports. Einen dritten soll es laut Gerüchteküche nicht geben. Damit habe ich das Körnchen Hoffnung, Helmut vielleicht nach all den Monaten wieder in die Augen blicken zu können, begraben. Ich bin zutiefst enttäuscht und frage mich, wie ich überhaupt der Illusion verfallen konnte, daß uns als unverheiratetem Paar ein Sprecher zugebilligt werden könnte.

Selbst der Sprecher am 9. Juli mit meiner Mutter ist mir in meiner bitteren Enttäuschung nur ein schwacher Trost. Ich spüre während des gesamten Sprechers, daß ich heute von meinem Stimmungsbarometer her einen rabenschwarzen Tag erwischt habe. Mein Herz ist voller Wehmut, Schmerz und Verzweiflung. Doch auch heute gilt wie üblich die Devise, sich möglichst keine Blöße zu geben, denn aufgedeckte Schwachstellen dienen gnadenlos als Angriffsflächen für den praktizierten Psychoterror.

Als die Alte zum Ende hin den 17. September 1983 als nächsten Termin auf dem Sprecherzettel notiert, sage ich mehr zu mir selbst: „Ich hoffe von ganzem Herzen, daß du mich an diesem Tag nicht mehr hier besuchen mußt und daß das heute unser letzter Sprecher war."

Während sich meiner Mutter unwillkürlich ein schmerzlicher Zug um den Mund legt und ihre Augen sich mit Tränen füllen, faucht die Alte mich an: „Wie kommen Sie denn darauf? Sie werden ja wohl wissen, wie hoch Ihr Strafmaß ist. Und wegen guter Führung werden *Sie* mit Sicherheit nicht früher entlassen!"

Jedes Wort der Erwiderung scheint mir fehl am Platze, vielmehr ergreife ich spontan die Hände meiner Mutter, schließe sie zum Abschied in die meinigen fest ein und denke inbrünstig: Gott gebe, daß mich mein Gefühl nicht täuscht …

Der Montag nach diesem Sprecher ist gekrönt von einem Transport, welcher allerdings unser Kommando wieder nicht betrifft. Dieser Umstand gibt uns nun allmählich doch zu denken.

Vom Rhythmus her sind wir diese Woche wieder mit dem Esda-Kommando auf dem Freihof.

Doch heute warte ich vergebens auf Dorle. Ein blutjunges Mädchen, mit dem sich Dorle angefreundet hat, ihre einzige Vertraute im Kommando überhaupt, nimmt mich während des Freihofes beiseite.

„Dorle ist heute mit auf Transport gegangen. Die Glückliche hat es geschafft. Sie hat mich gebeten, dir letzte liebe Grüße auszurichten, und du sollst den Kopf nicht hängenlassen. Sie will drüben für dich *kurbeln* und drückt dir die Daumen, daß du auch bald rauskommst."

Auch wenn wir uns nur alle paar Wochen für eine halbe Stunde sehen konnten, so wird mir ihr temperamentvolles Wesen, ihr ansteckender Optimismus doch fehlen.

Am darauffolgenden Tag schlüsselt es kurz vorm Raustreten zur Spätschicht an unserer Zellentür. Alles schießt augenblicklich von den Betten herunter, denn die Alte persönlich gibt sich die Ehre.

„Strafgefangene Gellert!"

„Ja, hier."

„Was soll denn das nun wieder heißen! Haben Sie es immer noch nicht gelernt?! Ich erwarte von Ihnen eine ordentliche Meldung! Aber Sie haben ja noch genug Zeit, das zu lernen. Also, ich höre."

„Frau Oberleutnant Sutterer, Strafgefangene Gellert meldet sich an", sage ich brav; dabei würde ich ihr am liebsten an die Gurgel springen.

„Sie haben morgen 11 Uhr einen Sprecher mit Ihrem Mittäter. Ziehen Sie sich was Vernünftiges an. Ich werde Sie dann holen." Spricht's und hinkt zur Tür hinaus.

Ich stehe da wie zur Salzsäule erstarrt.

„Mensch, Petra, freu dich doch!" ruft Moni. „Du siehst morgen deinen Helmut!"

„Ich freue mich ja", höre ich mich mechanisch sagen. Fünf Sekunden später fährt ein jubelnder Jauchzer aus meiner Kehle. Helmut kommt! Mein alles! Nie hätte ich es noch für möglich gehalten. Strahlend hebe ich die kleine Moni in die Höh' und drehe mich in überschwenglicher Freude mit ihr im Kreise.

„Laß mich runter, laß mich runter!" lacht sie. „Mir wird schwindelig."

Wann war ich in den letzten Monaten so glücklich?

Die Nacht zum 13. Juli mache ich kaum ein Auge zu. Der Gedanke, daß ich morgen Helmut sehen soll, wühlt mich innerlich so auf, daß ich keine Chance habe, auch nur annähernd zur Ruhe zu kommen. Ich beginne, die Stunden zu zählen, die Stunden bis 11 Uhr …

Endlich ist es soweit!

Im Sprecherraum sitzen sich bereits vier Paare jeweils an einem kleinen Tisch gegenüber, während an einem weiteren – mir schlägt das Herz bis zum Halse – Helmut in Gedanken versunken auf mich wartet. Seine Hände liegen ineinander verschränkt auf dem Tisch, der Kopf ist gesenkt. Als er mich hereinkommen sieht, erhebt er sich augenblicklich. Meine ohnehin schon weichen Knie schmelzen wie Butter in der Sonne. Als wir uns zur Begrüßung die Hand geben, schauen wir uns tief in die Augen, und ein ungeheurer Kraftakt an Selbstbeherrschung ist vonnöten, um es bei diesem Händedruck zu belassen. Er wiegt meine Hand noch eine Weile in der seinigen. Ich spüre seine Wärme, die wie eine Welle ihren Weg in meinen Körper findet.

„Wollen Sie etwa aneinander klebenbleiben? Handschlag heißt nicht Händchenhalten. Unterlassen Sie das also.“

Helmut schaut die Alte mißbilligend an, läßt aber langsam meine Hand los. Beide sind wir keines Wortes fähig. Unsere Augen sind angefüllt mit Tränen. Überwältigt von den uns beherrschenden Gefühlen schauen wir uns unentwegt an. Dabei sagen unsere Blicke mehr, als Worte je ausdrücken könnten. So sitzen wir uns schon eine ganze Weile gegenüber.

Aus unserer Versunkenheit heraus reißt uns gleich dem schrillen Kreischen einer Motorsäge die Stimme der Alten: „Wollen Sie sich etwa die ganze Zeit anschweigen? Deswegen hätten Sie nicht extra aus Cottbus kommen müssen.“

„Und wenn ich die ganze Stunde hier sitze und schweige, dann würden *Sie* nichts daran ändern“, erwidert Helmut im ausgesprochen scharfem Ton.

Das Gesicht der Alten wird mit einem Schlag unnatürlich starr, ihr Mund ist nur noch ein schmaler Strich. Sie gibt keinen Laut von sich.

So unendlich lang mußte ich den vertrauten Klang seiner Stimme entbehren. Nun, wo ich ihn wieder hören darf, ist er wie Balsam für meine Seele.

Der Bann ist gebrochen. Wir bescheinigen uns gegenseitig, daß es uns gut geht, wobei jeder von uns nur zu genau weiß, was mit *gut* gemeint ist.

„Schmal bist du geworden“, stelle ich fest.

„Zehn Kilo habe ich weniger, aber du hast ja auch nicht gerade zugelegt.“

Wir bemühen uns, das Gespräch an der Oberfläche plätschern zu lassen, während wir immer wieder innige Blicke tauschen, die stumm bezeugen, was wir uns eigentlich zu sagen hätten.

Um so unbarmherziger trifft es uns, als die Alte aus heiterem Himmel nach etwa 20 Minuten auf das Ende des Sprechers hinweist.

„Das war nie und nimmer eine volle Stunde!“ protestiert Helmut lautstark.

„Ich weiß nicht, was in Cottbus üblich ist, aber wenn ich hier sage, der Sprecher ist beendet, dann ist er beendet.“

„Die anderen Sprecher laufen ja auch noch", versuche ich zu argumentieren.

„Seit wann gehen *Sie* denn die anderen etwas an? Und außerdem bin *ich* Ihre Erzieherin! Sie können von großem Glück reden, daß ich nicht schon viel früher abgebrochen habe. Gründe dafür haben Sie genug geliefert."

„Machen wir uns nichts draus", tröstet Helmut mich und sich zugleich. „So Gott will, liegt der ganze Schlamassel bald hinter uns, und dann fangen wir ein neues Leben an. Irgendwann kommen wir so oder so wieder raus, aber die hier", und er macht eine leichte Kopfbewegung in Richtung der Alten, „die haben lebenslänglich."

„Jetzt ist es aber genug! Verabschieden Sie sich! Auf der Stelle!"

Wir erheben uns. Einen flüchtigen Moment lang glaubte ich, Helmut wolle mir trotz aller Verbote einen Kuß geben. Ich schaue ihn an und kann ihn einfach nicht so gehen lassen. Meine tiefsten Empfindungen liegen blank, ich fühle mich innerlich richtig aufgeschlitzt.

Da uns der Tisch erbarmungslos trennt, drücke ich zum Abschied zwei inbrünstige Küsse auf seine Hände, die ich am liebsten nicht mehr loslassen möchte.

„Unglaublich!" zetert die Alte auch schon los.

„Ich liebe dich, Helmut, von ganzem Herzen."

„Ich dich auch, Petra. In meinem Herzen bist du immer bei mir." Da sind sie wieder – unsere Tränen …

Wieder auf dem Flur stehend, muß ich all meine mir verbliebene Kraft aufbringen, um nicht laut loszuschluchzen. Es ist nicht allein der neuerliche Trennungsschmerz, die abermals erfahrene Demütigung, es ist auch das enorme Glücksgefühl, Helmut gesehen, seine Stimme gehört, ihn für kurze Augenblicke berührt zu haben. Ließe ich meinen Tränen freien Lauf, so wäre es wohl Wasser des Leides, aber auch des Glücks.

Der Weg zurück in die Zelle ist gepflastert von Vorhaltungen durch die Alte: „Das war Ihr erster und letzter Sprecher mit Ihrem Mittäter. Dafür werde ich sorgen, verlassen Sie sich drauf! Mir ist ja schon so manches untergekommen, aber so was wie Sie … Sind wir etwa in Polen, wo der Handkuß üblich ist? Nein, wir sind in Hoheneck, und deshalb war das Ihr letzter Sprecher."

„Das hoffe ich sehr."

Teils irritiert, teils prüfend schaut sie mich an. Doch diese Frau mit einem Herz aus Stein wird nie auch nur annähernd begreifen, was in mir vorgeht.

Mein Traum in der achten Nacht. Das Orakel. Das Gefühl, das in mir wächst, nicht nur darauf zu hoffen, sondern vielmehr *es zu wissen*. Und Mitte August ist zudem die *Hälfte* geschafft, in genau 32 Tagen, o Hoffnung, erhältst du doch wieder neue Nahrung ...

Diese Art von Hoffnung ist mein Lebenselixier, denn in meiner Brust pocht noch ein anderer unbändiger Schmerz, der von Tag zu Tag quälender wird – meine Sehnsucht nach Natur, Landschaft, Weite. Gehen zu können, wohin ich will, solange ich will, sooft ich will. Einfach frei sein und meinen Lebensrhythmus selbst bestimmen können. Ein enormer Druck lastet auf mir, der nach einem Ventil sucht. Und ich spüre nur zu deutlich, daß es für mich äußerst gefährlich werden kann, sollte in diesem Jahr nicht jener Transport anstehen, der auch mich erlöst.

Neben meiner Gefühlswelt habe ich auch mit Blick auf meine Arbeitssituation mehr denn je die bange Befürchtung, daß früher oder später dunkle Gewitterwolken aufziehen. Im Moment sieht es eher nach *früher* aus, denn Hilde gibt mir unmißverständlich zu verstehen, daß sie bald nur noch 40 Prozent anpeilt.

„Das ist Arbeitsverweigerung", gebe ich zu bedenken.

„Tja, Petra, tut mir leid, wenn ich dir Schwierigkeiten machen sollte. Aber ins Krankenkommando komme ich nun mal nicht rein, und dann ziehe ich der ganzen Plackerei den Arrest vor."

„Du tust ja gerade so, als könntest du im Arrest deine Schäferstündchen abhalten. Du weißt doch besser als ich, daß in den Rattenlöchern da unten geprügelt wird."

„Wenn du dich ruhig verhältst, nicht unbedingt. Ich will endlich meine Ruhe haben, nichts als meine Ruhe. Ich kann diese Scheißtypen um mich herum einfach nicht mehr sehen." Schmerzlich an Beate erinnert, zucke ich zusammen.

Soll ich etwa als Politische mehr Arbeitsleistung bringen wollen als eine Kriminelle? Soll ich mich gegen Hilde stellen? Oder Arrest in Kauf nehmen? Keines davon will ich. Doch ich sehe auch keine Alternativen, die sich auftun könnten. Von daher fühle ich mich ganz arg in eine Sackgasse getrieben. Ich versuche, Hilde Tag um Tag hinzuhalten, ihre Ankündigung wahrzumachen, und versteife mich im Gegenzug im beängstigendem Maße zunehmend darauf, daß sich all meine Probleme von selbst lösen, wenn ich nur bald auf Transport gehen würde.

Der 18. Juli ist tatsächlich wieder ein Transporttag.

Zum ersten Mal bin ich nach einem Transport wirklich am Boden zerstört. Und das, obwohl meine innere Stimme sagt: *Petra, es ist noch nicht an der Zeit. Wir haben Juli, nicht August.*

Ich kann mich nicht einmal mehr freuen, daß es Gerda geschafft hat, Gerda aus der U-Haft.

Und diese Entwicklung macht mir angst. Bin das wirklich noch ich?

Und was ist, wenn ich auch im August nicht auf Transport gehe? Und nicht im September und Oktober? Was ist, wenn ich einen zweiten schrecklichen Winter auf Hoheneck antreten muß? Ein schonungsloser Kampf in meinem Inneren hat begonnen …

In den frühen Morgenstunden des 30. Juli stehe ich kurz vor Ende der letzten Nachtschicht dieser Woche am Fenster und blicke mit brennender Sehnsucht im Herzen durch die Gitterstäbe ins Freie hinaus. Die Vögel zwitschern fröhlich dem jungen Morgen entgegen und begrüßen die aufgehende Sonne. Heute müßte meine Mutter mit meinen Schwestern an ihrem Urlaubsziel angekommen sein. Unweigerlich gehen meine Gedanken ein Jahr zurück, als sich meine Familie ebenfalls im Urlaub befand, während die Folgen unserer mißglückten Flucht wie Meereswogen über uns zusammenschlugen. Morgen jährt sich nun der Tag unserer Verhaftung. Das unauslöschliche Gefühl, bald auf Transport zu gehen, bestimmt inzwischen jede Minute meines Denkens. Hoffnung? Wunschdenken? Oder mehr? Ein Satz schwirrt mir immer wieder im Kopf herum: Der Kreis schließt sich …

Am Sonntag nachmittag sind wir allesamt in unserer Zelle total aufgedreht – ohne eigentlichen nachvollziehbaren Anlaß. Unsere Euphorie erhält noch eine zusätzliche Steigerung, als ungewöhnliche Klänge aus dem Zellenlautsprecher erschallen – echter Disco-Sound. Wir tanzen, hüpfen, singen, johlen – nie zuvor habe ich eine solche Ausgelassenheit unter meinen Mithäftlingen erlebt, und ich mittendrin. Als das Lied „It's raining again" von Supertramp über den Äther kommt, flippen wir vollends aus. „Abgang! Transport! Freiheit!" schreien wir voller Inbrunst aus uns heraus. Da verstummt der Lautsprecher, und die unalltägliche Vorstellung findet ihr jähes Ende.

Nachts wälze ich mich von einer Seite auf die andere. Diese enorme innere Unruhe, welche mich schon den ganzen Tag über begleitet hat, will partout nicht von mir weichen, nistet sich regelrecht ein. Mir ist innerlich so heiß, als hätte ich Fieber. Doch ich habe kein Fieber. Zwar ermahne ich mich immer wieder, daß ich auf dem besten Wege bin, meine letzten Reserven zu verheizen, doch wer kann seinem Körper befehligen zu ruhen, wenn der Geist rastlos ist. Denn uns steht ein Montag ins Haus!

Eine Stimme in mir sagt: *Morgen, Petra, morgen gehst du!*

Mein Verstand würde am liebsten die eskalierenden Gefühle kurzerhand hinauswerfen: Heller Wahnsinn! Reiß dich gefälligst zusammen und schau der Realität ins Auge!

Diese Nacht voller Hoffnung und Zweifel kam mir vor wie eine Stunde und doch wie eine Ewigkeit. Mein Schädel schmerzt, als wolle er in tausend Stücke zerspringen.

Die Nacht erfährt ihre Ablösung durch den Rhythmus der beginnenden Spätschichtwoche: 5.30 Uhr aufstehen – 6 Uhr Zählappell – 7 Uhr Frühstück – danach Freihof. Nun bleibt uns Zeit bis 12.30 Uhr.

Der gestrigen Euphorie ist höchste Anspannung gewichen. Ich habe mich auf mein Bett zurückgezogen und versuche zu lesen. Beim Umblättern der Buchseite werde ich jedoch gewahr, daß ich zwar über das Gedruckte hinweggeflogen bin, den Inhalt der Worte aber gar nicht erfaßt habe. Ich harre unbewußt der Dinge, die da kommen mögen.

Es schlüsselt. Wie elektrisiert schieße ich hoch.

Eine Wachtel ruft herein: „Brauchen Sie Shampoo, Zahnpaste, Seife?“ Doris trottet aus der Zelle. Sie ist zur Zeit für dieses Ressort zuständig.

Tief durchatmend klappe ich das Buch zu und könnte mich auf der Stelle ohrfeigen. Glaubte ich doch tatsächlich für den Hauch einer Schrecksekunde, jetzt holen sie mich.

Ich verkrieche mich auf „meinen Ausguck“ und schaue auf die sanften, von der Boshaftigkeit dieser Welt nichts ahnenden Hügel des Erzgebirges. Da sehe ich einen Kleintransporter auf dem Gefängnisterrain um die Ecke biegen und erkenne hinter der Scheibe seiner Hintertür ganz deutlich Pakete. Transportpakete, ist mir sofort klar! Kaum habe ich meine Entdeckung verkündet, sind allen Spekulationen Tür und Tor geöffnet.

Wo bleibt eigentlich Doris so lange? Gegen 10 Uhr wird sie mit einem Kanister Shampoo in der Hand zurückgeschlossen. Sie ist in heller Aufregung.

„Transport! Es geht ein Transport! Sie haben aus Planet II schon Leute rausgezogen!"

Und du warst nicht dabei, ist mein erster Gedanke. Wie konnte ich mich nur so täuschen?

Ich habe es doch so deutlich gespürt. Du mußt unbedingt lernen umzudenken, wenn du hier halbwegs gesund an Leib und Seele herauskommen willst. Warum hat es all die Monate gut funktioniert? Warum läßt du jetzt so viele Gefühle zu, die völlig irrational sind?

Es ist mehr als nur ein Gefühl, meldet sich meine innere Stimme, die sich nicht zum Schweigen bringen läßt.

Du wirst schon wieder zur Vernunft kommen, kontert hingegen mein bodenständiges Ich, wenn du wieder mit Hilde brav Bettwäsche zusammenlegst oder ganz und gar im Arrest landest wegen Arbeitsverweigerung.

Die verbleibende Zeit bis zum Schichtbeginn kriecht mir endlos scheinend dahin. Eine mich fast zum Wahnsinn treibende Schlacht findet derweil in meinem Inneren statt, der Kampf zwischen Verstand und Intuition …

12.30 Uhr – Raustreten. Apathisch reihe ich mich ein. Die Schlacht in mir tobt noch immer.

Jetzt, die letzte Chance – auch beim Ablaufen hat man schon Gefangene herausgezogen.

Warum sollten sie? Sie hatten doch den ganzen Vormittag genügend Zeit, um dich zu holen.

Da! Die Alte steht vorne!

Na und, die stand schon oft da vorne, und nichts ist passiert.

Wie in Trance laufe ich im Trupp der Gefangenen den Flur entlang.

Mannis obligatorische Meldung: „Frau Oberleutnant Sutterer! 68 Strafgefangene zum Mittagessen und zur Arbeit angetreten. Es meldet …" Die rechte Seite des Kommandos läuft ab. Unsere Seite folgt.

Jetzt, Petra, jetzt, die allerletzte Chance!

Ha, gleich geht die Tür hinter dir zu, und du wirst zum abermalsten Male die ungenießbare Suppe löffeln – die vielzitierten Transportnudeln – und bis zum Abend im Nähsaal stehen.

Noch zehn Schritte bis zur Tür, noch neun, acht, sieben …

Die Stimme der Alten! Die Alte hat dich gerufen!

Es reicht! Das Maß ist voll! Das ist schon die reinste Hysterie!

„Strafgefangene Gellert! Hören Sie schlecht?“ vernehme ich nun doch ganz deutlich die bebende Stimme der Sutterer, deren Stimme immer bebt, wenn sie erregt ist. „Ich hatte gesagt, Sie sollen einen Moment hier bleiben. Ich habe mit Ihnen noch etwas zu klären.“ Wie angewurzelt bleibe ich stehen.

„Alles Gute“, flüstert mir Sabine im Vorbeilaufen noch zu.

Und schon ist die Tür geschlossen. Doch *ich* stehe noch da!

Transport!!! triumphiert mein Inneres jubelnd. Mein Herz schlägt wie ein Preßlufthammer.

Der Verstand will es noch immer nicht wahrhaben. Und wenn die Alte doch nur …?

„Packen Sie Ihre Sachen zusammen, *Frau* Gellert. Alles, was hinter Ihnen liegt, ist Geschichte.“

Meine Gesichtszüge sind total verkrampft. Nur unter größter Willensanstrengung gelingt es mir, meine Augenbrauen in ihre normale Lage zu bringen. Erst jetzt registriere ich, daß da noch am ganzen Leibe schlotternd Iris neben mir steht! Iris aus Prag. Sie drückt kurz und fest meine Hand. Der Kreis schließt sich wahrlich …

4

Wir gehen zurück in die Zelle, um unsere Habseligkeiten zusammenzuraffen, was die Alte mit Argusaugen beobachtet. Als sie durch die geöffnete Tür hinüber zu Iris in die Nachbarzelle schaut, nutze ich ihre Unaufmerksamkeit, um Sabine mein letztes „Spielgeld“ unter die Matratze zu schieben.

Der Kampf in meinem Inneren ist vorüber. Allerdings habe ich keinerlei Kontrolle mehr über meine Hände. Sie schlagen heftig auf und nieder. Es kostet mich große Mühe, mit meinen bebenden Fingern einen Knoten in das Deckenbündel zu winden.

Während ich neben Iris vor der Sutterer die Gefängnisflure entlangtrabe, wird mir allmählich bewußt, daß ich nun wahrhaftig jenen bedeutsamen Schritt in Richtung Freiheit vollziehe, den ich mir schon hundert-, ach was, tausendfach in Gedanken vorgestellt habe. Wer allerdings glaubt, ich strahle nun vor Seligkeit und schreite erhobenen Hauptes und leuchtenden Blickes dahin, der täuscht sich. Vielmehr bin ich vollauf damit beschäftigt, wenigstens annähernd das Um-mich-Herum noch aufzufassen. Mit ist, als stehe ich neben mir und betrachte einen Film, in dem ein anderer meine Rolle spielt. Apathisch lasse ich eine Leibesvisitation durch eine Wachtel über mich ergehen.

Wo die Sutterer abgeblieben ist, kann ich nicht sagen. Sie ist meinen Blicken entschwunden, ohne daß mir dieser Augenblick bewußt ins Gedächtnis drang. Um so mehr summen mir ständig ihre Worte im Ohr: Alles, was hinter Ihnen liegt, ist Geschichte, Geschichte, …

Ich bin wie benebelt, dabei glaubte ich immer, der Tag meines Transportes stünde gleichermaßen für die Erlösung allen erduldeten Leides.

Schließlich finde ich mich in jenem Raum wieder, in dem ich am Abend meiner Ankunft auf der Burg abgeladen worden war. Einige mir unbekannte Frauen unterhalten sich aufgeregt und hektisch, während ich mich teilnahmslos auf einen Stuhl sinken lasse. Während ich sonst mit Interesse meine Umgebung und vor allem Gesichter studiere, fühle ich momentan nur eine erschreckende Leere in mir. Alles um mich herum geht mich überhaupt nichts an.

Die Tür wird geöffnet. Herein kommt Iris, die noch in den Effekten war. Und Rosel! Wir fallen uns in die Arme und fangen erst mal an zu heulen …

Nun habe ich auch wieder Boden unter den Füßen und kann normal denken.

Man läßt uns noch einige Zeit warten, bis wir allesamt herausgeschlossen werden. Auf dem Flur stehen mit Namen versehene Pakete. Es sind jene, die ich vor Stunden hinter dem Fenster des Transporters gesichtet habe.

Im Gefängnishof steht mit laufendem Motor ein für Häftlinge umfunktioniertes Gefährt, in das wir hineinklettern müssen. Die hohen schweren Gefängnistore ächzen beim Öffnen und Schließen in allen Fugen. Die Mauern von Hoheneck liegen hinter mir!

Ziel unserer Fahrt ist die Abschiebehaft der Staatssicherheit in einem Stadtteil von Chemnitz, dem Karstberg.

Wer es bis hierher geschafft hat, steht mit einem Bein im Westen. Es gab aber auch schon Fälle, in denen es bei diesem einen Bein blieb und eine Rückführung in den jeweiligen Strafvollzug erfolgte wegen „ungeklärter Angelegenheiten". Davor bewahre uns Gott! Von daher ist mir auch klar: Es wird eine Zitterpartie bis zur letzten Minute.

In Chemnitz angelangt, müssen wir unsere Hohenecker Kluft gegen die übliche Stasi-Montur für Häftlinge eintauschen.

Die Zellenaufteilung beginnt. Rosel und ich werden mit zwei weiteren jungen Frauen in das oberste Stockwerk des Trakts verfrachtet.

Als die Zellentür hinter uns zuschlägt, jubeln wir um die Wette, es bis HIERHER geschafft zu haben. Wir, das sind nun auch Kathrin und Karin.

Wir richten uns in der räumlich äußerst engen Zelle notdürftig ein – wie uns die Einkerbungen am Tischrand verraten, für etwa zwei Wochen. Die beiden Doppelstockbetten nehmen den meisten Platz in Beschlag, der verbleibende ist ausgefüllt durch einen kleinen Tisch, drei Hocker, Toilette, Waschbecken. Maximal zwei Frauen können sich in dieser Zelle gleichzeitig bewegen.

Am späten Nachmittag wird die erste Mahlzeit, das Abendbrot, durch die Luke geschoben.

Ein uns von der U-Haft zwar bekannter und dennoch ungewohnter Vorgang, denn nach Hoheneck kommt einem *alles* verdammt lang her vor …

Als ich am Morgen des nächsten Tages die Augen aufschlage, muß ich mich erst einmal orientieren. Wo bin ich? Es war also kein Traum. Ich bin tatsächlich auf Transport gegangen!

Heute ist der Tag des Kennenlernens. Die kleine blonde Kathrin ist ihres Zeichens RFler und solo. Sie versprüht einen unwiderstehlichen Esprit und erinnert mich in ihrem Wesen ein wenig an Dorle. Karin ist jung verheiratet und Antragsteller. Ebenso wie ihr Mann Helmar wurde sie eines Tages „zwecks Klärung eines Sachverhalts“ abgeholt. Ihren damals dreijährigen Sohn hat sie seitdem nicht mehr gesehen. Das war vor anderthalb Jahren. Ihr einziger Trost besteht darin, daß sie ihn bei ihren Eltern gut aufgehoben weiß.

Nachmittags ist rege Geschäftigkeit auf den Fluren zu vernehmen. Männerstimmen sind zu hören und ein unaufhörliches Treppauf und Treppab.

„Das ist bestimmt ein Transport aus einem anderen Zuchthaus, vielleicht sogar aus Cottbus“, raunt Karin mit an die Luke gepreßtem Ohr. „Wenn ich mir vorstelle, daß da draußen jetzt gerade Helmar ist, könnte ich glatt durchdrehen.“ Mir geht es bei dem Gedanken an Helmut nicht anders. Allerdings ist bei uns der Unsicherheitsfaktor, ob wir gemeinsam abgeschoben werden, weitaus größer.

Zwei Tage später wird jedem von uns die Möglichkeit eingeräumt, in einer separaten Zelle nochmals einen „formlosen Ausreiseantrag“ zu stellen.

Direkt im Anschluß daran werde ich einem Stasi-Bediensteten höheren Dienstgrades vorgeführt. Geschäftigkeit vortäuschend, blättert er in Akten herum, derweil ich verloren in der Mitte des Zimmers stehe. Betont langsam lehnt er sich in seinem Stuhl zurück und fordert mich mit einer einladenden Handbewegung auf, doch bitte schön Platz zu nehmen.

„Sie wollen also die Deutsche Demokratische Republik, Ihr Vaterland, das soviel für Sie getan hat, verlassen?“

„Ja, das will ich“, antworte ich knapp, ohne auf die wundersamen Taten meines Vaterlandes einzugehen.

„Warum? Erklären Sie mir bitte, warum?“

„Das habe ich soeben auf das Stück Papier dort geschrieben. Es liegt direkt vor Ihnen.“

„Ich hab’s gelesen. Aber ich hätte es gerne aus Ihrem eigenen Munde gehört, und am besten noch ein bißchen ausführlicher, damit ich mir ein Bild machen kann.“

„Sie können es sogar sehr ausführlich haben“, entgegne ich ihm spitz. „Schließlich bin ich wochenlang von Ihren Genossen vernommen worden und mußte unzählige Protokolle unterschreiben. Die brauchen Sie nur zu lesen, dann sind Sie im Bilde."

„Aha", sagt er gedehnt, „dann werde ich mal Ihre Akte in Berlin anfordern, und bis die auf meinem Schreibtisch liegt, kann ich Sie ja nach Hoheneck zurückbringen lassen."

Diese Ausgeburt der Hölle. Ohne ein Wort der Erwiderung schaue ich mein Gegenüber feindselig an. Diplomatischer wäre es einzulenken, doch irgend etwas in mir hindert mich daran.

Nach zwei Minuten für mich furchtbaren Schweigens höre ich ihn sagen: „Also gut … ich merke schon, ich kann Sie nicht umstimmen. Schade."

Ich bin perplex, begreife einfach nicht die Gedankenwelt dieses Mannes.

Über Funk gibt er Bescheid, daß ich abgeholt werden kann. Wir mustern uns abschätzend.

„Ist mein Freund eigentlich auch hier?" frage ich ihn unumwunden.

Er grinst breit übers ganze Gesicht. „Sie glauben doch nicht im Ernst, daß ich Ihnen diese Frage beantworte?"

„Warum nicht? Was würden Sie sich denn vergeben? Wäre doch ein menschlicher Zug."

Bedächtig schüttelt er seine ergrauten Schläfen.

„Und … ist er nun hier?"

„Vielleicht …"

Tagelang müssen wir ausharren, ohne das etwas Bedeutsames geschieht. Wir können es uns nicht erklären, warum die Vorbereitungen für den endgültigen Abschub so zeitaufwendig sein sollen.

Die Namenslisten sind doch längst ausgehandelt, sonst wären wir ja gar nicht hier. Unser Sorge, die Stasi könnte noch auf irgendwelchen „Klärungsbedarf" stoßen, kostet uns die letzten Nerven.

Oft gehen meine Gedanken zurück nach Hoheneck – zu Sabine, Moni, Doris, Astrid und wie sie alle heißen. Im Geiste spule ich noch immer den eingedrillten Tagesablauf ab. Es tut weh, mir ans Herz gewachsene Menschen *dort* zurücklassen zu müssen. Ob wir uns wohl jemals wiedersehen?

Im Laufe der zweiten Woche kommt Bewegung ins Spiel. „Starfotos" sind von uns gefragt, wir vermuten Paßbilder für eine Idenditätsbescheinigung. Für diesen Anlaß erhalten wir ein Oberteil unserer Privatkleidung. Als ich mein T-Shirt wieder ausziehen muß, tröste ich mich, daß es nun nicht mehr allzulang dauern kann, bis ich die Häftlingskluft für immer abstreife.

Karin, die aus Chemnitz stammt und im hiesigen Gebäudekomplex bereits als U-Häftling war, hat einen Schließer wiedererkannt. Von diesem behauptet sie, er sei zu ihrer Zeit *der einzige Mensch* unter dem Wachpersonal gewesen, was ihm den Namen „die Sonne" eintrug. Und genau diese „Sonne", einen gutaussehenden jungen Mann mit feingliedrigen, weichen Zügen, spricht Karin bei einer günstigen Gelegenheit an der Luke an. Ob er ihr nicht sagen könne, ob ihr Mann ebenfalls hier sei? Er sagt nicht ja und nicht nein, sondern schließt bedächtig die Luke.

Ich melde meine Zweifel an: „Du glaubst doch nicht etwa, daß du von dem auch nur ein Sterbenswörtchen erfährst? Du kennst doch diese Geheimniskrämer. Außerdem würde er bei weitem seine Kompetenzen überschreiten."

„Wenn es mir jemand sagt, dann ist es die Sonne."

„Wenn du es unbedingt glauben willst. Ich glaube es jedenfalls nicht."

Noch bevor an diesem Tag der Mond die Sonne ablöst, weiß Karin, daß Helmar mit ihr unter einem Dach schläft …

Für mich ist dies Ansporn genug, um mich am nächsten Tag bei der Sonne nach Helmut zu erkundigen. Stunden später läßt er mich flüsternd wissen, daß … ja, daß auch Helmut hier eingetroffen ist!

Voller Dankbarkeit sende ich mehrere Stoßgebete gen Himmel. Dieser Mann hat wirklich den Namen Sonne verdient.

Nun habe ich Gewißheit. Schon so vieles haben wir erlitten, auch diese letzte Hürde werden wir noch nehmen. Bald sind wir vereint und frei!

Doch das Bald läßt auf sich Warten. Mittlerweile schreiben wir den 17. August. Wir befürchten bereits, daß sich die kalkulierten 14 Tage auf drei oder ganz und gar vier Wochen ausdehnen können – eine haarsträubende Aussicht.

Am frühen Morgen werden wir in einen Raum gebracht, der einem Warenlager gleicht.

„So, junges Fräulein!" empfängt mich ein Mann im Stil eines Jahrmarktverkäufers. „Sie haben jetzt Abkauf. Was soll's denn sein?" Händereibend steht er hinter einem Tresen und ist offensichtlich voll in seinem Element.

„Abkauf?" frage ich verblüfft.

„Ja, Abkauf. Sie können jetzt das auf Ihrem Häftlingskonto verbliebene Geld in Waren umsetzen. Nun mal los."

„Mir wäre neu, wenn ich plötzlich über ein Guthaben verfügen sollte."

Er zieht eine kleine Karteikarte aus einem Kasten. „Hier steht, daß Ihnen nach allen Abzügen über 150 Mark bleiben, und mehr interessiert mich nicht. Haben Sie eine Tasche?"

„Eine Tasche? Nein."

„Sie können ja schließlich nicht mit einer Plastiktüte in der Hand im Westen ankommen. Was sollen *die* denn von *uns* denken? Also eine Tasche ... macht 40 Mark." Ratatata scheppert die alte Registrierkasse, und eine braune Reisetasche aus Cord steht auf dem Tresen.

„Rauchen Sie?"

„Ja."

„Also eine Stange Zigaretten." Ratatata ... und ohne mich auch nur nach der Sorte gefragt zu haben, liegt eine Stange Zigaretten neben der Tasche.

„Eine Frau muß gepflegt sein ... eine Dose Creme also." Ratatata ... „Sonst noch was?"

Hilflos zucke ich mit den Schultern.

„Sie können den Rest auch an Ihre Angehörigen überweisen lassen", bemerkt er mehr so nebenbei, was ich dann auch veranlasse.

Das „Erstandene" verbleibt zunächst in Verwahrung.

Kurze Zeit später werden wir gemeinsam in das Büro jenes MfS-Angehörigen geführt, mit dem ich bereits die „Vieraugenunterredung" hatte.

„Dies ist die letzte Gelegenheit, Ihren Fehler, unseren Staat zu verlassen, einzusehen", erklärt er uns. „Sollten Sie auf Ihrem falschen Standpunkt weiter beharren, gibt es für Sie kein Zurück mehr, und Sie sind fortan unerwünschte Personen auf dem Territorium der Deutschen Demokratischen Republik. Wie lautet also Ihre Antwort? Überlegen Sie gut ..." Schulmäßig fragt er uns der Reihe nach ab.

„Wenn das so ist, dann nehmen Sie hiermit Ihre Urkunden zur Aberkennung Ihrer DDR-Staatsbürgerschaft entgegen, ebenso Ihre Haftentlassungsscheine. Sie werden sicher nicht erwarten, daß ich Ihnen Glück wünsche. Vielmehr bin ich überzeugt, daß Sie Ihren Irrtum, die Deutsche Demokratische Republik zu verlassen, über kurz oder lang bereuen werden."

Als abschließende Krönung müssen wir noch ein Papier unterzeichnen, das unsere Haftentlassung dokumentiert. Symptomatisch für das Paradoxe ist darin verfügt, daß wir wegen „guter Führung" vorzeitig entlassen werden und unsere Reststrafe zur Bewährung ausgesetzt wird.

Unweigerlich gehen meine Gedanken zurück zur Sutterer, die mir vor wenigen Wochen noch energisch prophezeite, daß ich mit Sicherheit nicht wegen guter Führung entlassen werde ...

„Wann geht's denn nun genau los?" fragt Kathrin ohne Umschweife.

„Das werden Sie noch früh genug merken."

Wie Kinder springen wir entfesselt die Treppenstufen empor und schwingen triumphierend die wertvollen Papiere über unseren Köpfen.

„Wenn nicht bald Ruhe ist", brüllt uns ein Schließer hinterher, „seid ihr den Wisch gleich wieder los!" Diese Drohung fruchtet sofort.

Nach all den vorangegangenen Tagen erdrückender Stille steht heute emsiges Schlüsseln auf der Tagesordnung. Auch unsereins ist erneut gefragt. Zunächst wird Karin herausgewunken.

Sie kehrt zu unserer grenzenlosen Euphorie in Zivilkleidung zurück. Das kann nur eines heißen: wir werden noch heute auf die *Reise* geschickt!

Nach Kathrin bin ich an der Reihe und werde in eine leere Zelle gebracht. Auf einem Tisch liegen meine privaten Kleidungsstücke. Andächtig ziehe ich mich um und stehe in genau derselben Kleidung da, die ich während unserer Flucht trug. Mein Gott, was ist seither nicht alles über uns hereingebrochen.

Die Zeit, in der wir *reisefertig* auf die Abfahrt ins neue Dasein warten, gerät für uns zu einer hochkarätigen Geduldsprobe.

Gegen 14 Uhr nähern sich unserer Zelle Schritte. Der Schlüssel wird ins Schloß gerammelt.

„Raus! Alle vier! Da runter!" Der röhrende Motor eines Busses ist zu hören – Ikarus-Busse klingen anders ...

Richtig, ein Mercedes-Reisebus steht im Gefängnishof. Unsere Taschen sind bereits in der Ladeluke verstaut. Wir steigen ein. Vorwiegend Paare erblicke ich, wenige Einzelpersonen. Meine Augen suchen *ein* Gesicht und finden es nicht!

Karin steuert indessen zielstrebig auf einen jungen Mann zu, dem sie in die Arme fällt – das muß Helmar sein. Rosel und Kathrin begeben sich in den hinteren Teil. Zutiefst enttäuscht lasse ich mich auf einen noch freien Zweiersitz fallen und verstehe die Welt nicht mehr. Alles um mich herum beginnt sich zu drehen. Hat mich „die Sonne" zum Narren gehalten? Wenn Helmut hier ist, warum sitzt er dann nicht neben mir? Meine Gliedmaßen beginnen zu zittern. Jeder einzelne Nerv ist aufs äußerste angespannt.

Wenn sich jetzt die Türen schließen, muß ich bangen Herzens auf Helmuts spätere Abschiebung hoffen. Das Zuchthaus liegt dann zwar hinter mir, aber wie soll ich zur Ruhe kommen, solange ich ihn noch in Gefangenschaft weiß? Es war doch unser *gemeinsamer Traum* von Freiheit, der sich nun erfüllen soll.

Während ich in Gedanken bereits mit unserem Schicksal hadere, steigen als Nachzügler noch zwei Männer ein – und einer davon ist Helmut – mein alles! Als er endlich neben mir sitzt, haben wir nur noch Augen füreinander, küssen uns mit bebenden Lippen, berühren mit zitternden Händen unsere Gesichter, als wären sie aus Glas. Wir haben uns wieder!

Verstohlen wischen wir unsere Tränen von den Wangen, als ein kleinwüchsiger Mann den Bus betritt. Er wirkt seriös und doch verschlagen. Er stellt sich als Rechtsanwalt Dr. Vogel vor. Dr. Vogel, der im Kreise der politischen Häftlinge einen solch unglaublichen Mythos an sich haften hat, daß mir schon so manches Mal Zweifel an seiner wahren Existenz gekommen sind. Es gibt ihn also tatsächlich. Er steht leibhaftig vor uns in etwa der Mitte des Busses, keine fünf Schritte von mir entfernt, und ich kann ihm geradewegs in seine lebhaft blickenden Augen schauen.

Er gibt uns ein paar wohldosierte Worte mit auf den Weg, weist noch einmal darauf hin, daß die Papiere, welche uns nun die Ausreise ermöglichen, nicht als „Fahrkarte auf dem Berliner Ostbahnhof" erhältlich seien. Er wisse, daß wir dafür vieles erdulden mußten und Leid ertragen haben. Und er wünscht uns aufrichtig, daß wir das Richtige daraus machen.

Er verläßt den Bus wieder, um in einen bereitstehenden weißen Mercedes einzusteigen, und hinterläßt für einige Augenblicke andächtiges Schweigen.

Das Gefängnistor öffnet sich, der weiße Mercedes fährt voraus, unser Bus folgt ihm.

Wir fahren durch Chemnitz auf die Autobahn. Erst jetzt nehme ich zwei jüngere Männer auf der hintersten langen Sitzbank des Busses wahr. Auffallend ihre gesunde frische Gesichtsfarbe im Gegensatz zur allgemeinen Blässe der übrigen Insassen – offenbar unser *Begleitschutz*.

Unsere Hände eng umschlungen, erzähle ich Helmut, wie ich den gemeinsamen Sprecher vor Wochen empfunden habe, mit welchen Schwierigkeiten ich auf der Burg konfrontiert war.

Es sprudelt aus mir heraus, als sei der Stein vor meiner Seele Quelle davongerollt, bis ich merke, daß er mich immer nur wortlos lächelnd ansieht. Warum möchte ich ihm gerade jetzt soviel sagen, in der Stunde der Besinnung, von der wir jede Sekunde auf ewig in unser Gedächtnis einmeißeln sollten? Wir haben doch nun wieder alle Zeit der Welt!

Im Verlauf unserer Fahrt sehen wir auch in der Ferne jenes Dorf liegen, in dem Helmuts Eltern leben.

„Wenn Sie wüßten, daß wir in diesem Augenblick hier entlangfahren!" Erneut kommen uns Tränen, wie schon so oft während dieser Fahrt.

Dieses Dorf ist nicht weit entfernt vom Grenzübergang Herleshausen, auf den wir zusteuern.

Die Stimmung im Bus ist nach wie vor verhalten.

Beim Erreichen des Übergangs werden wir auf eine separate Spur gewunken. Der weiße Mercedes schert seitlich ab und hat somit seine Mission als Vorreiter erfüllt. Unser Bus hält kurz an, der Begleitschutz steigt aus. Und kaum, daß sich die Türen zischend geschlossen haben, nimmt der Bus seine Fahrt wieder auf – ohne jegliche Kontrolle, ohne daß ich den heroischen, mir in Gedanken tausendfach vorgestellten Augenblick des sich hebenden Schlagbaumes bewußt in mir aufnehmen kann. Von einer Sekunde zur anderen sind wir im anderen Teil Deutschlands. So einfach geht das. Ohne jedes Pathos.

„Jetzt haben wir es geschafft", höre ich Helmut erleichtert seufzen.

Den meisten Insassen ergeht es ähnlich – kein Triumphgeschrei, kein Siegesgebrüll, sondern vorwiegend nachdenkliche, in sich gekehrte Mienen. Es ist nicht leicht, die Größe des Augenblicks zu erfassen, zumal ängstliche Befangenheit bis zuletzt mißtrauischer Wegbegleiter war.

Der Busfahrer versucht die Stimmung aufzulockern, indem er verkündet: „Die Sicherheitsnadeln sind ja nun raus, da braucht ihr euch kein Blatt mehr vor den

Mund zu nehmen. Und gesiebte Luft atmet ihr ja nun auch nicht mehr, also schnauft mal richtig durch."

Nach einer Fahrstrecke von zehn Minuten hält der Bus, und der Fahrer verteilt an uns Tüten von „Capri-Sonne" sowie belegte Brötchen. Nie werde ich den königlichen Hochgenuß vergessen, den ich bei dieser Pausenmahlzeit auf der Zunge verspürte – nach all den Monaten von Muckefuck und Schweinebrot.

So schizophren es auch klingen mag, aber diese kurze Rast ist für mich der eigentliche Ursprung unseres neuen Lebens. Das Passieren des Grenzüberganges huschte nur unwirklich an mir vorüber.

Der Fahrer läßt uns wissen, daß unser Ziel zunächst das Notaufnahmelager in Gießen ist.

Ähnlich einem Reiseführer preist er die landschaftlichen Schönheiten Hessens, und mich durchströmt beim Betrachten der waldreichen Gegend ein alles bestimmendes Gefühl:

Wir sind frei! Endlich frei!

Und ich bin unsagbar glücklich, daß uns die gemeinsame Freiheit vergönnt ist!

Wir sind am Ziel unserer Hoffnungen und Sehnsüchte angelangt. Die Haft und mit ihr Hoheneck liegen hinter mir. Noch ahne ich nicht, wie viele quälende Träume ich von der Burg mit hinübernehme in die für uns so verheißungsvolle neue Welt.

Selig lehne ich an Helmuts Schulter und spüre eine tiefe innere Zufriedenheit, von der ich mir wünschte, sie würde nie vergehen.

Die Sonne strahlt vom Himmel, als freue sie sich mit uns. Sie blinzelt durch die Wipfel der Bäume, gerade so, als würde sie uns zuzwinkern und sagen: Seht her, es ist wieder Sommer, alles ist im Fluss, in einem fortwährenden Ineinanderfließen.

Wir passieren das Ortsschild von Gießen. Doch hier beginnt eine andere Geschichte …

Danksagung

Die Entstehung dieses Buches war für mich Schritt für Schritt begleitet von überaus wertvollen menschlichen Erfahrungen, die ich machen durfte.

So hegte meine liebe Freundin Simone nie den geringsten Zweifel, daß es dieses Buch als solches eines Tages geben wird. Mit Geduld und Zuversicht hat sie viel dazu beigetragen, letztlich an mich selbst zu glauben.

Was wäre gewesen, hätte es nicht die uneigennützige Hilfe und ehrliche Wertschätzung durch Dr. Knut Mohr gegeben? Ohne seinen Zuspruch hätte ich vielleicht gar nicht den Mut gehabt, mich auf die Suche nach einem Verleger zu begeben.

Mein besonderer Dank gilt auch meiner Schwester Katrin, die diesem Buch sein äußeres Gesicht verlieh. Mit liebevoller Hingabe hat sie das Aquarell für „Menschenwege“ entstehen lassen.

Die Reihe ließe sich fortsetzen und, so möchte ich *allen* aus ganzem Herzen danken, die auf ihre Weise augenscheinlich (aber auch ohne es zu ahnen) geholfen haben, daß dieses Buch das Licht der Öffentlichkeit erblicken durfte.